近現代日本史との対話

【幕末・維新―戦前編】

成田龍一
Narita Ryuichi

a pilot of wisdom

――歴史は、社会認識による産物であり、その道具でもあり、
自分たちの世界を理解するためにそれを用いるのだ。

キャロル・グラック『歴史で考える』（梅﨑透訳、二〇〇七年）

――男は女を最初卑しい性慾の塊と見、
自らは尊い唯心論者であるとしたが、
いまは女をセンチメンタルな唯心論者であるとなし、
自らは科学的な性慾論者であるとしてゐる。

高群逸枝「新女性主義の提唱」（『解放』一九二六年六月）

目次

【戦中・戦後―現在編】目次

図版作成：クリエイティブメッセンジャー
扉・索引・略年表・参考文献・図版作成：MOTHER

はじめに

これからみなさんに読んでいただこうと思うのは、近現代日本の「通史」です。「通史」とは、歴史の流れを時間的な順序に沿いながら、政治や社会の出来事をできるだけ幅広く叙述する歴史の描き方です。中学校や高等学校の歴史教科書が「通史」となっています。

そもそも歴史を叙述するとは、無数の出来事から、重要な出来事を選び出し、出来事同士を結びつけて解釈し、それに意味を与え、批評するという営みです。その「重要な」といったときの基準、意味を与えるときの尺度をできるだけ幅広くとるのが「通史」ということになります。したがって、これまでの「通史」の多くは国家としての日本が辿《たど》ってきた道筋として「通」を設定し、しばしば、国家の制度や法律、また外交上の動きや内閣の政治を辿り、「通」としてきました。

それに対し本書では、「通」に当たるものを、システムとそのもとでの人びとの経験としたいと思います。システムというのは、ここでは人と人とのつながりをつくり出す動きであり、かつ人と人とのつながりがつくり出す関係の総体であると定義しておきましょう。人びとの経験こそが、歴史のなかでもっとも重要なものですが、人びとはバラバラに孤立して生活しているのではありません。家族を営み、地域で暮らし、社会をつくりあげています。こうしたなかで、そのシステムの推移を追ってみたいということです。

なにやら難しそうですが、歴史の流れを一つのまとまりとして説明しようということです。歴史を動かしつくり出すのは人に他なりませんが、人の動きが一つの流れ――人間関係から社会の仕組みまでをつくり出していく、その流れを一つのまとまりとして捉えてシステムと呼び、それを「通」として、近現代日本の動きを見てみたいと思います。

やっかいなことは、いったん動き出したシステムは人の手を離れしばしば思いもかけぬ方向に向かうことです。人びとはシステムをつくり出しつつ、システムに巻き込まれ、自らの思惑とは異なる事態に直面してしまうのです。歴史が不条理である、というのはこうしたことによっています。

別の観点から説明してみましょう。歴史とは、よくいわれるように過去と対話し〈いま〉を考え、未来を探る営みですが、そのゆえに〈いま〉の認識が異なってくることによって、「通」の内容が変わってきます。「通史」といったとき、私は大きく（一九五〇—七〇年代に提供された）「戦後歴史学」の通史、（一九七〇—八〇年代に提供された）「民衆史研究」の通史という推移があり、現在に至っていると思っていますが（成田龍一『近現代日本史と歴史学』二〇一二年）、「戦後歴史学」の提供した「通」は、政治制度と社会運動でした。社会の仕組み＝政治制度と、その批判・対抗としての社会運動への着目です。これに対し、「民衆史研究」は、（「公」に対する）「私」、（政治に対する）生活、（歴史をつくり出す側に対する）歴史に巻き込まれていく人びとを「通」としていきました。それに対し、〈いま〉はシステムを「通」として考えることが有効であるというのが本書の立場です。

「戦後歴史学」や「民衆史研究」の時期は、冷戦体制のさなかであり、システムは安定していたため、社会構造やその仕組み、さらにシステムへの抵抗に関心が寄せられていました。それに対し、〈いま〉は転換期のただなかにあり、システムそのものが大きく変わろうとしています。そのため、過去――歴史に目を向けるときにも、システムの交代に関心が寄せられることになる、というのが本書での認識です。

システムといったとき、人びとの意思と行動がその基底にあることは、繰り返し強調しておきたいことです。一人ひとりの思いと願いが、システムをつくりあげ歴史を動かしていきます。これは、歴史が、人びとの営みによって動かされつくられているということに他なりません。

しかし、人びとといっても、決して一様な存在ではなく多様であり、また人びとは多面的に動きます。さまざまな人びとによる、さまざまな営み。歴史における人びとの営みは、一つの方向ではなく、多様な方向に向いており、それゆえに人びとの合力は、思いもかけぬ方向に働きます。一人ひとりの思いがあり、それが歴史を進めていくのですが、その経過を一人ひとりの思いに照らし合わせてみたときには、歴史はしばしばその思いとは異なった方向に向かい、予期せぬ運命をもたらします。そう、歴史の不条理です。

〈いま〉の時代は、「私」の決断が求められるとともに、その結果が、「私」の決断から離れていってしまうことが同時に生じています。一人ひとりの思いに着目することと、それが集合化したときに生じる歴史の不条理への着目――この双方を把握するために、システムに目を向けるということになります。近現代日本の歴史を、こうしたシステムの形成とその仕組みから描き、さらにそのシステムのもとでの人びとの経験とその意味を考えてみたいと思います。

加えて、いまひとつ。本書でシステムに着目するのは、これまでの「通史」が、アイデンティティの確認を大きな目的としてきたことに対する反省があります。これまでの「通史」は、「日本」はどのようにしてここまで来たのか、ということに力点があり、近現代日本の「形成」――「展開」を経て〈いま〉に至るものとして歴史が描かれてきました。「近現代」を一つのシステムとして把握し、その一つのシステムの形成――展開が語られることにより、〈いま〉に至る来歴がアイデンティティの確認と重ね合わされ、論じられてきました。

しかし、本書では〈いま〉に至る複数のシステムを視野に入れ、複数のシステムの交代として近現代日本の歴史を把握し、〈いま〉がシステムの切れ目であること――転換期としての〈いま〉を認識するために「通史」を提供したいと思っています。二一世紀初めの〈いま〉こそが、近現代の時間の幅での日本と世界の転換期であるということを知るための「通史」です。そのために、システムの転換と推移として、一五〇年間の近現代日本の歴史を説明してみたいと思います。「日本」と「世界」はいま、それほど大きな変化のなかにあり、システムの交代の時期にあるなかでの「通史」ということになります。

グローバル・ヒストリーをはじめとして、さまざまな世界史の見方が提供され、高等学校で「歴史総合」の科目が新設されるなど歴史教育が大きく転換しようとしているのも、こうした認識と連動していることでしょう。いや、それにとどまらず、ビジネス書においても、現在を理解するために歴史的な射程が有効であることが主張されています。

たとえば『週刊東洋経済』(二〇一六年六月一八日、八月一三日―二〇日、一二月二四日)は、三号にわたって歴史を特集し(それぞれ「ビジネスマンのための学び直し日本史」「ビジネスマンのための世界史」「ビジネスマンのための近現代史」というタイトルが付されています)、その知識と考え方を提供しています。この特集では、参考文献などもあわせ、近年の成果が多く取りあげられています。

そうしたなか、私なりの試みとして、近現代日本史を複数のシステムの交代として把握し、それぞれのシステムの形成とそれに伴う社会の編成（構成と構造）、そしてそのもとでの人びとのありようを、本書で探ってみたいと思います。

近現代日本史といったとき、一九世紀半ば以降の時期が対象となりますが、三つのシステムが見出《みいだ》されます。私はそれらにシステムA、システムB、システムCと名付けてみました。システムAは「近代」、システムBは「現代」といい習わされてきた時期とその動きに当たり、システムCは「現在」です。

システムAは、近代国家ができあがり、日本がそのかたちを整えていき、システムBは、それを前提に日本が政治的・経済的な帝国主義国として膨張していく動きをつくり出します。そしてシステムCは、その後の現在の動きを規定しています。

システムAは、一九世紀後半から二〇世紀初め（明治期から大正期）に当たり、二〇世紀前後を境にシステムＡⅠとシステムＡⅡとに分節されます。そのあとのシステムＢは、総力戦の時代（システムＢⅠ）と高度成長の時代（システムＢⅡ）とに二分され、さらに、システムＣへ転換し、いまやあらたなシステムＣⅡ（あるいは、システムＤ）へ移行しつつあるということになります。

システムは、ある出来事をきっかけに始動して方向性をつくり出し、大きなうねりとなって人びとを巻き込み、社会を編成します。はじまり―制度化―区切り目という流れでシステムがかたちづくられ、一つのシステムはおおよそ二五年の期間持続します。同時に、社会は編成されたその瞬間にさらなる変化を始めています。システムによる歴史の把握といったとき、社会の編成―再編成の繰り返しとなり、私たちが知っている個々の出来事も、そうしたなかで生起します。

本書の構成と重ね合わせながら、あらかじめ簡単にシステムの推移を説明すると、システムＡⅠは、ペリーの来航（一八五三年）によって始動し、それをきっかけとする動きのなか江戸幕府が倒壊し、明治政府ができあがります（一八六八年）。この動きは、西南戦争（一八七七年）によって、いったん区切りがつけられますが、このシステムＡⅠの形成に伴

【システムAIの形成】

1853年 ―― **1868年** ―― 1877年　（第一部）

ペリー来航　明治維新　西南戦争

24年

【システムAⅡの形成】

1894年 ― **1900年** ― 1914年 ― 1919年 ― 1930年（第二部）

日清戦争　義和団出兵　第一次世界大戦　ヴェルサイユ条約締結　昭和恐慌

25年 ／ 11年

って「近代」日本がつくり出されます。

システムＡＩは、国民国家の形成として、民主主義、生産力（＝資本主義）、ナショナリズム、そして個人の誕生などをその内容とします。その後、二〇世紀となる前後に、システムＡⅡが帝国主義として立ち現れてきます。植民地を有した帝国主義国としての日本であり、一九〇〇年ごろを中心とするその動きは、日清戦争・日露戦争、そして第一次世界大戦となって現れてきます。

しかし、世界恐慌――昭和恐慌（一九二九―三二年）のもとであらたな対応を迫られ、システムＢＩが始動します。大量生産・大量消費により、「近代」を前提としながら展開し、「現代」となっていきます。統制と動員が図られ、総力戦に伴ってあらたなシステムが

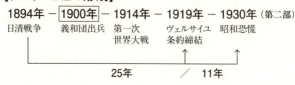

【システムBIの形成】

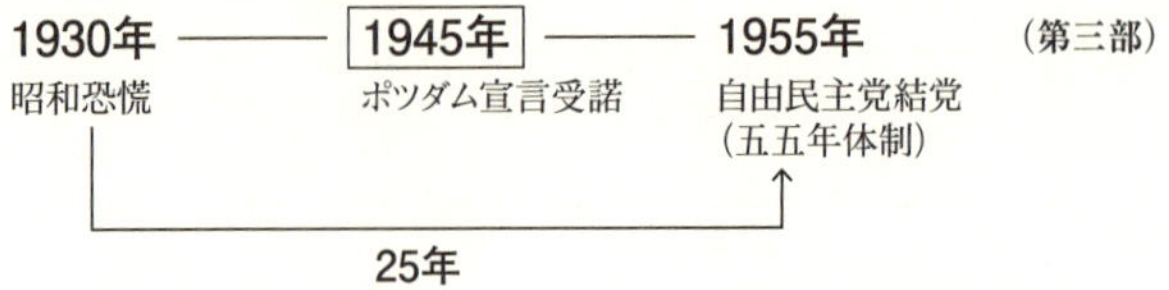

【システムBⅡの形成】

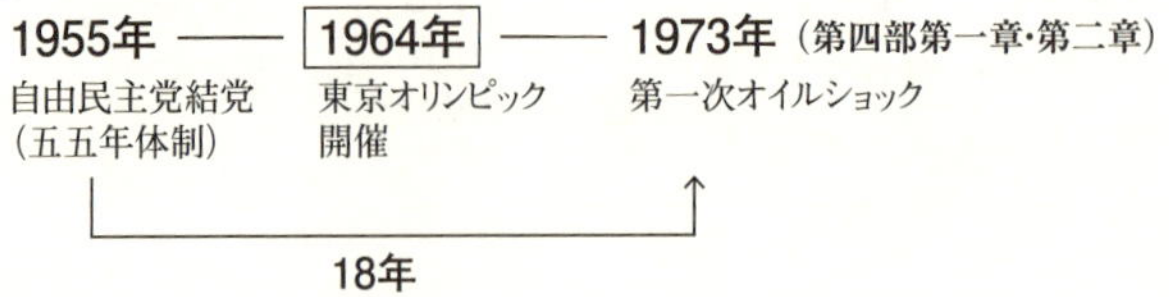

始まり、敗戦（一九四五年）、さらに占領という事態となります。人びとの自発性を引き出しながら動員を行うシステムですが、それが統制をもたらし、社会の再編成を伴いました。

システムＢⅠによる統制は、その極限として「全体主義」に至りますが、全体主義が、国民国家の解体によるのか、国民国家の徹底によるのかは、論点となるところです。このシステムＢⅠは、総動員体制を持続させながら、生活世界を拠点にしてシステムの変容を生み出します。経済成長を目標とした動員体制であるシステムＢⅡです。

システムＢⅡは、「現代」における、高度経済成長のもとでの生活革命の過程ということができます。高度経済成長とそれに見合う政治体制（「五五年体

【システムCIの形成】

1973年 ――― 1989年 ――― 1995年 （第四部第三章）

第一次オイルショック　元号が平成に　阪神・淡路大震災 地下鉄サリン事件

（1973年→1995年）22年

【システムCII（システムD）】

1995年 ――― 2011年 ――― （第五部）

阪神・淡路大震災 地下鉄サリン事件　東日本大震災 福島第一原発事故

制」、世界的には冷戦体制）のもとでのシステムで、一つの頂点として東京オリンピックの開催（一九六四年）を迎えますが、第一次オイルショックの到来（一九七三年）により、拡大・膨張の時代は終わります。

オイルショックのあと、大量生産―大量消費のシステムは維持できなくなります。グローバリゼーションの流れと重なり合いながら、さらなるシステムＣＩが動き出します。

きっかけはオイルショックですが、冷戦体制とその後の国際関係――東西対立と南北対立から、市場経済の拡大と民族紛争の多発へと、システムＣＩはあらたな事態を伴います。新自由主義を基調とし、「大きな政府」から「小さな政府」、「重厚長大」から「軽薄短小」など、拡大ではなく縮小をもっぱらとするシステムです。「戦後」（＝冷戦体制）の終焉《しゅうえん》、すなわち「「戦後」後」＝冷戦体制後に、より動きが鮮明に見えてきていますが、自己責任を声高に強調し、情報手段などの大きな変化を伴っています。

そして、そのシステムＣⅠが、一九九五年をきっかけとして、いまやあらたな局面に入っていると思います。進行しつつある変化であり、なかなか自覚しにくいのですが、この時期以降、これまでのシステムでは対応できない事態が生じています――外部の喪失を強調し、歴史の反復ではなく歴史そのものを消去し、これまでの人びとの知恵や知識が通用しないような動きであり、数値化と効率化が一挙に進行する事態。グローバリゼーションのもとで、さらなる展開が見られるということです。

この事態が、システムＣⅠの延長として把握できるＣⅡであるか、あるいは異なったシステムＤであるかは、まだ判断がつきません。しかし、システムがあらたな変化を見せていることは明らかでしょう。

複数のシステムの交代として近現代日本史を把握するとき、こうした大きな流れが浮上します。本書では、システムの推移をできるだけ具体的、かつ歴史的に述べていくことにしましょう。

叙述にあたっては、①国際関係―②国内政治と経済―③社会と文化の三層構造に目を向け、できるだけ時系列で問題史的に扱うということを心掛けました。「国際関係」（植民地を含む）―「政治体制」―「（社会運動を含む）社会の形成と民衆世界」（規範と規律の観点から）という領域を組み合わせて描くということです。


同時に、システムは世界的な規模の動きであることも忘れるわけにはいきません。そもそも「近代」「現代」「現在」という時代・時期は、人びとの集団を線引きして、「われわれ」／「かれら」という区分の認識のもとに作動していますが、その線引きの力学がシステムということになります。

「近代」をつくり出すときの線引き（＝「われわれ」／「かれら」）は、「文明」に対する「野蛮」と「未開」という弁別です。「外部」の排除／「内部」の差異化ということが、時間的順序なのか、あるいは型であるのかということは論点となっていますが、植民地という「他者」（＝「かれら」）にも、「野蛮」「未開」という視線が投げかけられます。また

「現代」の線引きは、さらにナショナリズムと階級、帝国主義国（一等国）と植民地などが入り込み、「われわれ」／「かれら」の線引きは、自由主義陣営と社会主義陣営、「先進国」と「後進国」などというように、人びとの集団を分断していきます。「現在」はあらたに再編がなされ、多様な文明を認知しつつ、それらの個別性以上に、多様性を通じての統合が図られます。大文字の「かれら」という観念は、ここに至っても手放されていません。なるほど多文化主義では、あらかじめ想定された「かれら」は存在せず、「われわれ」との関係で相関的に「かれら」が認定されるとしますが、それでもこの区分はいまだに残されています。

ここで留意すべきは、システムにおいて生み出される「かれら」が、「われわれ」のアイデンティティを確かめ強化するためのものであるということです。システム外に立つ「他者」への想像力を欠いているということであり、こうした「他者」をシステムは消去してしまいます。

このような世界規模でのシステムが、日本という地域で作動していくことが、近現代日本史なのです。正確にいうと、この過程で「日本」というまとまりがつくり出され、近現代日本史が動き出します。

本書はこうした認識と方法によって「通史」を描きますが、さきに強調したようにシステムといっても、それをつくり出し作動させるのは人です。人が営む出来事によって関係性を束ね、ある方向性をつくり出すとき、それがシステムとなります。しかし、いったんシステムが動き出したとき、そのシステムに乗り、システムに棹《さお》さす人びとが現れる一方、多くの人びとはシステムに翻弄されていきます。

そうであればこそ、システムを歴史的に理解するのはとても大切なことになります。システムは人びとの前に選択肢を差し出しますが、笑いかけ、やさしい顔をしながら、破綻を持ち込んでくることがしばしば見られました。人びとの側からすれば、よかれと思った選択が破綻をもたらすのです。したがって、本書では、(出来事の)当時の人びとにとっての意味を探り、そのことを明らかにしながら〈いま〉における意味づけを行います。叙述としては、システムに抗した人をはじめ、できるだけ個の世界、個の経験も取りあげることを試みます。

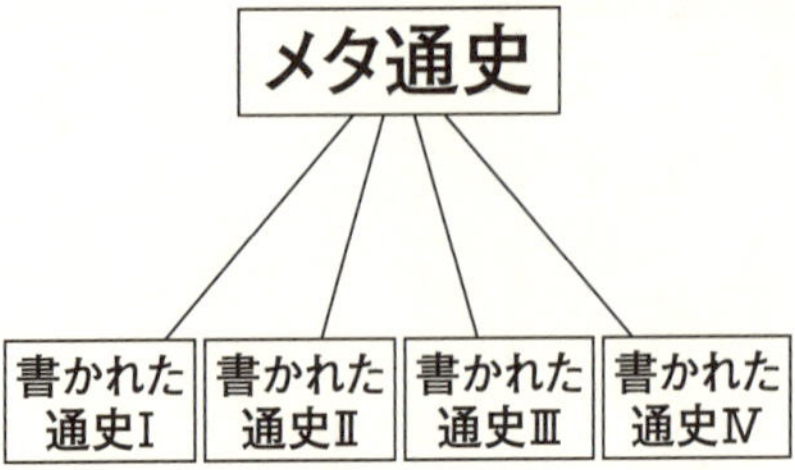

歴史を描く方法として、出来事の説明—解釈—批評を行うということが、歴史教育の展開として小川幸司『世界史との対話』（上・中・下巻、二〇二一—二二年）によって営まれています。本書は時間も地域も限定されていますが、それに倣うものです。近現代日本史が対象とする時期は、「近代」「現代」（あるいは「近現代」）といわれ、また、「明治」「大正」「昭和」「平成」とも呼ばれてきた時代ですが（もっとも、このごろは教科書でも西暦重視になっています）、あらためて本書の区分も提供したいと思います。

いくらか抽象的ないい方になりますが、私たちはそれぞれに世界と日本の歴史の流れを意識し、歴史認識を有しています。それを「メタ通史」と呼んでみましょう。これまでの「通史」もあらためて考えれば、「メタ通史」をそれぞれの問題意識によって、そのときどきに記したものということができるでしょう。本書も同様に、その「メタ通史」を、私なりの〈いま〉の問題意識によって描き出してみるという試みで

構成

【近代】

システムAⅠ：第一部／国民国家の形成

システムAⅡ：第二部／帝国主義への展開

【現代】

システムBⅠ：第三部／恐慌と戦争

（戦争への動員体制＝総力戦体制）

システムBⅡ：第四部／第一章／サンフランシスコ体制

第二章／経済大国と「六八年」の運動

（経済への動員体制＝冷戦体制）

【現在】

システムCⅠ：第四部第三章／一九八〇年代の日本

（新自由主義の始まり）

システムCⅡ（システムD）：第五部／〈いま〉の光景

す。これまでの「通史」が提供してきた出来事や人物、制度や思想を組み替える営みであり、これまでの「通史」への上書きということになります（図）。そして、いくらか力んでいえば、「歴史の危機」に対する紙つぶてに他なりません。

なお、本書の執筆に当たり、多くの先行の研究を参照させていただきました。「通史」という体裁上、すべての典拠を記すことがかないませんでした。ご了承ください。

また、太陰太陽暦が太陽暦に切り替わるまで（明治五〈一八七二〉年一二月二日）は、西暦の年―太陰太陽暦の月日という表記となっています。さらに地名も原則としてその当時の呼び方に従いました。現在は使用されない「満州」（中国東北部）も「　」なしで使用しています。また、引用文献に関しましては、今日の人権意識に照らして不適切と思われる表現についても資料的意義を鑑み修正を行っていません。

第一部

国民国家の形成

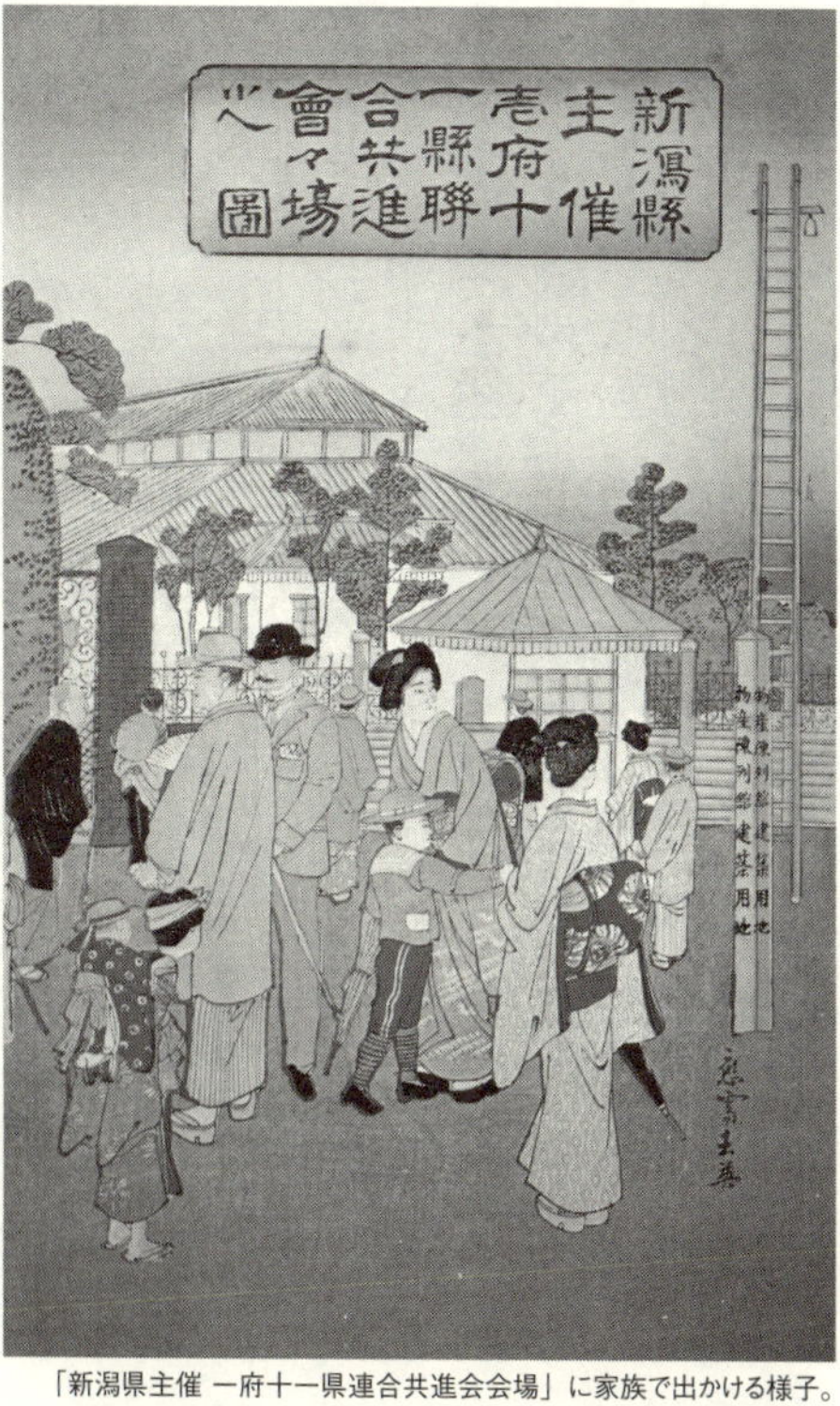

「新潟県主催 一府十一県連合共進会会場」に家族で出かける様子。
明治政府は各種産業を奨励するため、博覧会や共進会を開催した。

第一章　幕末・維新（一八五三―一八七七年）

1　開国と維新

（1）近代日本の出発

一八五三（嘉永六）年に起こった二つの出来事。ペリー来航と、その直前の南部藩での百姓一揆（三閉伊《さんへい》一揆）が、近代日本の出発を告げます。この年三月に数百人の農民たちが代官所を襲撃します。そして六月には「小〇」（＝困る）と記したのぼり旗を掲げた農民たちが仙台藩に越訴し、南部藩主を交代させるか、さもなければ自分たちを仙台藩に受け入れてほしいなどといった要求を出しました。南部藩主の政治に対する批判を行い、そのときには八〇〇〇人を超える農民が加わっていたといいます（『岩手県史』第五巻、一九六三年、森嘉兵衛『南部藩百姓一揆の研究』一九七四年）。

そこへペリーの来航があり、仙台藩は警護に当たることとなり、農民たちの要求はほとんど認められました。このなかで、あらたな人間像が登場してくるのです。農民たち（＝人びと）を取り巻く環境も、またそのもとでの人間のありようも大きく変わっていきます。

まずは、ペリーの来航から見ていくことにしましょう。

一八五三年六月三日、アメリカのペリー艦隊が浦賀沖に来航しました。このときから、近代日本の国民国家の建設に向けての歩みが始まります。

これは、むろん一九世紀の日本における歴史のなかの一齣《ひとこま》なのですが、システムＡＩおよびＡⅡを考えるとき、大きな意味を持ち強調される出来事となります。一九世紀の時代をゆっくりと歴史が進行したのではなく、ペリー来航によって、近代日本の歩みは引き返せないあらたな段階に入り込んだという認識に基づく着目です。

ことばを換えれば、ペリー来航をきっかけに、それまでバラバラに見えた出来事が結びつき、あらたな動きがつくり出されたという歴史把握です。これによって、ペリー来航が強調されます。実際、このあと、政治の仕組みから経済のありよう、諸外国との付き合い方から人びとの暮らし方まで、大きな変化がもたらされました。

このことは、大きな変化のあとからふりかえったとき、ペリー来航に焦点があわされるということと対になっています。そのときには分からなかった出来事の意味が、あとからはっきりします。歴史とは、出来事とその意味を結びつける営みであるということです。

いま一度、ことばを換えれば、同時代的には手探りのなかで選択し、行き着いた結果をもとにして、①あらためてペリーの来航がはじまりであった、という認識に達しているということです。そして、②そこから近代を説き起こし、同時に、③日本という歴史の主体を登場させるのです。

本書は、ペリー来航によりシステムAIが始動し、社会があらたな編成を行うということから説き起こします。ただ、それには、先述のような、ややこしいことが前提となっています。

ペリー来航が、同時代にも衝撃的な出来事として認識されていたことは、（ペリー来航の年の干支《えと》である）「癸丑《きちゆう》以来」ということばがさかんに用いられたことによっても明らかです。慎重にことばを足せば、このときには歴史の決定的な転換という認識ではなく、異文化の接触の事象として把握されていました。近代のはじまりとか、アメリカという主権国家が日本にやって来た、などという意識はむろんありません。思いもかけぬ異文化＝黒船がやって来たことへの衝撃であり、好奇心です。

たとえば江戸・神田で古本屋を営む須藤由蔵の日記『藤岡屋日記』には、『海防全書』上下巻が収められ、徳川政権の対策をはじめ「異国船」が浦賀表へ渡来したことを伝える数々の情報が行きかったようすが書き留められています。あるいは生麦村の名主・関口東作は浦賀の丘の上から艦隊を見物したことを日記に書き留めています（西川武臣『ペリー来航』二〇一六年）。江戸近辺の町人にとっても、ペリー来航は大変な出来事でした。公的には徳川政権の触書や達書、そして瓦版などによってあっという間にペリー来航について、全国各地に伝えられました。

ペリー来航の背景を探ってみましょう。すでに一八世紀から、イギリスやフランス、ロシアはさかんに太平洋に乗り出していました。ラッコなどの毛皮の交易や、太平洋に生息しているクジラの捕獲がその大きな目的でした。とくにクジラの油はロウソクなどに用いられ、「世界商品」として流通しており、一九世紀には捕鯨のため、アメリカ船を含め、ペリー来航以前から、日本近海にたくさんの船が出没しています。それ以前の大西洋への進出に取って代わる「環太平洋の時代」（平川新『開国への道』二〇〇八年）ですが、なかでも北方からの動きが目立ち、ロシアはカムチャッカを起点にアラスカに到達する一方、千島列島（クリル列島）を南下してきていました。日本も北方探検を行い、こうした競争に加わります。この動きは、アイヌの住む土地への進出をも意味していました。

むろん捕鯨船だけではありません。ロシアのレザノフが長崎に来航したのは一八〇四年九月のことであり、一八〇八年八月にはイギリス海軍のフェートン号が長崎港に侵入しました。イギリス船はしばしば日本近海にやって来て、一八二四年五月には、捕鯨船の乗組員が小舟で常陸国《ひたちのくに》大津浜（現在の茨城県北茨城市）に上陸するという出来事もありました。そのため徳川政権は「異国船打払令」（一八二五年二月）を出し、海防を強化するという状況でした。

世界的な動きを見たとき、一八世紀まで、アジアとヨーロッパはそれぞれ独自に発展をしていました。アジアでは手工業を発展させた清国が輸送網や金融機関を駆使するとともに、日本や東南アジアの地域を結びつけます。

しかし、一八世紀後半になるとヨーロッパ、とくに西ヨーロッパで産業革命と市民革命が起こります。この「二重革命」（エリック・ホブズボーム）によってヨーロッパとアジアとのあいだに「大いなる分岐」が見られました。「大いなる分岐」とは、アメリカの歴史学者ケネス・ポメランツによる議論で、一九世紀におけるヨーロッパとアジアのあいだの非対称的な関係が、その直前の「大分岐」に起因するという考え方です。ポメランツは、これまで「似た社会」であったヨーロッパとアジアにおける一八世紀、とくに一九世紀になってからの大分岐を指摘しました（ポメランツ『大分岐』、川北稔監訳、二〇一五年）。そして一九世紀の世界では、ほかの地域に先駆けて国民国家形成を成し遂げたイギリス、フランス、オランダなどの西ヨーロッパ諸国が、植民地を求めてアフリカ、さらにはアジアに向かう状況となりました。国民国家と国際法、資本主義という西ヨーロッパでつくり出された「近代」――システムAIを、それがまだ始動していない地域に持ち込むのです。

一九世紀においては、西洋の国民国家はその他の諸地域と、帝国主義国―植民地という関係をつくりあげることとなり、アフリカやアジアはその支配下に置かれました。一八四〇年代には、アヘン戦争をきっかけに、東アジアに「西洋」諸国が往来する事態となり、ときには日本に上陸して送還されたり、拘留される乗組員もいました。さらに、多くの外国船がやって来るうえ、アヘン戦争で清国がイギリスに敗北したという情報が加わり、徳川政権は一八四二年に異国船打払令を廃止しました。

こうしたなかで、アメリカの東インド艦隊司令長官・マシュー・ペリーが率いる艦隊の来航ということになります。

ペリー艦隊は、アメリカ大統領・フィルモアの国書を携え、当時、世界最大の蒸気船であったサスケハナ号（二四五〇トン、全長七八メートル）、ミシシッピ号（一六九二トン、全長六九メートル）をはじめとする四隻の軍艦（二隻が蒸気軍艦）を率いていました。総勢九八八人という大人数で、ペリーは江戸湾内へ測量船四隻を送り込み、徳川政権に応対を迫ります。この行為は自らが準拠する近代の国際法への違反であり、「平和外交」であったとはいい難いでしょう。国民国家は主権国家として相互に対等とされましたが、国民国家が形成されていない地域に対しては暴力的にふるまいました。

江戸湾の警備を固めるなか、徳川政権は相模国《さがみのくに》久里浜（現在の神奈川県横須賀市）で国書を受け取ることとし、ペリーも上陸します。国書には、捕鯨船などが難破したときの乗組員の救助、アメリカ船への水や食糧の補給、通商――自由貿易の開始という具体的な要求とともに、アメリカと日本とが国交を結ぶこと、そのために使節を派遣することが記されていました。日本が鎖国をしていることを承知のうえでの要求です。

アメリカが要求していたのは、日本（徳川政権）の外交方針の転換であり、実際にこのあと、日本は清国のもとにある秩序（華夷《かい》秩序）から離脱し、「西洋」との接触へと向かいます。日本（徳川政権）は、東アジアの中心をなす清国のつくり出す秩序のもとにありましたが、君臣関係を結び朝貢を行わせる冊封体制からは独自の位置にありました。越南（ベトナム）や朝鮮、琉球《りゅうきゅう》王国などとは差異を有していました。また、これに伴い国内の体制も大きく変化していきます。「日本」の「近代」が始まり、「日本」という主体と「近代」システムＡＩとが、同時に動き出します。国際法と資本主義という、あらたな世界の体制に組み込まれ、国内の体制をも変えていくのです。

もっとも、一九世紀に世界の経済を牽引《けんいん》していたのは、イギリスです。しかし日本は、遅れて出発したアメリカによって世界に引きずり出されました。アメリカは、清国との貿易への期待とあわせ、議会で日本・朝鮮への使節派遣が提議され、ペリー艦隊のほかにも、さまざまな動きがありました。また、北太平洋一帯の測量を目的とした、ジョン・ロジャーズの率いる北太平洋測量艦隊を派遣し、日本でも測量をしています（後藤敦史『忘れられた黒船』二〇一七年）。

ペリー来航をめぐって二つのことを論じておきましょう。一つは、アメリカ合衆国ヴァージニア州ノーフォークを出航したペリーが、小笠原諸島—琉球王国を経て浦賀にやって来ており、このあとふたたび琉球王国に向かったことです。ペリーはすでに一八五三年四月一九日に那覇沖に来航し（このときは、つごう四隻の軍艦でした）、琉球王国の役人と首里城で会っています。ペリーは、日本のほかに琉球にも遠征を命じられていたのです。翌一八五四年六月には、琉米修好条約も結んでいます。

琉球王国にも、「西洋」からの外国船が多数来航しており、ペリー艦隊もその一つとして現れています。また、一八五三年、いったん浦賀を去ったペリーは、琉球王国、そして、マカオ、香港《ホンコン》、広東《カントン》に赴いています。ペリー艦隊は、ほかの西洋諸国と同様に、清国の秩序――朝貢貿易と冊封体制のもとにある東アジアに関わろうとするのです。「西洋」の国民国家による近代国際法体制、そして資本主義が東アジアに到来し、一九世紀半ばには、東アジア全体が揺れ動きます。

一八五四年一月に再来したペリーは、七隻（のち、二隻が加わる）の軍艦を率いて直接に江戸湾に入ります。旗艦はポーハタン号、蒸気船も三隻に増えていました。徳川政権は、林復斎《はやしふくさい》を応接掛筆頭とし、かけひきのすえ、相模国横浜村（現在の神奈川県横浜市）で交渉します。黒船の江戸湾への侵入を拒否し（それでも艦隊は、羽田沖まで来ました）、まだ寒村であった横浜村に応接所を設置します。

いまひとつは、ペリーと、三月に日米和親条約を結んだことです。「日本」が結んだ、さいしょの近代的な条約ですが、この条約によって、「日本」がアメリカ――西洋に認知されたということも意味しています。下田・箱館（函館）をあらたに開港し、アメリカに片務的な最恵国待遇を与えることを取り決めました。最恵国待遇とは、以後、日本が各国と条約を結んだとき、アメリカ側にいちばん良い条件を一方的に与える、というものです。

もっとも、自由貿易については合意がならず、下田に置くこととなった領事と交渉することになりました。この点に関し、日米和親条約の日本文と英文では差異があり、日本文では日米双方、英文ではどちらか一国が認めれば領事を置くことができるとされていました（井上勝生『幕末・維新』二〇〇六年）。

日米和親条約は「開国」に向けての一歩となり、以後、その方策を詰めるのですが、すでに述べたように、ことは徳川政権の外交方針の転換に関わります。大統領の国書は翻訳され、旗本や大名に伝えられており、徳川政権の政治のやり方にも影響を与えていきます。

こうして、明治維新の過程が始まります。あらたな世界秩序に組み込まれる動きと、これまでの政治の体制が変わっていくことが複雑に絡み合って、政治のやり方、経済の仕組み、文化のありようから社会のようす、そして人びとの心性まで、すべてが変化していきます。

具体的にその動きを見る前に、いくつかのことを付け加えておきましょう。一つは、徳川政権の外交能力です。徳川政権はあらかじめ「オランダ別段風説書」（一八四二年から毎年、徳川政権の求めに応じて長崎のオランダ商館長が提出していたもので、世界中の情報が伝えられた）によって、すでにペリー艦隊が日本へ向かっていることを知っていました。浦賀のそばの久里浜では、銃と大砲の訓練も行われていました。そのうえで、アメリカの要求である「通商」（自由貿易）「補給」「避難海員の保護」に対応しました。すでに一八四四年には、オランダ国王からの「開国勧告」があり、与力（中島三郎助）に至るまで、ペリーらと交渉を行う能力を有していました。

ペリーとの交渉は、オランダ語の通詞（通訳）を介して行われました。英語の通詞もジョン万次郎によって養成されており、徳川政権は英語での交渉も可能でしたが、あえてオランダ語を選択しています。ペリーからすれば母語となる英語での交渉を避けており、ここにも徳川政権の交渉能力を見ることができます。ちなみに、アメリカ大統領の国書は、

図1−1 ペリー提督（右）とアダムス副将の画像

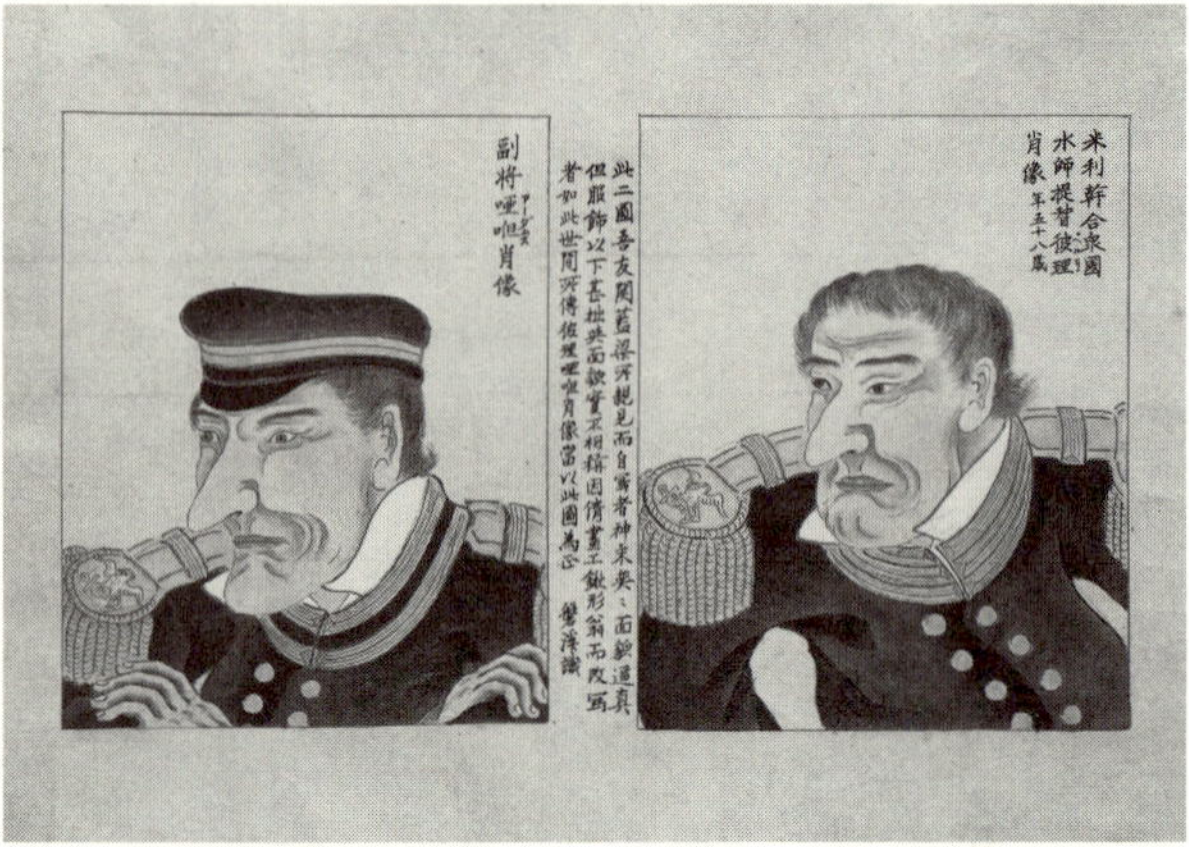

（出典／『金海奇観』1854 年）

英語の原文とともに、中国語訳とオランダ語訳の三通が用意されていました。

さらに、このあと徳川政権は、フランス、オランダ、イギリスといった列強とも交渉を行い条約を結びますが、とくにロシア（プチャーチン）との交渉は、開港（下田、箱館、長崎）とともに、国境——領土問題を含んでいました。一八五四年一二月の日露和親条約では、千島列島を択捉《えとろふ》とウルップで区切り、択捉以南を日本領、ウルップ以北をロシア領としました。アイヌの活動領域に応じたこと、また幕府の支配領域がここまで及んでいたことによっているとされています。また、ニブフ、ウィルタ、サハリンアイヌらが居住する樺太《からふと》（サハリン島）は境界を分けないことにしました。どの列強とも一般的な条約を結び、戦争を回避した等距離外交を選択します（井上勝生）。

いまひとつは、人びとの好奇心の強さです。さいしょのペリー来航のときから江戸の人びとは艦隊見物に出かけ、蒸気船の大きさと速さに驚嘆しており、見物を規制する触書まで出されるありさまでした。漁船に紛れ込んで、艦隊近くに船を出す人びとまでおり、二回目のときには、陸上からの見物も禁止されました。しかし交渉が始まったとき、横浜村では、士官や水兵の周りを村民が取り囲んだといいます（加藤祐三『黒船異変』一九八八年）。各藩では、徳川政権の触書や達書をもとに、御用絵師によってペリー艦隊についてのヴィジュアルな報告書を作成します（図1―1）。ペリーの似顔絵、蒸気船から乗組員やかれらの持つ小物に至るまで、詳細なスケッチがなされます。この情報は全国に広がりました。また、必ずしも正確な内容を持つものではないのですが、さきに触れたペリー来航に関する瓦版も発行され、多くの情報が飛び交いました。

さらに、ペリーと交渉した徳川政権側の応接掛筆頭（林復斎）の従者・竹田鼎《かなえ》は、艦隊乗組員が上陸し、軍楽隊が行進曲を演奏するなか、五〇〇人の兵士たちが足並みをそろえて進むのを目撃し、「号令に従い進退自由に動き回る」と日記に記しています（西川『ペリー来航』）。

このように、ペリー来航によって突然に世界のなかに投げ出されたのではなく、幕府はすでに情報を有しており、人びとも好奇心を持ちながら事態に対応していったのです。

この点に、さらに付け加えておけば、たしかにペリー来航によって「開国」したのですが、それ以前にも漂流民というかたちで、海外との「交流」があったことは見逃せません。暴風雨で漁船が遭難し漂流する事故が多発しており、多くの外国船が日本近海を航行するようになると、漁民たちがそれに助けられる事例が増えていきました。記録に残されているだけでも三四〇件を超えています（平川『開国への道』）。

そのひとりとして、土佐の中浜に生まれた万次郎は、小さな漁船に雇われて沖に出たところ悪天候のために漂流し、伊豆諸島の鳥島に流れ着き命を永らえます。数カ月後にアメリカの捕鯨船に救助され（一八四一年）、捕鯨航海をしながらアメリカ合衆国マサチューセッツ州に至り、ここで英語と航海術、さらに算術や天文学などを学んでいます。捕鯨船員となった万次郎は、金をためて帰国を図り、琉球王国を経由して日本に戻り、土佐藩から士分格に登用されたあと、さらに幕臣となりました（宮永孝『ジョン・マンと呼ばれた男』一九九四年）。日米和親条約に先立って、このような国境を越えた漂流民たちが存在していました。当初は漂流民の引き取りを拒否していた徳川政権も、蒸気船の知識や諸外国の事情を知りたかったため、一八四〇年代には態度を変えるようになっています。

それならば、なぜ片務的な最恵国待遇を日米和親条約、さらにその後のロシア、イギリス、オランダとの約定・条約でも認めていったのかという疑問が起こりますが、徳川政権には不平等であるという認識がなかったと考えられます。

さて、話を戻しましょう。日米和親条約に基づき限定的な開国がなされ、ハリスが総領事として下田に着任します。一八五六年のことですが、清国でアロー戦争（第二次アヘン戦争。清国 vs. イギリス・フランス）が起こるなど、東アジアの緊張が続く時期でした。ハリスは老中・堀田正睦《ほったまさよし》に対し、イギリスなどが武力で通商を迫る前に、領土を得ることを目的としないアメリカと条約を結ぶようにいいます。アメリカは、東アジアでの貿易拡大のためにも日本を重要視していました。

是迄《これまで》合衆国他邦と合盟致候儀も有之候へ共、右ハ干戈を用候義ニ無之、条約を以相結候事ニ御座候（『幕末外国関係文書』第一八巻、一九二五年）

ハリスの意見書によって、開国をめぐる議論がさまざまに起こるなか、徳川政権は日米修好通商条約（一八五八年）を結び、自由貿易を開始します。ここに至るまでに政治的な対抗があり、ここからそれはさらに複雑なものになるのですが、この点は後述しましょう。日米修好通商条約はシステムＡＩへの参入に他なりませんが、徳川政権は、開港（新潟・箱館・神奈川・兵庫・長崎）と開市（江戸・大坂）を行います。このとき、「西洋」では当然の権利である遊歩範囲を限定したうえ（一〇里以内）、外国商人の居留地以外での商取引を禁止し、アヘン輸入禁止も取り決めます。

徳川政権の姿勢がうかがえますが、この条約も不平等条約であったことは否定できません。①協定関税を定めており、関税の自主権が放棄され、②領事裁判権を認め治外法権があり、また③（日米和親条約で取り決められた）「片務的最恵国待遇」も継続されていました。このことは、いずれも各国と日本が「主権国家」として対等ではない、ということを示しています。

在留外国人の犯罪を、その国の領事がその国の法律によって裁く領事裁判権が、日本の主権を損なっていることは自明です。他方、協定関税をめぐっては、徳川政権はそれなりに重い関税をかけることを考えており（従価税による高関税）、「西洋」に比べて後れを取っていた在来産業は保護されるはずでした。しかし、一八六六年の改税約書では、五―三五パーセントの従価税から、五パーセントの従量税へと変更されてしまいます。四年間の物価平均で定まる、原価の一律五パーセントとしたのです。天津条約を結んだ、（アロー戦争で敗れた）清国で慣行化されていた方式であり、日本側に不利な条件でした。関税は近代国家の重要な財源であるがゆえに、攻防が熾烈《しれつ》でした（井上『幕末・維新』）。

徳川政権が入り込んだ「西洋」の世界（システムＡＩ）は、主権国家による条約のもとで、通商が行われます。自由貿易体制ですが、しばしばイギリスを念頭に置きながら「自由貿易帝国主義」と呼ばれています。「公式帝国」(＝植民地)のほか、不平等な関係を強要して経済的に従属させる「非公式帝国」をつくり出し、これらを組み合わせた支配を指してのいい方で、生産力が劣位にある国に自由貿易を強制し経済的な支配を行う方策――体制でした。日本はそうしたなか、「非公式帝国」地域の一つとして扱われたということになります。主権国家として政治的には独立を保つのですが、先行する国民国家(＝「西洋」)がつくりあげる秩序に従属してしまっています(ちなみに、ロシア、アメリカは保護貿易でイギリス、フランスに対抗していました)。

これらの動きは、後発の国民国家として日本が出発したということを意味します。イギリス、フランスなど、すでに一八世紀に国民国家をつくりあげた先発の国々が、植民地を獲得して帝国主義化しているなかでの国民国家化でした。国民国家といったときには、領土が確定しており主権を有していること、国民という意識を持った人びとが存在していることが基盤になっています。それに向けて動き出すとき、すでに国民国家をつくりあげた先発の国々は帝国主義化し、他国への侵出――侵略を行うという動きがあった、ということです。

資本主義の発達が背後にあり、日本は、ナショナリズム—主権国家—資本主義が緊密に結びついた体制であるシステムＡＩに組み込まれるとともに、帝国主義化が進行するなかでの国民国家化のシステムの開始でした。

日本のような後発の国民国家は、すでに先発の国民国家によってつくりあげられた制度の移築という方向をとります。また、そのときに先発の帝国主義の論理を内包していることから、はやばやと帝国主義化していく様相もあわせて見られます。日本は開国以後、こうした過程を歩んでいきます。

ペリー来航をきっかけとして始まった動きですが、もちろんこれと同じベクトルを持つ自発的な動き——システムＡＩへの胎動もありました。いや、日本におけるシステムＡＩといったとき、（本書のように）外からの強制を見るか、内からの自発性を強調するか——この点は解釈が大きく分かれるところです。

近年では、一九世紀を（本書のように）二分せず、一つのまとまった世紀として把握しようという傾向も強まっています。この考え方は、明治維新の変革において、内在的な動きを重視するという姿勢に他なりません。

たしかに、日本でも、一九世紀ごろから国内市場が形成されはじめ、大名たちは地域経済を成熟させていきます。たとえば、薩摩《さつま》藩は「蝦夷地《えぞち》」の昆布を日本海、新潟や富山を経て薩摩に運び、そこから琉球、そして清国へとつながるルートで商取引を行っていました。長州藩もまた、交易ルートを持ち、その交易網は、北は会津から、江戸を経て越前、さらに大坂、大和《やまと》にまで及んでいました。また、西は対馬、長崎、薩摩、そして琉球へと至ります（井上『幕末・維新』）。

ただ、生産に関しては、手工業生産の形態として、まだまだ全国的にマニュファクチュアと呼ばれる集中作業場の出現には至っていません。たしかに産業的な発展が見られるものの、資本家―労働者という関係はつくりえず、農民たちが地主と小作へと分裂していくような状況であったとされています。

「豪農」の存在が強調されるのも、この文脈です。豪農とは日本史研究のなかの独自の概念です。豊かな経済力と多くの土地を所有する富農で、多角的な経営を行うものたちを呼んでいます。豪農は資本家ではなく、地主や金貸しとして、資本主義の発展に向かう過渡期的な性格を持つものとして把握されています。

これらの議論は、システムＡＩの核の一つとなる資本主義の誕生をめぐって、①自発的な動きとともに、②豪農の存在があるということと、③「西洋」の資本主義体制に組み込まれたこと、これらを、いかに統一的に把握するかに関わっています。①のように自発的な動きを強調するとき、ペリー来航は単なる一つの要因となり、逆に、③はペリー来航を「外圧」として、決定的な要因とします。②の豪農の存在を重視する議論は、後発の資本主義として日本を特徴づける議論となっており、③と親和性が見られます。


開港後には、イギリスのジャーディン・マセソン商会をはじめ、欧米の商社が東アジア規模の「中継貿易」を開始し、さきの薩摩藩の「蝦夷地昆布」は箱館から上海《シャンハイ》に直輸出することになりました。長州藩も、開港後は、横浜貿易へ参加することとなります。

一八六〇年に、徳川政権は、五品江戸廻《まわ》し令（生糸、雑穀、水油、蠟《ろう》、呉服）を出し、江戸問屋による輸出品の統制とかれらの利益独占を図ります。生糸の「売り込み商人」たちが集まる横浜が、貿易総額の七割以上を占めており（相手国はイギリスが圧倒的）、長崎、箱館での自由貿易も活況を呈していたためです。当初の貿易は輸出超過でしたが、一八六七年には輸入超過となります。生糸が輸出額の大半を占め、茶、蚕卵紙と続きます。主な輸入品は綿織物、毛織物が中心で、日本の在来の厚手木綿が衰退していきます。また、金と銀の交換の比価は、日本国内では一：五でしたが、欧米では一：一五でした。そのため、大量の金貨が海外に流出しました。

(2) 明治政府の誕生

次に、明治維新の過程です。政治の世界では、徳川政権が倒れ、あらたに明治政府が誕生するという事態として現れてきます。この過程は、とても複雑です。政治の主体をどこに置くかによって見えてくる光景が変わり、出来事の抽出と評価も異なってきます。また、この過程で用いられた武力＝暴力をどのように考えるかも課題となります。

さらに、「幕府」という用語(概念)自体が、この政争のなかで浮上してきているということもやっかいです。本書では、ここまでできるかぎり「徳川政権」と記してきましたが、「幕府」という呼称は、一八五〇年代から「徳川政権」に対抗する勢力が使い始めたものです（この呼称が一般化したのは、そののちのことになります。青山忠正『明治維新と国家形成』二〇〇〇年）。「藩」や「朝廷」も同様に、江戸期の一般的な用語ではなく幕末から維新後にいい出され普及した語ですが、あまりに煩雑になるので、本書ではそのまま用いています。

これまでは、尊王攘夷《じょうい》派の台頭に着目し、これに対抗して徳川政権内に登場してきた公武合体派の動きとの絡み合いで明治維新の政治史が把握されてきました。徳川政権を倒した主体が、薩摩藩や長州藩の志士たちであり、武力倒幕に行き着く流れとして説明されてきました。しかし、徳川政権と朝廷との対抗は、もう少し複雑です。さらに、こうしたいわば政局史とともに、のちに見る農民たちの大きな動きもありました。

並行して、人びとが剣術を習い、「庶民剣士」が登場するという動きが見られます。江戸市中には三〇〇近くの道場があったといいます。江戸・神田猿楽町の神道無念流の道場で修行した戸賀崎熊太郎暉芳は、郷里の武州埼玉郡清久《きよく》村（現在の埼玉県久喜市）に道場を開き、江戸にも道場を構えました（平川『開国への道』）。のちに登場する新選組の近藤勇や土方歳三もそうしたひとりであり、農民の家に生まれながらも、天然理心流を修行しています。農民／武士という身分制を超える動きであり、これまでの秩序が揺らぎ出していますす。こうした動きを背景に、幕末の政治が動き出すのです。これらの総体を明治維新の政治過程として考えたいと思います。

まずは、政局史です。幕政に目を向けると、この時期には阿部正弘、堀田正睦ら、開明的で現実的な徳川政権の「改革派勢力」が老中として主導権を持っていました。政権交代の動きは、日米修好通商条約の締結の過程で、大名への諮問が繰り返されたことをきっかけとしています。諮問は、大名たちに国政参加の道を開くことを意味し、譜代大名による政治の独占から大名たちの合意による体制をつくり出そうという動きを誘発することになりました。譜代以外の大名たちが幕政に参画するようになり、農民や町人たちも領主や徳川政権に対し意見をいうようになってきたのです。

加えて、「皇統連綿」という神話にのっとる孝明天皇——朝廷勢力が、政治勢力として浮上します。徳川政権は、外交問題に関して朝廷に報告はしていましたが、孝明天皇および中下級公卿《くぎょう》が日米修好通商条約の承認を拒否しました（藤田覚『幕末の天皇』一九九四年）。それまでは事前に「勅許」を求めたことはなく、あらたな事態が立ち現れます。徳川政権の開明派は条約を穏便に締結しようと勅許を求めたのですが、神国意識を持つ孝明天皇が（朝廷内の開国派も抑え）拒否し、のちに条約違勅という政治問題を引き起こすことになります。

このさなか、第一三代将軍の徳川家定は病弱で後継の男子がいないため、徳川慶福《よしとみ》（紀州藩主。のち家茂《いえもち》）を推す譜代大名や井伊直弼《いいなおすけ》ら（＝南紀派）と、一橋慶喜を推す雄藩（経済力を有する外様大名）や阿部正弘ら（＝一橋派）とが対立し、朝廷を巻き込む政争となります。この動きのなかで、（一八五八年に死去した家定を継ぎ）慶福が第一四代将軍となり、大老に就任した井伊直弼が権力を掌握し、条約に調印しました。井伊自身は開国に消極的だったのですが、条約調印に踏み切り、調印後に堀田正睦ら開明派を追放します。そして、反対派を弾圧し抑えつけ、徳川政権の政治主導を立て直そうとします。（政権内にとどまらず）薩摩藩、水戸藩や福井藩などの一橋派を排除するとともに、梅田雲浜《うんぴん》、橋本左内、あるいは吉田松陰ら志士たち（志士については後述）を捕えて死刑を含む処分を行いました

（安政の大獄）。

しかし、井伊による幕政改革はうまく運ばず、徳川政権は雄藩大名たちから「孤立」します。井伊もまた、一八六〇年三月に暗殺されます（桜田門外の変）。手を下したのは、脱藩した水戸藩士を中心とした志士たちで、尊王攘夷を掲げていました。君主を貴ぶという「尊王論」と、「夷人」（＝外国人）を排斥しようという「攘夷論」とは、水戸学や国学に由来しますが、本来は別の思想です。しかし、幕末の状況のなかで、徳川政権に対抗する思想として結びつき、尊王攘夷思想（尊攘思想）となります。

尊攘思想――尊攘派に対抗すべく、老中首座・安藤信正によって、和宮《かずのみや》（孝明天皇の妹）を将軍・家茂に嫁がせる策（降嫁）、すなわち公武合体策が図られます（婚儀は一八六二年二月）。しかし、その安藤もまた、尊攘派に襲われ、失脚してしまいます。政局は、幕政反対派――尊王攘夷派の登場によって目まぐるしく動き、政治秩序そのものが揺らいでいきます。

あらたな政治主体の浮上は、内政と外交の動揺――再編をもたらします。情勢を主導したのは、雄藩と呼ばれる大藩であり、薩摩藩の島津久光は一八六二年四月に兵を率いて京都に入り、朝廷に対し公武合体、皇威振興、幕政改革を建言しました。朝廷はそれを受けて勅使を江戸に派遣し、徳川政権は一橋慶喜を将軍後見職、松平慶永（春嶽。福井藩主）を政事総裁職とし、政治改革に乗り出すことになります（文久の改革）。朝廷―幕府―大名による体制が目指されたのです。

他方、長州藩は、（いっときの開国論から転換し）一八六二年七月に「藩是」（＝「御意」「上意」）として徳川政権に攘夷を迫り、攘夷決行（「破約攘夷」）の期日を示し、一八六三年五月一〇日に攘夷を「決行」しました。条約の解消・破棄を一方的に通告し、アメリカの小型蒸気商船への夜襲を行い、その後もフランス、オランダの軍艦を攻撃しますが、むろん、これは近代国際法に違反する行為です。攘夷の動きは人びとの次元でも見られました。脱藩した志士たちと、かれらを経済的に支援し尊王攘夷を唱え自らも行動する豪農・豪商たちを草莽《そうもう》と呼びますが、草莽たちのなかには決起するものも現れます。大和の代官所を襲撃した吉村寅太郎らによる天誅組の乱（一八六三年八月）などはその一つです。

かくして、この時点までの基本的な対抗関係は、政策面からするとき、開港／攘夷、尊王／公武合体であり、それに違勅という手続きをめぐる論点が加わります。勢力関係では、徳川政権派／薩摩派の内部の対抗があり、それに長州派（攘夷激派）が外部から対立します。さらに朝廷が対抗的に加わり、複雑な様相を呈することとなりました。二七〇ほどあった諸藩もこの対抗関係に組み込まれるとともに、藩内部でも上層の武士と中下層の武士とのあいだに意見の相違が見られます。

この政局を、別のいい方で説明してみましょう。安政の大獄で刑死した橋本左内（越前藩）は、朝廷をも組み込んだ「公議輿論《よろん》」を唱えていました。公議輿論とは、公論、公議をもとにした体制をいい、公卿（朝廷）にも意見を聞き、さらに決定に当たっては下級の家臣をも参加させるべきである、という主張です。これまで政治に当たっていたのは、譜代大名・旗本という徳川家の直臣であり、外様や親藩、また下級の武士たちが政治から斥《しりぞ》けられていたことに対する理念的改革を図ります。

公議輿論は、こうした身分制度を超えて政治への参加を促す議論でした。対外的な危機に当たって、発言内容が重視され、議論に向けての能力が評価されるという、あらたな動きが求められました。有用な人材の登用を図ったものといわれてきたことですが、ペリー来航後は、「天下之公論」を決するために、より多くの人びとに「国是」をめぐる議論への参加を促したのです。と同時に、この要請は、幕政の次元だけではなく、反対派、すなわち尊王攘夷派にも発言と活動の根拠を与えることにもなります。政治制度と理念が、「公議輿論」を核として動き出します（三谷博『維新史再考』二〇一七年）。

むろん、幕藩体制を前提とした動きであり、決定的なところでは、井伊直弼が安政の大獄で行ったように、直接の暴力がふるわれます。しかし、「天下之公論」を軸としながらの政局の模索は、公議政体の樹立を図ることとなります。具体的には、列藩による公議所の設立構想から雄藩会議へと、主体と形態において模索を繰り返しながら、状況に対応――対抗しようとします。武士たちに向かい、ひろく身分を超えた政治参加を促すなか、あらたな政治文化と政治主体を呼び起こすことを図りました。

いくらか視野を広げれば、これは、在村レベルで、文化・文政期以降、国訴という農民たちの合法的な訴願運動が展開されていたことと対応する事態といえます。武士たちにとどまらず、在村の有力者たちも議論をし、自らの見解を表明しており、公共圏がかたちづくられ、人びとが多様なレベル、多様な空間で議論をし始めた、といってよいでしょう。そう、議論する主体が登場し、互いに議論をする公共圏が浮上するのです。公共圏を重要な要素とする、システムAIへの胎動です。政治学者の三谷太一郎は、あわせて一九世紀における身分や所属の集団を超えた学芸を介した塾など「文芸的公共性」の存在を指摘しています（『日本の近代とは何であったか』二〇一七年）。政治的な連携に先行して、さまざまな公共圏が形成されており、ここからあらたな絆が醸成されていきました。

システムAIは、外的に持ち込まれた動きと内的に準備された動きとの双方によって整えられていき、ここにかたちを現しました。議論する人びとが多様に生み出され、あらたな公共圏がつくり出される状況こそ、ペリー来航がもたらした動きであったということになります。

安政年間（一八五四―六〇年）は、政治的・外交的な大きな転機であるとともに、火事や地震、疫病が蔓延《まんえん》した時期でもありました。（改元直前でしたが）一八五四年には、御所が焼失する大火が京都で起こり、一八五五年には安政の江戸大地震に見舞われます。安政大地震は死者が七〇〇〇人を超え、火事も引き起こす大惨事でしたが、天罰と受け取られるとともに、地震に際して出された「鯰絵《なまずえ》」には政治への批判や、罹災者《りさいしや》が互いに助け合う一種のユートピア状況が描き出されました（北原糸子『安政大地震と民衆』一九八三年、宮田登・高田衛監修『鯰絵』一九九五年）。領主の役割としての「お救い」が機能しにくくなる状況が進行し、徳川政権への不信と批判が強まっていきます。

さらに一八五八年には、二月と一一月に江戸で大火が起き、コレラが大流行しました。とくにコレラは、長崎に入港したアメリカ船から発生し、人や物の移動に伴って山陽道、東海道を経て江戸へ至り大流行したのです。このとき、徳川政権は罹患者の救済が充分にできず、危機はいっそう深刻化していきます。もとより、第二章で述べるように、コレラという急性伝染病は治療法がまだ確立していませんでしたが、それでも（あるいは、それゆえに）権力への不信が生み出されました（立川昭二『病気の社会史』一九七一年）。

徳川政権の権力と権威が揺らぐなか、政局の混乱にとどまらず、自然災害や病気の流行がその衰退に拍車をかけていきます。人びとは自助や自浄を否応なく意識するようになり、この点からも、歴史の切れ目が現れてきています（須田努『幕末の世直し 万人の戦争状態』二〇一〇年）。手探りをするようにして、あらたな政治体制を模索するのですが、こうした営みもまた、あらたなシステムＡＩをつくりあげていきます。

さて、政局から見たとき、一八六三年から一八六四年にかけて、激しい動きがありました。孝明天皇および会津・薩摩藩は、藩兵によって禁裏の諸門を封鎖し、長州藩などの志士たちを京都から追放します。また、尊攘派の公卿たちも京都を離れました（八月一八日の政変）。さらに、長州藩兵は会津・薩摩藩の兵士たちによって撃退され（一八六四年七月、禁門の変）、朝敵として徳川政権による征討がなされ（第一次幕長戦争）、尊王攘夷派は打撃を受けました。

一八六四年八月には、イギリス、フランス、アメリカ、オランダの四国連合艦隊が下関を砲撃し、砲台を占領します。薩摩藩も、（藩士がイギリス人を殺傷した）生麦事件（一八六二年）の「報復」として、イギリス艦隊からの攻撃を受けます（一八六三年七月）。これまで勢いを持っていた尊攘派ですが、拠点の京都を追われ、攘夷に対しては手ひどい反撃を受け、長州藩・薩摩藩は開国に方針を転換することになりました。こうして、組織的な攘夷運動は見られなくなります。

このころ、倒幕・開国論を唱える長州藩では、奇兵隊が結成されています（一八六三年六月）。奇兵隊とは、（武士からなる）正規の軍隊ではなく、（武士とともに）農民たちの有志が入隊する組織です。高杉晋作が外国船の下関砲撃を機に組織しましたが、封建社会では異例のことです。軽んじられがちな歩兵ですが、高杉は吉田松陰「西洋歩兵論」などに学んだといい、「後発国」ゆえに先例を知り、身分を超えた近代軍の性格を持つ奇兵隊をつくり出しました。

八月一八日の政変後、あらためて、天皇のもとで幕府と諸藩とが合議して国政に当たる公武合体の体制が探られます。その一つとして、朝廷は、一橋慶喜、島津久光（薩摩藩主）、松平慶永（福井藩主）、山内豊信（容堂。土佐藩主）、伊達宗城《むねなり》（宇和島藩主）、松平容保《かたもり》（会津藩主）に「参予」を命じ、横浜の鎖港や長州藩への対応をめぐっての議論がなされます。もっとも参予会議は、すぐに解体してしまいます。

また現在では「一会桑政権」と呼ばれていますが、京都で一橋慶喜と、松平容保、松平定敬《さだあき》（桑名藩主）があらたな勢力として政権構想を打ち出しました。かれらは孝明天皇に接近し、幕閣とは異なる対応を探るとともに、長州・薩摩といった雄藩が朝廷を利用することを防ぐ勢力となりました。薩長同盟（後述）が「戦う相手」に想定していたのも一会桑政権であったとされています（家近良樹『孝明天皇と「一会桑」』二〇〇二年）。

いずれも、さきの「公議」の流れのなかにあり、幕末の政治社会において公共圏が成立していくさまがうかがえます。佐幕派／攘夷派として集団化されることなく、また政治課題と政治主体が直結するのでもなく、政治課題によってそれぞれに提案主体が生み出されています。政治的な課題の追究によって立ち位置が変わり、穏健的な対応か、あるいは急進的な解決を希求するかによって、組み合う勢力も異なってきます（三谷『維新史再考』）。議論する空間としての公共圏が生み出されてきたことが、幕末の大きな特徴となります。ただ、ここでも、決定的な局面では暴力という手段は放棄されていないことには留意しておく必要があります。また、人びとの心性は、開国へと向かっていきます。草莽といえば尊王攘夷と結びつけられがちですが、歴史家の井上勝生は（坂本龍馬のような）「開国派の草莽」の存在を強調し、そうした存在が数多くいたといいます（『幕末・維新』）。

　こうしたなか、これまで対立していた有力藩である長州藩と薩摩藩が、互いに協力して倒幕に踏み出します（図1―2）。諸勢力がうごめくなか、薩摩藩が公議政体派から離れ、一八六六年一月に長州藩と武力＝暴力を用いての倒幕の盟約を結びます。決して協力し合うことがなかったこの二つの藩が薩長同盟を結んだ背後には、土佐藩を脱藩した坂本龍馬による、西郷隆盛、大久保利通《としみち》（薩摩藩）と木戸孝允《たかよし》（長州藩）との仲立ちがありました。

　この年六月に徳川政権は第二次幕長戦争を行いますが、薩摩藩は出兵せず、加えて、そのさなかに将軍・家茂が死去し派兵は中止されました。

　他方、公議政体派は、第一五代将軍となった一橋（徳川）慶喜に公議政体の樹立を勧め、その動きの延長として一八六

図1―2　幕末（1866年）の勢力図

武力倒幕派（長州・薩摩藩）
公議政体派（越前・土佐藩）
公武合体派（一会桑）

七年一〇月一四日に大政奉還がなされます。将軍・徳川慶喜が、政権（将軍職）を天皇（朝廷）に返上したのです。あたらしい「公」への動きをつくり出し、そのため、徳川の政治体制に執着する会津藩や桑名藩と距離を取り、あらたな政治体制へと踏み出す動きでした。

大政奉還を勧めた土佐藩は、武力を使わない改革運動を構想しており、徳川慶喜も加えた「公議」（会議）を唱え、足並みをそろえるように、幕臣・西周《あまね》が、慶喜の求めにより「議題草案」を建議します。また、坂本龍馬も「新政府綱領八策」を提出し、「万国公法」に基づき、「盟主」による統治形態を探ります。「八策」の盟主の部分は「〇〇〇」と空白になっていますが、「慶喜」を想定していたと考えられています。

おりしも、一〇月一三日・一四日付で「討幕の密勅」が出されており、薩摩藩の西郷隆盛・大久保利通、長州藩の木戸孝允、公卿の岩倉具視《ともみ》らによる武力討幕が計画されていましたが、（大政奉還によって）直前に回避されることになりました。幕末の政争は、政局の次元では政権を担うものをめぐる抗争です。このとき、武力討幕の機会を逸した薩摩藩・長州藩は、一八六七年一二月九日、王政復古の大号令によって行動を起こします。小御所会議を開き、慶喜に対し「辞官納地」を求め、徳川家の土地と慶喜の官位を返上させます。

王政復古の大号令は、

そもそも癸丑以来未曾有の国難、先帝頻年宸襟《しんきん》を悩ませられ候御次第、衆庶の知る所に候。これによって叡慮《えいりよ》を決せられ、王政復古、国威挽回の御基立てさせられ候間、自今摂関幕府等廃絶、即今、先《ま》ず仮に、総裁議定参与の三職を置かれ、万機行はせらるべし。


というものです。あらたに天皇のもとに「三職」（総裁・議定・参与）を置くのですが、「仮に」としています。幕府の廃止と新政府の樹立を宣言しており、クーデターによる臨時の新政府の誕生となりました（井上『幕末・維新』）。公議政体が図られるのですが、究極的かつ決定的な段階では暴力を持ち出そうとする勢力が動き出します。

反徳川政権勢力と徳川政権とが互いに政権構想を打ち出し、そこにおける主導権争いを繰り広げていたということができるでしょう。ペリー来航以降、もはや、これまでの幕藩体制と呼ばれるやり方での統治は立ちいかなくなり、徳川政権への反対派が登場するとともに、徳川政権の側も大きな改革を構想することになりました。身分制度に基づき、徳川将軍を頂点とする統治形態に取って代わる「公」の構想、その担い手をめぐる争いに、とりあえずの決着をつけたということです。

「天下之公論」の探り合いで、これまでの封建体制を変更することを前提としたうえで、どのように修正し、それをどのような勢力が主導するかということをめぐっての対抗です。これまで、この政治抗争は、絶対主義の権力構想をめぐる対抗として考えられてきました。しかし、これは本書の立場からは封建社会に代わるあらたなシステムＡＩの具体化とその担い手をめぐっての抗争ということになります。封建権力内部からの改革構想であり、あらたな政治構想――システムをめぐる攻防です。

徳川政権――幕府に取って代わるという動きは当面、薩摩藩・長州藩を中心とする勢力がクーデターによって勝ちを制しました。しかし、まだ仮の政府です。決着は、このあと戊辰《ぼしん》戦争によってつけられます。

戊辰戦争は、小御所会議での決定に不服を持った旧幕府軍が京都に進軍し、鳥羽・伏見の戦い（一八六八年一月）によって始まります。旧幕府のなかにも、新政府のなかにも強硬派（主戦派）と恭順派（寛容派）とが存在しますが、結局、武力を持ち出しての暴力的な衝突となりました。公共圏がもたらされながら、切り札は暴力でした。システムの転換には、こうしてしばしば直接の暴力が伴います。

新政府は徳川慶喜の追討令を出し、新政府軍を江戸に向かわせます。江戸では、新政府の西郷隆盛と旧幕府の勝海舟との会談により、江戸開城（解城）――明け渡しとなり、戦闘が避けられました。しかし、一部の旧幕臣たちが組織した彰義隊は、上野の寛永寺に立てこもり戦いました。

また、会津藩、庄内藩が新政府軍と戦う一方、両藩を支持する陸奥《むつ》・出羽・越後の諸藩の勢力は奥羽列藩同盟（のち奥羽越列藩同盟）を結成し、北越、白河、秋田などで新政府軍と戦います。これらの戦いに敗れた旧幕府軍は、海軍の榎本武揚《たけあき》らが北海道（蝦夷地）を占領し、箱館の五稜郭《ごりょうかく》に立てこもりましたが、結局彼らも敗北しました（一八六九年五月）。

戊辰戦争の過程は、日本の統一をめぐって、「個別領有権の連合方式」を構想する旧幕府と、それを否定し、天皇への統合を必然化する新政府との戦闘で、あらたな権力構想をめぐっての武力抗争であり（原口清『戊辰戦争』一九六三年）、システムＡＩの具体化、内実化をめぐっての戦争でした。どちらが勝利するかは結果を待たずには明らかではなかったのですが、新政府軍が、飛距離が長いライフル銃（施条銃）の調達に先鞭《せんべん》をつけていたという指摘があります（保谷徹『戊辰戦争』二〇〇七年）。

同時に、奥羽越列藩同盟の成立に力を尽くしたひとり、仙台藩士の玉虫左太夫《さだゆう》に目を向ければ、戊辰戦争の解釈が一筋縄ではいかないことが分かります。玉虫は、（日米修好通商条約批准のため）一八六〇年に遣米使節団の一員として、咸臨丸《かんりんまる》でアメリカに渡っています。その記録「航米日録」からは、当初アメリカに対し夷狄《いてき》観を有していた玉虫が、しだいに西洋の人とモノを知ろうとする態度に変わっていくのがうかがわれます（松沢弘陽『近代日本の形成と西洋経験』一九九三年）。

こうした玉虫が、戊辰戦争に旧幕府側として参加したことは、いちがいに新政府側が文明的に優位な立場であったとはいえないことを示しているでしょう。玉虫は、戊辰戦争の敗北ののち捕えられ、獄中で切腹させられています。

一年半にわたった戊辰戦争でしたが、戦闘は終わっても、地域の激動は止まりません。新政府軍に対抗した諸藩への処分がなされ、会津藩は、陸奥国斗南《となみ》（三万石）に減封・転封されます。仙台藩、米沢藩をはじめ、多くの藩は減封されましたが、家老が処刑されたり、（会津藩と同様に）転封されたところもありました。

注目すべきは、戊辰戦争への草莽隊の参加です。脱藩した下級武士たち（志士）と、それを財政的に支援する豪農や問屋などの豪商たちが結合し、草莽隊とネットワークを形成していました（高木俊輔『明治維新草莽運動史』一九七四年）。豪農・豪商の側からいえば、幕末における地域や個人的な危機を、尊王攘夷運動へと接続し、打開を図るということになります。

草莽隊の一つ、赤報隊（近江《おうみ》国〈現在の滋賀県〉で結成。六割が農民や商人）を率いていたのが相楽《さがら》総三です。相楽は、新政府に「年貢軽減」を建白し採用されたため、地域に「年貢半減」を布告しながら進軍します。しかし、のちに「半減」を撤回した新政府は、相楽が邪魔になり梟首《きようしゆ》（さらし首）にしてしまいます。相楽らは、外国との貿易が始まり外国製品がどっと入ってくることによって、生活が大きく変わる豪農たちを見ていましたが、新政府の目線はこうした地域と生活に根差す人びとからは遠く離れていました。

他方、こうした封建社会を壊す動きに加わった人物は男性にとどまらず、女性の姿も見られます。そのひとり、松尾多勢子は、信濃《しなの》国（現在の長野県）伊那《いな》郡の豪農の家に生まれ、若くして結婚、子育てをしながら和歌や平田篤胤《あつたね》の国学を学び、尊王攘夷運動に参加します。松尾は、足利三代の木像が梟首された事件への関与が疑われていますが、尊攘派の志士たちとの交流がありました。松尾の活動は齢《とし》を取ってからのものであり、女性でありつつ当時男性だけに与えられていた役割を演じることによって、政治活動に参加することができました（アン・ウォルソール『たをやめと明治維新』、菅原和子ほか訳、二〇〇五年）。

（3）農民たちの動き――あらたな人間像

農民たちも活発な動きを見せました。一八―一九世紀にかけては、農民たちも生活が激変していました。商品経済が入り込み、自給自足の生活が壊れ始めています。このなかで、農民の訴訟がさかんに行われ、畿内が中心ですが、国訴という訴願が組織的になされました。農民たちも、議論をする姿勢を示したのです。これまた公共圏形成の一つということができるでしょう。

また、幕末には百姓一揆が、都市での打ち壊しとともに急増します。百姓一揆は一八世紀後半（宝暦・天明期）から変容し、百姓身分にとどまらず、貧農や都市下層の人びとなどの諸階層が参加し、かつ藩の境を越えた広域的なものになっていきます。一八六六年には、百姓一揆の件数が、江戸時代を通じて最多となりました。「百姓成立《なりたち》」として、身分的自立に基づき「御百姓意識」が自覚されます（深谷克己『百姓成立』一九九三年）。

さらに、経済的な平等や土地制度の改革を要求する「世直し一揆」が起こります。「世均し」の立場から、主体的に「世直し」を要求し、米の安売りや富者からの米や金などの「施し」のほか、借金の棒引きや質地・質物の返還を求め、土地改革から村政の改革までを主張しますが、しばしば打ち壊しを伴いました（佐々木潤之介『世直し』一九七九年）。

陸奥国（現在の福島県）信夫《しのぶ》郡・伊達郡で一八六六年に起こった「世直し一揆」（信達世

直し一揆、四〇〇〇人）は、物価高騰、助郷役の加重負担などを理由としています。この地は蚕種生産地域であり、特権商人が代官と結託して蚕種紙に手数料を取ること（改印制度）に反対し、それを発案した人物の家が打ち壊されました。世直し一揆では、

火の用心を第一にせよ。米穀は打《うち》ちらすな。質物には決して手を懸けまじ。質は諸人の物成るぞ。又金銭品物は身につけるな。此働きは私欲にあらず。是は万人のため成るぞ。（「奥州信夫郡伊達郡之御百姓衆一揆之次第」、引用は『日本思想大系』第五八巻、一九七〇年）

と、統制のとれた運動が展開されます。村役人や特権商人、質地地主を攻撃の対象としますが、世直し一揆は「不正」を糾弾し、「施行」を求め、「民衆の生活世界」に根差しています。参加者は、さまざまな諸渡世（余業・余稼ぎ・余作、賃取り）で暮らす「窮民」たち（「半プロレタリアート」という論者もいます）が主体となっていました。

このように、戊辰戦争のさなかでも、戦場になった地域を中心に、一揆や騒動が見られ

ます。開港に伴う経済的な激動のなかで、没落した人びとが小生産者へ「回帰」しようとする運動—要求が「世直し」ということになります。これに対して百姓一揆は、小生産者であり続けようとする運動でした（深谷克己『南部百姓命助の生涯』一九八三年）。

本書の立場からは、こうした動きも（国民国家をつくり出す）システムＡＩを始動させる動きであり、必然的にあたらしい人間像を生み出すということになります。

菅野《かんの》八郎（小前百姓）は、伊達郡の名主《なぬし》も務める農家（中・上層）に生まれ、村政改革に努めた人物です。幕府の海防策を批判し、八丈島に流刑になった経験も有しますが、「仮令《たとい》士民の身なり共、代々安穏に年月を送りし□御国恩の重き事、何ぞ上下尊卑の差別あらんや」といいます（「八老独年代記」、引用は『日本思想大系』第五八巻）。八郎は、江戸でペリー来航後の情報を綴《つづ》りますが、「あめの夜の夢咄し」には異国——「西洋」が日常生活を脅かすという危機意識と「天」の試練という認識が見られ、ペリーの似顔絵も付されています。

また、八郎は「身上がり」によって「在地社会」「百姓世界」から逸脱しようとしており、草莽の志士とはなりませんでした。また、世直し一揆の首謀者とみなされ捕縛されるのですが、当人はそのことを否定しています。百姓一揆の指導者たちが自らの死を覚悟して行動したこととは、大きく異なっています（須田努編『逸脱する百姓』二〇一〇年）。ここで誕生するあらたな人間像については、維新期も含めて、あとで見ることにしましょう。

幕末期は、こうして「支配体制全般が深刻な危機的状況」（井上『幕末・維新』）となるのですが、このとき、新政府は、宇都宮で一揆指導者数名を斬首したのをはじめ、各地で一揆の指導者を処刑しています。あらためて、幕末の政治的な争いを考えるとき、奥羽越列藩同盟vs.新政府vs.打ち壊し・一揆という構図になります。前二者には武士に草莽が加わり、別途、それらの動きに対し、農民たちが運動を起こすというものです。

しかし、一八六七年には、天からお札が降ってくるとのうわさが流れ、お札を求めて人びとが踊りまわる「ええじゃないか」が起こり、様相が変わってきます。「ええじゃないか」は、仮装をしたり、男女が互いの着物を取り替えたりする熱狂的な集団が、付近を練り歩くという出来事です（藤谷俊雄『「おかげまいり」と「ええじゃないか」』一九六八年）。伊勢参り（おかげまいり）と重なる農民たちの動きであり、日常は抑えていたその心性が、幕末の激動期に噴出したと考えることができるでしょう。

こうした農民たちの動きを入れて考えるとき、幕末の様相は、単に武士たちによる封建社会の改変――政体変革とそれに向けての主導権争いという事態とは異なってきます。武士たちとは異なる、「近代」への動きもあったということになります。あらたなシステムをめぐる抗争がここに見られます。

さらに、（時期的には一八六五年ごろと、ややさかのぼりますが）人びとのあいだに、尊王攘夷を唱えた長州藩への親近感や、長州に戦争を仕掛ける徳川政権に対する反感が見られます。大坂・尼崎での「残念様」（残念さん）はその一つです。禁門の変で敗走するなか、尼崎藩に捕えられ「残念」とのことばを残し自害した長州藩士の墓に、大坂の人びとが参詣します（尼崎市立地域研究資料館編『図説　尼崎の歴史』上巻、二〇〇七年）。それが禁止されると、さらに長州藩蔵屋敷跡に残された柳を「無念柳」として人が集まりました。

このように明治維新の過程を辿ってきたとき、あらためて、その主体は誰であったか、そして徳川政権に取って代わった明治政府とはどのような政権であったか、ということが問われることになるでしょう。

政治勢力を軸とするとき、明治維新の主体は薩長などの雄藩、草莽に具体化される下級武士や豪農・豪商たち、農民などとなりますが、どこに力点を置き主体を見出すかによって、明治維新の歴史像（ということは、明治政府の性格の認識ということですが）は異なってきます。この点について、本書は、すべての主体が国民国家に向かって動き出したという立場をとっています。システムＡＩという把握はこうした認識に基づいており、「近代」を画期とし、あらたな人間像が生み出されてくることへの着目でもあります。

加えてこのことは、明治維新とはどのような出来事であったか、という認識へと立ち戻ることとなります。政局史にとどまらず、農民たちを核とする巨大な政治運動に目を向けるとき、明治維新を単なる政権交代の枠のなかに収めることはできないでしょう。また、「公議輿論」を一直線に民主主義の端緒とすることも短絡的な認識になるでしょう。すでに強調したように「公議輿論」は公共圏をつくり出し、農民たちの運動も、武士たちに対抗する世界をつくり出そうとしていました。これらは、システムＡＩということを持ち出す理由です。このときには人びとの心性も重要な要因となります。かつてのようにフランス革命と明治維新とを比較することは、いまではあまりに素朴な手法に見えます。それでも、ジョルジュ・ルフェーヴル『一七八九年』（高橋幸八郎ほか訳、一九七五年）が、「アリストクラート」「ブルジョワ」「民衆」「農民」による「四つの革命の複合体」としてフランス革命を分析し、さらに人びとの心性に分け入っていく手法には魅惑されます。幕府、朝廷、諸藩、そして農民に着目し、その政治構想の複合とともに人びとの心性へと至る動きの分析です。

2　変わる地域／開化の心性

(1)　主権国家への道のり

明治政府は、主権国家の形成を目的として政策を推し進めます。政府が打ち出す政策がシステムＡＩとして起動し、国民国家を形成していくのですが、その様相を見ていきましよう。

まずは、「五箇条の誓文」（一八六八年三月）で「公論」と「開化」の方針を宣言します。もっとも、その翌日に五榜《ごぼう》の掲示を出し、五倫の道徳を順守し、徒党や強訴、逃散を禁止し、さらにキリスト教や邪宗門（不受不施派など）を禁止します。江戸時代の触れを、（高札という形式も含めて）受け継いでいます。

政府の主軸になるのは、薩摩・長州・土佐・肥前の四藩の出身者でした。また、これまで徳川政権で役割を果たしてきた大奥を廃止し、政治から女性（女権）を排除します。天皇の周囲にいた女官たちをすべて免職し、幹部を罷免しました（関口すみ子『御一新とジェンダー』二〇〇五年）。

政府は、政体書によって太政官を置き、最高官庁としました（のちに正院、左院、右院を置き、三院制とします）。この太政官制は、西洋の三権分立に倣っており、また「万国公法」（アメリカの国際法学者・ホイートンの著作の漢訳版）、とくに同書に収められたアメリカ合衆国憲法を参照しています。国家の型としては（分権ではなく）集権を採用しました（井上『幕末・維新』）。

政治制度としてシステムＡＩが始動し、封建社会の制度を国民国家の体制につくり替える動きが推進されます。大きな柱となるのは、（封建制の分権から）集権と、（藩が個別に持つ）軍事力の解体で、藩主と家臣団の変革です。政策としては「廃藩置県」と「秩禄《ちつろく》処分」ということになります。

「廃藩置県」のステップとして、一八六九年に版籍奉還がなされました。藩主に対し、版（版図＝土地）と籍（戸籍＝人民）を天皇に返させる——領主権を取りあげるのですが、一気に推進せず、まずは旧藩主をそのまま知藩事とし、旧大名を支配層に取り込もうとします（ただし、知藩事は非世襲で、土地と人民の私有は否定されました）。しかし、諸藩の改革がなされるなか、和歌山藩、熊本藩など非薩長の有力な大藩のなかには、独自に軍制改革、貢租軽減、士族解体などの「開明的改革」を行う動きもあり、政治改革は一挙には進みません。政府は統一的な規格に準拠させるため、各藩に変革を指令し、一八七〇年九月に藩財政を政府が規制する「藩制」を公布しました（井上『幕末・維新』）。

おりしも、農民一揆が激しい時期であり、政府は「上から」の中央集権の徹底を図り、続けて廃藩置県の断行に踏み切ります。集権を強化し全国を直接的に支配するため、薩摩・長州・土佐藩から八〇〇〇人の兵を組織し（親兵）、その力を背景に藩を廃止しました。一八七一年のことです。

この結果、はじめは一使三府三〇二県、すぐに一使三府七二県、そして一八八八年には一道三府四三県に日本国内が分けられました。封建社会は藩が割拠する体制でしたが、いまや、権力を集中して「日本」という単位をつくりあげるとともに、その内部を県として区分したのです。県名は、新政府についた藩のばあいはその藩名を用い、旧幕府についたばあいは郡の名称などを用いたといわれています。江戸時代の体制を引きずり、それを再編する姿勢がうかがわれます。また、旧藩主は東京に居住し、府県には、あらたに府知事・県令が任命され派遣されました。

他方、「秩禄処分」は、武士——士族にとってはその生活に直結するものでしたが、政府内でも急進的な断行か、漸進的な遂行か方針が定まりません。政府にとっては財政問題であるとともに、（国民皆兵をいう）徴兵令などほかの政策との関連があり、さらには山積する政策との優先順位もありました。

まずは家禄の全国画一化を行い、そのうえで（一〇〇石未満のものの）家禄奉還を受け付け、応じた士族に対し四―六年分の現金、秩禄公債が半々の割合で支給されます。しかし、この奉還制度は一八七五年に中止され、あらためて金禄公債証書を発行します。家禄の金禄化であるとともに、「任意の家禄奉還制度を強制的な禄制廃止に切り替えるための仕切りなおし」でした（落合弘樹『秩禄処分』一九九九年）。金禄公債は、五―一〇パーセントの利子が（年限を付して）つけられましたが、高禄を得ていた旧藩主や上士層はともかく、多くの士族は安定した生計を維持できる額ではありませんでした。

この過程は旧支配層の身分の解体であり、幕府――近世国家の解消となり、システムAIの始動を条件づけます。

廃藩置県を断行したのは、政府のなかの木戸孝允派（大隈重信、伊藤博文、井上馨《かおる》ら）でした。その木戸は、岩倉具視を大使とした使節団（岩倉使節団）に加わり、一八七一年にアメリカ、ヨーロッパへ出かけます。使節団は薩長閥で構成され、大久保利通、伊藤博文らが加わりました。条約改正の予備交渉が目的ですが、システムAIの実見が主目的で「西洋」の制度や文物を視察し、「要塞と工場のパリ」（前田愛）を見て取っています。たとえば一八七三年一月には、陸軍士官学校、ヴェルサイユ宮殿、地下水道、モンヴァレヤン砲台、建築学校、鉱山学校、国立銀行、ゴブラン織工場、チョコレート工場などを訪れました（『特命全権大使　米欧回覧実記』一八七八年）。

同時に、使節団は、イギリスやフランスなどヨーロッパの大国のみならず、ベルギーやスイスなどの小国も訪れます。工場や議会など「近代」の成果とともに、スラムや社会施設などを見学し、社会問題にも関心を払っています。また、帰路にはアジアの地域にも寄りますが（田中彰『岩倉使節団』一九七七年）、文明を価値化したうえで、「西洋」との「落差」や文明による排除の様相をも見ているといえるでしょう。システムＡＩからすれば、その表裏をあわせ見るという姿勢です。

留守政府は、主に土佐・肥前閥となります。井上馨、西郷隆盛こそ長州藩、薩摩藩出身ですが、そのほか、土佐藩出身の後藤象二郎、板垣退助、また肥前藩出身の江藤新平、副島種臣、大隈重信らが軸となり、さまざまな政策を施行します。使節団の外遊のあいだは、大きな改革をしないという約束があったといいますが、実際には留守政府による急進的な改革がなされ、明治維新の軸をなす学制（一八七二年）、徴兵令（一八七三年）、地租改正条例（一八七三年）が公布されます。

いずれも近代の国民国家――システムＡＩの軸となる政策で、軍事、教育、税制に関わり、徳川政権のもとでの体制――政策を改変するものです。それぞれ、国民皆兵による国民軍の形成であり、国民皆学の義務教育の施行であり、近代的な土地所有に基づく金納の税制の制定でした。

しかし、システムＡＩとしての不徹底さも生じさせています。徴兵令では、一七―四〇歳の男子を兵籍に登録し兵役に就かせます（常備軍に入るのは二〇歳以上）が、代人料（二七〇円）支払いによる免除、戸主の除外などの規定がありました。また、地租改正は、耕作者に地券を与え、地券に記した地価に対し地租を課しますが、従来の年貢収入を減らさないように地価――地租を定めています。

地租改正に関して付しておけば、江戸期における領主的な土地所有権が、①有償的に解体され、②農民の私的権利として認められたのですが、変革としては不徹底な側面を持ちます。所有権の設定については、すでに登場していた地主・豪農的経営のばあい、小作人ではなく地主に所有権を与えています。

あらたなシステムAIの始動に当たり、政府と人びととの対立は継続し、廃藩反対一揆(一八七一年一六件)や広島での「武一騒動」など、大きな一揆が相次ぎます。一八七三年を一つのピークとする「新政反対一揆」(北条県血税一揆、筑前竹槍《たけやり》一揆など)が見られました。また、「えた」、「ひにん」などの差別呼称を廃止し、あわせてかれらの宅地を含む無租地をなくし、居住制限の解除をするなどの賤民身分の廃止令(いわゆる解放令、一八七一年八月)が出されたときにも、反対の一揆が起こされます。

背景の一つに、地租改正などの政策が、村落の共同性を大きく改変するということがあります。この点に着目するとき、論点となるのは、反対一揆の根拠は、(システムAIの始動に対し)「外部」あるいは「内部」のいずれによっているか、ということです。共同体の結束(=内部)による反対か、外部の論理を用いての抵抗かですが、どうやら後者に傾いてきているようです。

一八七一年に多発した「解放令」反対一揆は、「御百姓意識」に発しているのですが、政府の政策（新政）全体に反対するところに力点があります。政府の政策への非妥協と拒絶が貫かれ、一揆は大規模になってきています。反対一揆はシステムAIに対する「外部」からの抵抗ということになります。

しかし、システムAIへの対抗は、あらたな状況をもつくり出します。政府は、かつては黙認していた一揆に対し、強硬方針で臨みます。一八七六年の三重・愛知・岐阜地租改正反対一揆では、絞首刑ひとり、処罰五万人を出すなか、一揆の側も、江戸時代のかつての一揆とは異なり、たとえば放火を自制しなくなっています。

同時に、政府の側も決して一枚岩ではありません。政府側とはいっても、まだ方針が固まらず、政府内部の対立――使節団派と留守政府の衝突が見られます。大きな観点からいえば、システムAI内部の路線対立が見られるのです。その衝突は、一八七三年に征韓論争となって現れます。

政府が、朝鮮に外交交渉を申し入れたところ、それが拒絶されたことに対する対応をめぐって生じた衝突です。すでに、外務省は、朝鮮外交を担ってきた対馬・宗家の外交権を没収していますが（一八七二年五月）、朝鮮にとってみれば、海禁政策をとっているうえ、宗家との関係の切断は不服だということになるでしょう。

その朝鮮の対応をめぐり、政府内の路線対立が顕現します。留守政府の西郷隆盛、板垣退助らは征韓論を唱え、西郷を外交使節として朝鮮に派遣することを決定しました。朝鮮側が日本の要求を拒否し、西郷を殺害することが想定されており、そのことを大義名分として武力行使をしようという主張でした。しかし、急遽《きゅうきょ》帰国した大久保利通や木戸孝允らはその策に反対します。西郷たち征韓派は士族の処遇を考え、大久保らは内治優先を考えたといわれますが、根底には使節団派と留守政府との対立がありました。外交問題への対処が、政府内部の対立を露呈したのです。

議論が繰り広げられるなか、西郷の建言は斥けられ、参議九人のうち、西郷・板垣をはじめ、江藤新平、副島種臣、後藤象二郎の五人が下野するという政変となりました（「明治六年の政変」）。

このあと、琉球の宮古・八重山諸島から出帆した船が遭難し、漂流した島民が台湾で先住民に殺害され（一八七一年）、そののちにも同様に漂流民が暴行を受けたこと（一八七三年）などをきっかけとし、一八七四年には台湾出兵が議論されます。おりから東アジアでは、まだ清国による秩序が維持されており、主権国家としての確立とそれがもたらす国境の画定がなされていませんでした。東アジアの旧来の国際秩序から、システムＡＩに対応する国際法による秩序へと移行するさなかの出来事をめぐっての議論です。

明治政府は、清国が（文明化していないと認定した台湾の先住民を）「化外の民」としたことを根拠とし、イギリスとアメリカの公使に報告し、派兵を図ります。両国が反対したためいったん中止を決定しますが、長崎まで兵を率いてきていた西郷従道《つぐみち》が独断で出兵を強行しました。この台湾出兵の議論においても、もとから出兵に反対であった木戸孝允が政府を去っており、政府内部の対立があからさまでした。

システムＡＩの形成による主権国家の誕生といったとき、領土の確定と外交関係の樹立は欠かせません。近隣との関係として、清国との国交は一八七一年に結ばれます（日清修好条規）。領事裁判権を相互に認めるという変則的な、しかし対等な条約です。朝鮮との関係は、征韓論争のあと、一八七六年に力ずくで日朝修好条規を結びます。きっかけは、一八七五年の江華島《こうかとう》事件でした。清国を宗主国とし、海禁政策をとっていた朝鮮の漢城（ソウル）の近くの江華島の領海に、日本の軍艦が侵入して砲撃し、砲台を焼打ちします。近年、日本と朝鮮との交戦は三日間にわたっていたことが明らかにされましたが、国際法に違反する日本の行為でした（鈴木淳『維新の構想と展開』二〇〇二年）。

これをきっかけに、日朝修好条規を結び、日本は釜山《プサン》など三港を開港させますが、条約は朝鮮に治外法権を認めさせ、無関税を強要するなど不平等条約に他なりません。おりしも、朝鮮では排外主義者であった大院君《テウオングン》が失脚し、閔妃《ミンビ》（明成皇后）が開化路線を模索していた時期でした。

国境の画定も行われます。北方は、ロシアとの関係となり、あらためて、一八七五年に樺太・千島交換条約（サンクト・ペテルブルク条約）を結び、再度の国境画定をします。樺太をロシア領とし、千島列島を日本が領有することを取り決めました。

日本とロシアの国民は引き続き居住しましたが、アイヌに対しては、「強制移住」を実行します。三年以内の国籍選択と、それに伴う移住の強制がなされ、日本国籍を選択した「樺太アイヌ」は北海道に、「千島アイヌ」は色丹島《しこたん》に移住させられました。アイヌに対し、土地所有の制限や、日本語を強制しアイヌ語を禁止すること、刺青《いれずみ》をはじめとするアイヌの風習や漁業・狩猟の禁止などを行います。

さらに一八九九年には北海道旧土人保護法を制定します。土地を付与して農業を奨励し、医療・教育などの保護対策を謳《うた》った法律ですが、日本への同化政策であり、一方的な国民化に他なりません。システムＡＩはこのように人びとに対し、強圧的にふるまっていきました（榎森進『アイヌ民族の歴史』二〇〇七年）。

蝦夷地は一八六九年に、全国八番目の道として「北海道」とし、一一カ国を置きました。開拓使という役所を置いて「開発」に乗り出し、屯田兵（北方警備と開拓の尖兵《せんぺい》）と囚人労働がその主力となります。街づくりでは札幌神社と薄野《すすきの》遊郭がまず設置されますが、「神社」と「遊郭」は、開拓地――植民地における日本の開発の定石です。このあとも、北海道は「内地」と呼ばれる本土とは制度上の差があり、道議会の開設（一九〇一年）や衆議院議員選挙の実施（一九〇二年、全道の実施は一九〇四年）は二〇世紀になってからでした。

他方、小笠原諸島は、一八七六年に政府が領有を宣言し、アメリカ、イギリスにそのことを認めさせます。外国人居住者も、日本国籍を持つことになりました。

琉球王国との関係も複雑です。琉球王国は、江戸時代には清国に朝貢し冊封体制に編入されるとともに、薩摩藩の支配も受けていました。清国と日本への両属関係を持つのですが、人びとの側からすれば、清国・薩摩藩・琉球王国の三重の収奪を受けていたということになります。

この琉球王国を、日本は一八七一年に鹿児島県に編入し、翌一八七二年に琉球藩を設置しました。ただ、藩王とされた尚泰《しょうたい》は、朝貢も続けます。さきに記した台湾出兵を経て、政府は一八七九年に琉球藩を廃して沖縄県を設置するという「琉球処分」を行います。いい直せば、琉球処分は①琉球藩設置、②松田道之・処分官による廃藩置県の強行、③宮古・八重山諸島の土地・人民の分割――清国の管轄に移すという分島問題を内容とする琉球王国の解体でした（金城正篤・上原兼善・秋山勝・仲地哲夫・大城将保『沖縄県の百年』二〇〇五年）。

清国はこれに抗議しますが、琉球内でも、日本派、清国派、独立派と意見が三分されました。また、③の分島案は、アメリカの前大統領であったグラントの提案によっており、日本は、それに基づき交渉しますが、清国の反対で実現はしませんでした。宮古・八重山諸島の人びとの意思は無視したままの「交渉」でした。沖縄県の日本への帰属が確定するのは、日清戦争後のこととなりますが、沖縄のいい方では、「唐世《からゆー》」から「大和世《やまとーゆー》」になりゆきます。

こうした沖縄県ですが、「本土」の統治とは異なり、旧来の土地、租税、地方制度をそのまま維持する「旧慣温存政策」がなされました。また、琉球のことばに代わって、本土のことばをモデルとしたことばを教育の場で強制していきます。『沖縄対話』（一八八〇年）には、

「○　貴方ハ、東京ノ言葉デ、御話ガ、出来マスカ」
「○○　ナカナカ、ヨクハ、話セマセヌ」

という例文が挙がっています。琉球語という「方言」を使用したものには、方言札を首

からかけるという罰が与えられました。方言札は一九〇〇年代前半から沖縄に広範に広がったとされています（近藤健一郎編『方言札』二〇〇八年）。また、北海道と同様に、制度の実施が遅れ、徴兵令施行が一八九八年、国政選挙実施が一九一二年となっています（宮古・八重山諸島では徴兵令施行が一九〇二年、国政選挙実施が一九二〇年）。

沖縄県では、東京に留学した県費留学生があたらしいリーダー層をつくります。（自由民権運動で活躍する）謝花昇《じゃはなのぼる》、（新聞記者であった）太田朝敷《ちょうふ》、（『琉球新報』創刊に参加し、衆議院議員、首里市長も務めた）高嶺朝教《たかみねちょうきょう》らはそうした経歴を持っています。

システムＡＩのもとで、人びとに対する偏見と差別は根強く、一九〇三年に大阪で内国勧業博覧会が開かれたとき、会場の周辺に設置された「学術人類館」に朝鮮人、アイヌ、台湾先住民、琉球人らが「展示」されるという事態が起こっています（松田京子『帝国の視線』二〇〇三年）。システムＡＩに基づく国民国家は、中心／周縁という階層性をつくりあげ、その差異をはらんだまま統一的な領域として「日本」を設定します。封建社会においては、身分制に基づく社会と、それと切り離された社会（世界）が並列していました。国民国家は、その切り離された社会を内部に取り込み、均一化するのですが、階層性を保持しながらの統一でした（図1—3）。
　さきの沖縄での琉球処分後の「旧慣温存政策」はそのことを示しています。旧慣温存政策とは、士族層の家禄をはじめ、沖縄における税制・土地制度、さらには風習・風俗を旧来のままにしておく政策です。日本が沖縄を収奪し、自らの財源とするためと、従来解釈されてきています。

図1−3　身分制社会と国民国家の仕組み

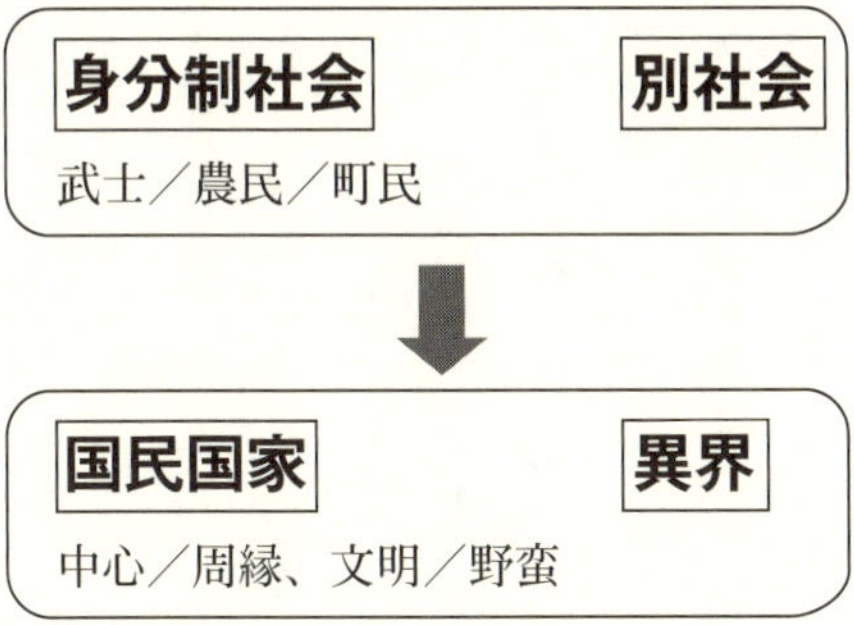

　しかし、これには異論もあります。歴史家の安良城《あらき》盛昭は、国内外の情勢のなかで、日本が改革路線から温存路線に転換したといい、本来は改革した方が日本の財源になりうるが、あえてそうしなかったと解釈しました（『新・沖縄史論』一九八〇年）。沖縄の人びとにとっては旧来の人頭税など封建的なものが残りますが、安良城は、沖縄は（のちに触れる）松方デフレによる農民収奪を経験しない「唯一つ例外の県」であり、旧慣温存期には砂糖を中心に沖縄の農業生産が発展した

としました。旧慣温存という政策をいかに解釈するか——古いものを差別的に残したと考えるか、あらたな差別的な組み込み方をしたと考えるかをめぐる相違です。システムＡＩのなかに組み込まれた沖縄をどのように位置づけ解釈するかという見解の違いですが、沖縄が差別的に組み込まれたことは共通の認識となっています。

そのうえで、より踏み込んでいえば安良城は、システムＡＩ——国民国家形成の持つ複雑で狡猾《こうかつ》な局面をよく見据えようとしているでしょう。国民国家は決して一筋縄ではいかない分断を行い、互いの差別観をもとに国民統合を図るのです。

日本における国民国家の形成——システムＡＩは、地域の観点から見るとき、こうして北海道や沖縄を「周縁」としていました。北海道や沖縄を組み込むとともに差異をつける——差異をつけながら周縁を組み込み、「日本」というまとまりをつくりあげるのです。このとき「中心」になるのは、東京です。一八六八年七月に、江戸から東京へと改称され、「東京奠都《てんと》」がなされます。これまでの王都があらたに首都となることは、世界のなかでは普通のことでしたが、幕府が倒れたあと、幕府につかえていた御家人や旗本は江戸を去り、大名も屋敷を引き払い国元に帰ったため、近代初頭の東京は、一挙に人口が減少しました。最盛期に一三〇万人ともいわれた人口は、一八七二年には七八万人ほどに減り、治安も悪化します。

しかし、国民国家の対外的な顔として、東京を文明化する必要があったため、都市計画が導入され、開化の街づくりのために銀座に煉瓦街《れんがが い》がつくられます。「お雇い外国人」のトーマス・ウォートルスの設計をもとに、銀座に九一七棟の煉瓦建築をつくり、街並みをイギリスの建築様式を用いて近代化しました。木造の燃えやすい家屋を煉瓦によって不燃化し、外見も整えます。もっとも、煉瓦の家屋は湿気の多い日本では不評でした（藤森照信『明治の東京計画』一九八二年）。

こののち、日比谷に官庁を集中する計画をはじめ、いくつもの東京改造計画が出されます。そして、一八八八年に東京市区改正条例により、道路を整備し、上下水道を改良しました。国費を投入してこれまでの都市構造を改変し、文明化を可視化していきます。

他方、横浜の著しい発展も国民国家の形成と対をなします。開港前には人口五〇〇人ほどであった横浜は、わずかな期間で一〇万人を超え、内外の貿易商人をはじめ、小商人や職人が集まる都市となりました。貿易商人の集まる「関内」と、それを取り巻く帯状の「関外」の街並みが形成されました。

この時期に繁栄したのは、東京、横浜のほか、神戸、長崎、新潟、箱館といった開港地でした。これらの地にはいずれも居留地が置かれ、商館を中心に近代建築が立ち並んでいました。

神戸の居留地は、イギリス人のジョン・ハートにより区画整理がなされ、ガス灯が設置され、遊歩道が設けられ、『ヒョウゴ・ニューズ』（The HIOGO NEWS　一八六八—九九年）などの新聞も発行されていました。居留地内の商社は、本店—支店網を世界的に張りめぐらし、物資や情報をやりとりします。日本は、こうしたネットワークのなかに組み込まれたということになります。

横浜・神戸には、蚕糸業を営む長野県の上田や岡谷など東山地方、製茶業を営む東海地方との結びつきがあり、人と物資が忙しく行きかいました。人びとの移動が、本格的に開始される時代となります。

以上を、ひろい意味でのシステムＡＩによる国民国家の「空間」の再編成とするとき、「時間」の再編成も図られます。「慶応」という年号を「明治」に改元した改元詔書（一八六八年九月八日）は一世一元の制を定め、人びとの時間意識を規定していきます。いまひとつ、一八七二年一一月九日に出された改暦詔書は、①太陰太陽暦を太陽暦に切り替え、②「明治五年一二月三日」を「明治六年一月一日」とするものでした。そして、このあと出された太政官達により、太陽の動きによって時刻を計る不定時法をあらため、定時法を用いることが決められました。すでに前年から、東京では正午に大砲で時刻を知らせる「午砲」（通称「ドン」）が実施されていましたが、あちこちの都市でも行われています。

こうして「年」「日」、そして「時間」があらためられますが、文明への対応が図られるとともに、天皇の時間が並行して制定されました。暦を用いての生活世界に、元号と西暦、ときには（神武天皇が即位したとされる年を基準とする）皇紀（紀元）が入り込み、あらたな時間と時間意識が誕生します。

このことは、祝祭日の制定とあわせて見ることにより、いっそうはっきりします。これまでの正月と端午（五月五日）や七夕（七月七日）などの五節句に代わり、紀元節（二月一一日）や神武天皇祭（四月三日）、天長節（一一月三日）、新嘗祭《にいなめさい》（一一月二三日）などが、祝祭日として制定されました。

同じ時間を共有する「われわれ」がこうして生み出され、軍隊をはじめ学校、病院、工場、そして駅舎などがあらたな時間と時間意識を学習する拠点となります。学校は時間で区切って授業を行い、駅舎では、鉄道の時刻表が分刻みで記され、乗客に「一五分前」に手続きを行うように促しました。日常のなかに近代の時間が浸透し、それによって生活世界が再編されていきます。

新聞がこうした動きを後押しし、たとえば『読売新聞』のばあい「明治一九年一一月一四日（日曜日）」のように日付を明示して発行され、日々の出来事を伝えています。また、天長節のときには国旗こそ揚げたものの仕事を止めなかったのに対し、旧暦の重陽（九月九日）を祝していたと報道するなど（『東京日日新聞』一八七三年一一月二七日）、新暦やあらたな祝祭日に無関心な風潮を非難しています。文明のまなざしが文明の時間に馴致《じゅんち》しない人びとを批判しており、しばしば農村―地方都市―「地方」が非文明として指弾されました（成田龍一『近代都市空間の文化経験』二〇〇三年）。

(2) 文明化の過程

近代への動きが、システムAIとして、世界史的な規模で始まります。国際関係のなかに組み込まれ、あらたに主権国家を形成し、経済の面でも資本主義が本格的に目指されますが、根底にあるのは「文明」を価値とするということです。システムAIは、文明と野蛮を対立させ、文明を推進しながら社会を編成していきます。このとき日本は、しばしば「半未開」と意識され、文明化が大きな掛け声となりました。文明化のもとで、あらたな人間像、あらたな主体、そしてあらたな関係性がつくられていきます。

幕末期に多数出された見聞記の一冊である『浮世の有さま』には、文化・文政期から天保・弘化期に至る世相が書き留められています。社会の事象が多く記されますが、男女の性関係にも敏感です。「おかげまいり」をめぐる記述では「見目よき娘などは遊女にうられ、或はなぶり物にしられ、或は夫有女も己れが儘《まま》に(「おかげまいり」に—註)抜出で、道にして不義等の事多かりしとぞ」という一節があります(引用は『日本思想大系』第五八巻）。こうした記述があちこちに見られ、性関係が変化しつつあることへの反応と考えられます。

維新直後の時期で着目すべきは、（江戸時代と同様に）依然として暴力沙汰が多く、猥雑《わいざつ》な状況も見られることで、東京でさえ粗暴なふるまいが横行していました。しばしば「粗暴之徒」が酔っ払い、大声で「放歌」し、時として刀を抜いて人を脅すなどのことが『東京府日誌』に書き留められています。新聞にも、東京・浅草に参籠し「終夜喧雑」で、女性たちが気恥ずかしさを忘れて、着物の裾を翻して「野歌」に連れて手を打って明け方まで踊っていると、非難を込めて記されています（『郵便報知新聞』一八七四年七月一二日）。

荒っぽい乱暴な行為は多く、立ち小便をした兵士を巡査が拘引しようとしたとき、兵士が怒って巡査を川に投げ込み、ほかの巡査も剣で頭を割られたこと（『郵便報知新聞』一八七八年一月一二日）をはじめ、多くの暴力沙汰が報じられました。そのほかにも「人力車夫」と馬車会社の雇い人が「割薪」を抱え数十人でけんかをし、付近の商店や交通までも巻き添えにした、などの記事が毎日のように掲げられます。

情念や衝動を抑制することが「文明化の過程」であるとき、新聞が文明のまなざしをもって、けんかや猥雑な行為を、野蛮として排していくのです。

政策的には、一八七二年に東京で施行され、翌年各地にも広まった違式詿違《かいい》条例が文明的＝近代的な規範を提示しました。この条例は地域ごとに出され、文字が読めない人にも分かるように、絵解きがなされています。軸になるのは身体《からだ》のふるまいで、とくに裸体が取り締まられます。（東京で施行されたものを例にとれば）「裸体《アカハダカ》又ハ袒裼《カタヌギ》シ或ハ股脚ヲ露」にすることが諌《いさ》められ（第二二条）、銭湯の男女の混浴が取り締まられます（第一二条）。また、刺青も標的となり（第一一条）、該当者には鑑札を渡したともいいます。さきの立ち小便も、違式詿違条例での取り締まり対象でした（図1―4）。

こうして、これまでの習慣や行動が旧来のもの、排すべきものと認定され、あらたな規範から対象化されます。「野蛮」な行為としてあぶり出され、「文明」の作法が規範化されるのです。システムＡＩの開始ですが、この段階では、まだまだ上からの規範化です。人びとは、まだ自発的に動こうとはしていません。これからじわじわと、文明化の過程が進んでいきます。その様相は第二章で見ることにしましょう。

図1－4　「違式註違図解」

（出典／『日本近代思想大系』第23巻、1990年）

システムＡＩのもとで進行する文明化の特徴の一つに、これまでの封建的な人間類型とは異なる、あらたな人間像を生み出すことがあります。幕末期には、「農民的強《したた》か者」として、世間知を身につけ、領主にも抵抗するという、これまでにないあたらしい型の人間の登場が指摘されています（深谷克己『八右衛門・兵助・伴助』一九七八年）。

三浦命助も、そうしたひとりです。一八五三年に南部藩で起こった（「諸業民の一揆」とされる）三閉伊一揆に指導者のひとりとして加わり、八〇〇〇人を超える人びととともに仙台領に越領して越訴したのですが、命助は一八五七年に捕縛されます。そして牢中《ろうちゅう》で子孫にあて「てうめん」（＝帳面。手記のこと）を残しますが（「獄中記」、引用は『日本思想大系』第五八巻）、「公義ノ御百姓」になるという信念とともに、日々の過ごし方や作物の手入れについて論じています。

ここで命助は「人間は三千年に一度さくうどん花《げ》なり」と、人間の尊さをあわせて説きます。命助は荷駄商いなども行い、牢中で「極楽世界」を夢想するなか、自らを百姓すなわち小生産者と規定しています。さらに、「親にこうある人は、ついには日月のをんあわれみをこうむる」「親にふこうの人は、ついには天よりごばつを蒙《こうむ》り」と親に孝行することを説き、また、正直であること、倹約すること、勤勉であることなどを実践するようにいいます。

孝行、勤勉、倹約などは、村の上層の小生産者――名望家たちの実践であり、一家の経営を支える理念でした。幕末の経済的な激動期に、それを乗り切る規範として機能し、「通俗道徳」と呼ばれています（安丸良夫『日本の近代化と民衆思想』一九七四年）。

通俗道徳を規範とし、実践する主体が登場します。命助が一揆の指導者と目されるように、通俗道徳の実践者は、周囲の人びとの信頼を得ており、抵抗と結びつくとともに、あらたな生産力を担う主体をも生み出すことになっていきます。

こうした通俗道徳が「国民」に行き着くかどうかは議論が分かれるところです。のちには、通俗道徳は天皇制を支える基盤ともなるのです。すなわち、近現代を通じ百数十年間、一九八〇年ごろまで、通俗道徳は日本社会のなかでの分厚い主体形成のあり方となります。おりに触れて見ていくことにしましょう。

知識人は、別の主体の形成を図ります。福沢諭吉はその代表ですが、西洋を見据え、文明化を価値のあるものとし、明確な「国民」育成の路線を主張します。福沢は『西洋事情』初編を一八六六年に出版し（外編六八年、二編七〇年）、西洋の文明全体に関心を払い「文明の精神」の導入をいいます。

『西洋事情』では、福沢は西洋の政治制度から経済や兵制の仕組み、学校や新聞、社会事業から交通まで幅広く紹介し、「外国ノ形勢情実」を語ります。政治においては「文明ノ政治」として、「自主任意」などの要件をヨーロッパの学者の説として紹介していきます。「人民の独立の気風」と「自然科学的実験的な思考方法」の確立を説きます。

あるいは『文明論之概略』（一八七五年）では、野蛮→半開→文明という進歩のコースを紹介し、『学問のすゝめ』第三編では「一身独立シテ一国独立スル」としました。文明を手放しで価値化するとともに、その実現を図るために人びとの主体化を促し、自らは啓蒙《けいもう》家《か》としてふるまいました。

ただ、福沢の姿勢は一筋縄ではいきません。第二章で触れる西南戦争に際し、反乱を起こした西郷隆盛の「抵抗の精神」を評価し、

大義名分は公なり表向なり廉恥節義は私に在り一身にあり、一身の品行相集て一国の品行と為り

といいます。「一身の品行」は「一国の品行」に先立ち、「大義名分」という「公」は表向きで「私」が根拠になるため、政府への反抗も認めるという論理です。「立国」は「私」による、「私」がまず肝要であるという姿勢が徹底しています。ただ、さすがにこのことを記した「明治十年丁丑《ていちゆう》公論」は出版条例に抵触するであろうとしてしまい込まれ、生前には刊行されませんでした。

その福沢を加え、一八七三年に明六社が、西周、加藤弘之ら啓蒙思想家たちによって結成されます。この年が「明治六年」であるための命名ですが、為政者ではなく、人びと＝民衆に向かって語りかけるべく、それぞれの論者は文体に工夫をこらします。

西周「人世三宝説」（一八七五年）は、「知識」「富有」「健康」という「人世」の「三宝」をあらたな価値とし、近代の価値を明示しました。「一夫一婦」も、こうしたなかで論じ

られ、「家」をめぐっても、近代的なジェンダー編成が図られました。福沢諭吉は、「芸《げい》娼妓《しょうぎ》」たちとの接触が可能でありながら自粛する夫と、その思想を共有し、必要とあれば夫を諌める妻を「ミッヅルカラッス」（ミドルクラス）の目指すべき夫婦像としました。結婚したとき、夫婦の姓を組み合わせ、あらたな名字をつくり出す提案も行っています。

もっとも、福沢の議論が理念的であることは確かです。新律綱領（一八七〇年）では、姦通罪《かんつうざい》が制定されますが、夫の行為のばあいと、妻の行為のばあいには罰則規定に差があり、ここでは、妻がもっぱら対象とされています。福沢の議論は、法という現実の場では斥けられ通用していません。

福沢や明六社の存在は、システムAIに伴って、知識人――啓蒙家たちが誕生したということを示します。支配者である武士に向き合う知識人から、すべての人びとを対象とし、人びとの国民化を図る知識人への推移です。近代の価値と理念を体現した知識人であり、その価値と理念を伝達すること――啓蒙を使命とする知識人たちです。

このとき、かれらは形式的には対等に人びとに向き合いますが、論理的には差別をはらんでいたことは見逃せません。さきの福沢の議論も、「芸娼妓」たちをわざわざ持ち出し、「野蛮・半開」を払拭するためのターゲットとして手段化しています。啓蒙は、①啓蒙する側と啓蒙される対象という非対称的な関係をつくり出し、②啓蒙の大切さを理解しえず、知識を有しないとみなした人びとを対等には扱いませんでした。

啓蒙は、一八七三年から七五年にかけて、開化物といわれる出版物のなかでも実践されます。教導職を設け、政府が行っている開化を伝え、民衆教化政策——文明開化主義を推進します。多くは問答形式によっており、小川為治『開化問答』（一八七四—七五年）には、「開次郎」と「旧平」が登場します。前者（開化）による後者（旧弊）の説得がなされ、開明と暗愚の対比——旧来の善玉と悪玉の対比がなされます。

人びとは、通俗道徳を手掛かりに主体形成を図りますが、この動きと対抗するように、知識人たちによる啓蒙がなされ、政府もまたそのラインでの動きに沿う政策をとります。

こうしたなか、民衆世界に踏み込んだ人物として、三遊亭円朝、河竹黙阿弥《もくあみ》を挙げてみましょう。システムＡＩの始動の前後——江戸と明治、封建社会と近代社会の二つの時代を生きた両者は、伝統文化として人びとの心性に根差しながら、近代文化と接触し、あらたな世界をつくり出そうとするのです。

一般的に、異文化との接触を、対象／技法に即して見たとき、①自前の対象を相手の技法で記す、②相手の対象を自前の技法で記すという態度があります。円朝も黙阿弥も、全面的な同化も拒絶もせずに異文化と格闘し、あらたな対象を扱い、「散切《ざんぎ》り物」や「外国物」を提供しています。

円朝は、一八三九年に江戸に生まれた噺家《はなしか》（落語家）で、『怪談牡丹燈籠《ぼたんどうろう》』『真景累ヶ淵《かさねがふち》』などがよく知られています。これらの作品では、勧善懲悪をいい、忠義や義理が語られ「悪」が成敗されるとともに、殺人が繰り返されます。暴力の描写があふれ、得体のしれない迫力を有しています。しかし、文明化の進行に伴って、円朝は教導職に任命され、幕末に創作した『怪談牡丹燈籠』にも手を入れ、「もともとあった規範・教諭色の傾向を一層強め」たものにつくり替えてしまいます（須田努『三遊亭円朝と民衆世界』二〇一七年）。

とくに、新作『塩原多助一代記』（一八七八年）では、貧困のなかから立身出世を果たす「多助」を描き、円朝は「孝行」「忠義」「恩義」などの通俗道徳を「正直と勉強」という近代的語彙に転化します（須田『三遊亭円朝と民衆世界』）。猥雑さを有する怪談から、あらたな文明化の物語を提供するに至るのです。それゆえに、『塩原多助一代記』は修身の教科書にも採用されました。円朝は、暴力を封じ込め、身を律し社会に順応する人物を語ることとなり、噺を介して人びとに対する啓蒙家となりました。

他方、黙阿弥は多くの芝居を書き、世話物（一三〇作品）、時代物（九〇作品）をはじめ、そのほかにも舞踊を残しています。世話物がよく知られていますが、翻案物も多くあり、散切り物として、西洋化のようすや、江戸時代の名残なども記しています。

「弁天小僧」が登場する『青砥稿《あおとぞうし》花紅彩画《はなのにしきえ》』（一八六二年）は盗賊の物語で、幕末の黙阿弥はこうした「白波もの」と呼ばれるアウトローの物語を多く描きます。「白波五人男」や「鼠小僧《ねずみこぞう》」らは「義賊」であり、金持ちが盗んだものを盗みかえし、そこに「江戸町人の「正義の夢」」（加藤周一）を描き込みますが、盗みの成立した秩序そのものを打ち壊すことはしません。武士権力とは対決せず、そこでの改変からは逃避するのです。

しかし、明治維新後に黙阿弥は、歌舞伎の「虚構の美しさ」を捨て、「日々の現実生活のなかの真実」に目を向けます（渡辺保『黙阿弥の明治維新』一九九七年）。『東京日日《にちにち》新聞』

（一八七三年）や『繰返開花婦見月《くりかえすかいかのふみづき》』（一八七四年）は、歌舞伎の現代劇として上演され、前者は「文明の流入」に翻弄され屈折する人びとを描くとともに、「開化の背後」にある「真実」探求の姿勢を「新しい言語表現」で試みた作品とされています。また、後者は明治の「暗黒部分」と「新商売につきまとう偏見への批判」があるとされています。

　新時代に対応し、新時代の手法と思想によって現状に向き合う黙阿弥は、システムＡＩを体現した書き手となりました。それゆえに『天衣紛上野初花《くもにまごううえののはつはな》』（一八八一年）では、崩壊し失われた「江戸」の再現を行うことによって、社会の現状への批判を見せます（渡辺『黙阿弥の明治維新』）。

　人びとの世界を知悉《ちしつ》するがゆえに、システムＡＩの始動後に、啓蒙家となり政府の方針を推進するあり方（円朝）とともに、システムＡＩを体現し、開化の世を批判する姿勢（黙阿弥）が現れます。

　システムＡＩが、こうして政治・経済から、社会、そして人びとの日常にまで入り込んでいくなか、一人ひとりの生き方も、システムＡＩと無縁ではなくなるのです。

第二章　民権と憲法（一八七七―一八九四年）

1　政治の季節――名望家の民権・困民党の民権

国民国家形成に向けて出発した明治政府ですが、なかなか順調にはいきません。あらたなシステム（システムＡＩ）が社会を編成するまでには、時間がかかります。このことは日本のみならず、どの国民国家形成でも同様です。

このような時期にはぶっそうな出来事がよく起こります。たとえば、政府の高官の暗殺事件が相次ぎました。一八六九年一月の横井小楠《しょうなん》、九月の大村益次郎（一一月に死去）、一八七一年一月の広沢真臣《さねおみ》らです。これらは単なる人間関係のもつれではなく、国民国家形成の方向と構想の違いの現れ――システムＡＩの構想の差異がもたらしたものに他なりません。

一般の人びとにとっても、システムＡＩに伴う動き――施策は他人事ではありませんでした。一揆というかたちでシステムＡＩに抵抗し、反対の態度を示した農民たちにとどまらず、（旧武士身分であった）士族たちも明治政府の方針に不満を有しています。

四民平等により身分制度があらためられ、これまでの幕臣・藩士は、あらたに士族とされました。（かつての農工商であった）平民たちが名字を名乗ることとなり、士族は、一八七六年になされた（家禄の給付を廃止した）秩禄処分、（軍人・警官以外に帯刀を禁止する）廃刀令などとあわせ、特権を喪失したように感じていました。

また、経済的にも苦しくなり、秩禄処分の代償として与えられた金禄公債の多くは、高利貸しの手に渡ったといいます。あらたに商業を始めた士族たちはうまくいかず「士族の商法」と呼ばれました。金禄公債は、高禄者ほど支給率が高く、五年間据え置きとなっており、大半の士族たちが生活に困窮しました。

士族は大きな不満を有しており、その不満は、士族反乱という武力を用いての反乱と、もっぱら言論による士族民権（自由民権運動）として現れます。士族民権は、征韓論争で政府を去った四人の参議（板垣退助、後藤象二郎、副島種臣、江藤新平）が中心となり、一八七四年に民撰議院設立建白書を提出したことがはじまりとなりました。建白書は、

臣等伏シテ方今政権ノ帰スル所ヲ察スルニ上帝室ニ在ラス下人民ニ在ラス而独有司ニ帰ス

と書き出されています。明治政府の政策は一貫性がなくすぐに変更され、情実がはびこり、言論が閉ざされている。これでは、国家が崩れてしまう、と続けられます。そして、状況を救うために「天下ノ公議」を張り、民撰議院の設立が必要であると主張しました。幕末の議論との連続性が見られる一方、建白書は、イギリス人のブラックが発行する日本語新聞『日新真事誌』に掲載され、一挙に広まります。

政府を「有司専制」であるとし、公然たる政府批判の運動が開始されます。政治の季節の到来で、一八七四年以降は、新聞は毎日のように社説を載せ、政治を論ずることとなります。

板垣退助、片岡健吉、林有造らによって、高知に立志社（一八七四年四月）が結成されたのを皮切りに、士族による政治結社が各地に誕生します。これは、士族救済のための組織でもありました。あわせて、全国における結社の連絡組織として、一八七五年に愛国社も設けられました。

一八七七年には、片岡健吉らによって、立志社建白書が出されます。開化政策を承認したうえで、政府の政策を批判しますが、民権運動の三大綱領といわれる「国会開設」「地租軽減」「条約改正」が主張されました。明治政府とは異なるやり方で、国民国家を形成しようとする方針がうかがえます。

政治主体として士族が発言し、システムＡＩの片翼を自由民権運動が担ったということになります。

雑誌の発刊による動きもありました。一八七五年から七七年にかけて出された「過激政論雑誌」（植手通有《みちあり》）も政府を批判し、別種の国民国家形成の途《みち》を唱えます。「圧制政府は顚覆《てんぷく》すべきの論」「暴虐官吏は刺殺すべきの論」（『草莽雑誌』）などと、文字通り過激な主張を繰り広げ、雑誌が発禁となっても、雑誌名を変え、さらに同様の主張を続けるのです。

たとえば、一八七六年三月に創刊された『草莽雑誌』は発禁のあと、『莽草雑誌』と改題しますが、これも発禁となります。また、一八七五年三月に創刊された『評論新聞』は、発禁（翌年七月）のあと、『中外評論』『文明新誌』と誌名を変えましたが、ふたたび一八七七年六月に発禁となっています。

他方、士族たちのなかには、武力による反政府運動を展開したものもいました。佐賀の乱をはじめとする士族反乱です。佐賀の乱は、一八七四年二月に士族たちが、（征韓論に敗れて下野した）江藤新平を擁して起こしました。このあと、一八七六年一〇月には、神風連の乱（熊本）、秋月の乱（福岡）、萩の乱（山口）と立て続けに士族反乱が起こります。

大きな農民一揆の時期と重なっており、人びとの不満が高まっているさなかのことでした。

もっとも大きな士族の反乱は、私学党により、西郷隆盛、桐野利秋らが立ち上がった西南戦争でした。征韓論争のあと下野した西郷は、私学校をつくり郷里・鹿児島の青年たちを教育していましたが、かれらに擁され、明治政府に対して反乱を起こします。

西郷らは、一八七七年二月一五日に鹿児島を出発し、熊本鎮台を攻撃します。当初の勢いはよかったのですが、大砲の数は少なく、小銃の性能もよくなく、政府軍（有栖川宮熾《ありすがわのみやたる》仁《ひと》を総督とし、参軍に山県有朋・陸軍中将と川村純義《すみよし》・海軍中将）に苦戦します。戦闘は、宮崎や大分にも広がりますが、敗退した西郷は九月二四日に鹿児島で切腹し、西南戦争は終わりを告げます。

西南戦争は、徴兵令による平民たちを主力とする軍隊に、旧来の戦闘集団であった士族が敗れ去った出来事でもあり、近代的軍隊＝国民軍が威力を発揮し、力を見せつけたことになります。

同時に、西南戦争は士族層を担い手とする国家構想――「封建復古」の方向への国家構想の可能性を断ち切り、武力――戦闘を伴う明治維新の過程の終焉でした。この観点からすれば、維新に功績があり、政府の有力者であった西郷隆盛と明治政府の軍隊との戦闘は、英語でいえば"Civil War"、すなわち内戦ということになるでしょう。双方ともに六〇〇〇人を超える死者を出しています。

しかし、仔細《しさい》に見るとき、西南戦争はなかなか複雑です。西南戦争が始まると、立志社の林有造・大江卓らは、西郷と呼応して兵を挙げることを画策したといいます。それは失敗に終わりましたが、中江兆民に学び、愛国社の会議に参加した宮崎八郎は西南戦争に参加しています。別の潮流のように見える民権派と士族反乱は、つながろうとする動きもあったのです。

さらに、岩倉使節団の一員であった村田新八（私学校設立にも加わっています）、あるいはアメリカ留学の経験を持つ宮崎の島津啓次郎ら、「近代」を実見しているものたちも、西郷側から参戦しています。西郷自身、プロイセンとフランスの争いである普仏戦争（一八七〇―七一年）に関心を寄せていました。

国民国家――システムＡＩの形成途上での内戦であり、構想と担い手をめぐる対立が戦闘となって現れました。西郷軍の軸は士族であり、（徴兵令に基づく）国民軍との戦闘です。しかし、西南戦争の関係者といったとき、武器を持ち戦う戦闘員のみではありません。戦場となった地域では家を焼かれ、田畑を踏み荒らされた農民たちがいます。また、西南戦争には物資を運ぶ軍夫が参加していました。軍夫は募集に応じた人びとから構成されますが、行く先で徴用した例もあるといいます（猪飼隆明『西南戦争』二〇〇八年）。軍夫は、国民軍にも西郷軍にも存在していました。

政府に反対する士族たちの動きは、もっぱら西日本の地域で見られます。愛国社の出席者も西日本のものが多く、武力反乱も山口県と九州地域で展開されています。士族たちの民権運動も武力反乱も、倒幕に参加しながら、明治政府には任官しなかったものやその子弟を担い手としています。

徳川政権を倒す実行部隊であった西日本の地域の士族たちが、こんどは明治政府に反対したことには、（論功行賞が薄いなど）さまざまな理由が考えられますが、（明治政府が構想する）システムＡＩに、下級士族がうまく組み込まれていなかったということが大きいでしょう（図1―5）。

図1－5　明治政府と士族反乱・自由民権運動

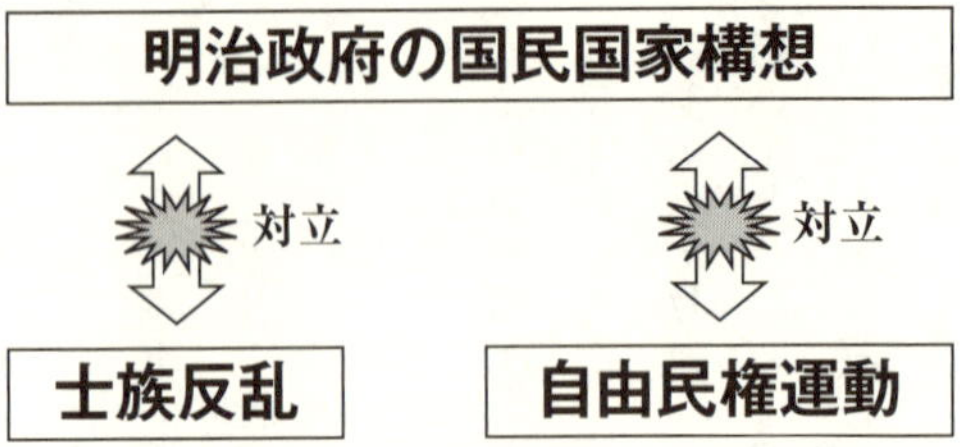

国民国家形成は、①国家の制度設計と、②国民の誕生・育成を、その内容とします。①の動きを辿っていますが、一九世紀半ばに始動した日本のような後発の国民国家のばあい、まずは憲法と議会をつくりあげることが、一つの目標であり目安となります。

したがって、明治維新に始まった動きは、大日本帝国憲法の発布と、それにより帝国議会が誕生することが一つの画期となります。（ヨーロッパのように）先発してシステムＡＩを始動させた国々に続いて、（日本など）後発の国民国家はそれに倣い、同じ装置をつくるという動きで、そのことにより、互いに国民国家として認知し合います。

このとき、政府による国民国家形成に対抗するようにして、「下からの」国民国家と国民形成の動きが登場し、それが自由民権運動として展開されました。同じように制度（憲法、議会）を求めながら、自由民権運動は（明治政府による）「上からの」制度化には反対します。一八七〇年代後半から、明治政府と自由民権運動の双方が対立しながら、システムＡＩを内実化し、国民国家という社会編成がなされていったということができます。

ことばを換えれば、自由民権運動は、基本的に国民国家の形成という目標を、政府と共有しているということになります。実際、かれらは明治政府と多様な接点を持ち、たとえば板垣退助と木戸孝允とはしばしば接触しています。

一八七五年一月から二月にかけて開かれた大阪会議もその一つで、大久保利通と木戸、板垣の会談によって、木戸と板垣は参議に復帰し、あわせて立憲政体樹立の詔が出されます。また別系列となりますが、都市民権派の共存同衆（小野梓《あずさ》ら）、嚶鳴社《おうめいしや》（沼間《ぬま》守一ら）には、官吏が多くいます。官僚組織そのものがまだ固定化していないということでもあり、官僚組織が固まるのは、（後述する）明治一四年の政変（一八八一年）以降でした。

一八七八年に立志社が中心となり、愛国社を再興します。再興された愛国社には、福井県・自郷社（杉田定一《ていいち》ら）、福島県・石陽社（河野《こうの》広中ら）など、あらたに東北地域や北陸地域の結社が加わりました。東北地域は、かつて旧幕府軍として戊辰戦争を戦った「賊軍」の意識がいまだ色濃い地域でした。同時に、上層の有力農民である「豪農」たちも加わり、士族中心の政社が中心であったなか、豪農中心の政社・結社が増え、運動の幅が広がっていきます。

すなわち、自由民権運動に参加していたのは士族たちだけではなかったのです。自由民権運動は、士族たちの運動の局面にとどまらず、豪農たちが多く参加しており、一八八〇年ごろからは、かれらが運動を特徴づけていきます。

豪農たちからすれば、地租改正に反対する運動を経由しながら、自由民権運動へ参加していくということです。士族が、かつての支配者として、これまで有していた政治的・経済的・社会的な地位を取り戻そうとする意図を持つのに対し、豪農たちは、地域のリーダーとして、開港以来、激動している経済、地域の秩序を回復することを望みました。

この時期の政社・結社は全国に広がっていますが、豪農たちは、産業の育成を図る結社をはじめ、地域にたくさんの結社をつくり、農事の研究、養蚕や産米の改良を目的とした学習結社も、しだいに政治に入り込んでいきます。

融貫社(一八八一年結社、神奈川県南多摩郡原町田〈現在は東京都に編入〉)はその一つで、東京と神奈川の県境の民権家を結集し、同年に開かれた武相懇親会をきっかけとしています。石阪昌孝、村野常右衛門ら、地域の豪農が参加し、演説会を開催しました。

また、石陽社は、『民約論』(ルソー)、『自由之理』(ミル)などをテキストとして読書会を行い、学芸講談会(神奈川県西多摩郡五日市〈現在は東京都に編入〉)は、『欧州各国憲法』『代議政体論』などを読み合い、読書会のほか、演説会や討論会も行いました。決して安価ではない政治学や法律学の書物を読み込み、農作業のあとに集まり、国家のあり方や政治のかたち、法律の制度について議論していきます(色川大吉『自由民権』一九八一年)。

しばしば「在村的潮流」といういい方がされますが、こうして豪農たちが自由民権運動の中心になっていきます。豪農民権と呼ばれますが、豪農たちは村のなかの名望家であり、かれらが活動することにより、そのもとの農民たちも自由民権運動に加わり、運動が一挙に拡大していきます。

豪農民権の動きとして、一八八〇年三月の愛国社第四回大会で、愛国社とは別途に国会期成同盟が誕生します。国会期成同盟は、二府二二県にわたる七四結社、九万七〇〇〇人の総代七二人による統一請願書「国会ヲ開設スル允可《いんか》ヲ上願スル書」を提出しました。豪農たちの参加によって民権運動は一挙に拡大し、全国的な運動となっていきます。

そうした豪農のひとり、千葉県香取郡に生まれた桜井静《しずか》は、小池村会議員の経験をふまえ、「国会開設懇請協議案」を全国の府県会議員に送付しました(『朝野新聞』などにも掲載されます)。桜井は、のちに『総房共立新聞』を創刊するなど、ジャーナリズムを通じても運動に参画します。

こうした局面から見るとき、自由民権運動は、人びとが全国的に、集団として「国家のあり方」を学習し議論した学習運動であり、さらにその実現を目指して行動した政治運動であったといえます。下からの国民国家形成の動きとする所以《ゆえん》です。政社・結社は全国で二一〇〇を超え、新聞と雑誌が運動を支え、あちこちで演説会が開催されました。「芸妓自由講」や仙台の視覚障害者たちの活動も報告されています（新井勝紘編『自由民権と近代社会』二〇〇四年）。

このとき、自由民権運動が求める「民権」は国家の形態と連関しており、「国権」と結びついていました。ことばを換えると、自由民権運動は「国民としての権利」の追求であり、「国民」主義的な運動であったということです。この意味で、女性たちの姿が自由民権運動において見られたことは重要なことでしょう。彼女たちも、まずは国民としての政治参加を図ったのです。

岸田俊子や景山英子《ひでこ》、楠瀬《くすのせ》喜多らが自由民権運動に参加し、演説する女性が現れてきました。まずは男性と同等の権利の要求がなされましたが、男性民権家の男性中心的な認識にも、批判的に踏み込んでいきます。「女子大演説会」が開催されるとともに、各地で開催された演説会では、女性のために「女席」も設けられます。（主催の男性側からすると隔離しながらの、女性の参加の容認です。

しかし、（歴史家の牧原憲夫のように）大多数の人びとにとって、政治は依然として「他人事」でしかなかったという冷静な認識もあります（牧原憲夫『民権と憲法』二〇〇六年）。人びとが持つ「客分」意識を払拭し、「国民」としての自覚を持ち、いざとなれば国家のために命を捨てる覚悟を持たせることが国民国家のシステム――システムＡＩであるとき、人びとに主体性を持たせることが何より必要でした。

そのため、牧原は、自由民権運動が政府に向かって「国民の権利」を要求する一方で、人びとに対して「国民としての自覚」を促したことを強調しました。ともに近代の国民国家を形成――建設するという目的を共有しており、それゆえに、ひとつひとつの具体的な課題については、自由民権運動と明治政府とは厳しく対立することになるという認識です。

そうしたなか、集会条例が一八八〇年に出されます。政治結社や集会を届け出制とし、屋外の集会を禁止するとともに、会場に制服の警官を派遣し、退去や解散を命令できることにしました。演説会では、警官が演説を中止させたことに抗議し、しばしば「紛擾《ふんじょう》」が起こります。演説内容より、そうした争いを期待して聴衆が集まった局面も見逃せないでしょう（安丸良夫『文明化の経験』二〇〇七年）。

自由民権運動と政府の対立は、一八八一年に頂点を迎えます。この年、一四〇〇万円を投じた官有物を、北海道開拓使の長官・黒田清隆が、無利息三〇年賦、三八万七〇〇〇円で、同郷の五代友厚らに払い下げようとした問題が発覚します。北海道開拓使官有物払い下げ事件です。

政府はこのとき、黒田を辞任させ払い下げを中止するとともに、一〇年後に国会を開設するという「国会開設の勅諭」を出します。人びとの不満の高まりを察知しての措置でした。あわせて、政府内部で早期の国会開設を主張していた大隈重信とその仲間たちを追放し、薩長の権力によって、政府内部の結束を強める方策をとります（「明治一四年の政変」）。

政変は、政府も一枚岩ではなかったことを示しています。政府内部では、急進派の大隈重信との対立のみならず、保守派との対立も見られました。天皇親政をめぐって、元田永《ながざね》孚や佐々木高行らが「侍補」となり、伊藤博文や井上馨らを刺激します。

ことは、システムAIの具体化——制度化に関わり、憲法と議会の構成に及んできます。

伊藤らは憲法制定――国会開設に向け準備を始めますが、（後述するように）民間においても憲法草案――憲法構想が出されてくることになります。

こうしたなか、一八八一年一〇月の国会期成同盟の第三回大会で、政党の結成に向けた議論がなされました。党の盟約を決定し、板垣退助・総理、中島信行・副総理といった陣容を持つ自由党が結成されます。翌年四月には、大隈重信を総理とする立憲改進党が結成され、商工業者や知識人が参加しました。①議会の開設を見越し、②政府に対抗するための政党結成であり、自由党／立憲改進党と分かれずに、単一の政党づくりも図られましたが、結局はこうした二つの政党となりました（後藤靖『自由民権』一九七二年）。また、一八八二年三月には、福地源一郎（『東京日日新聞』）らによって、保守的――政府寄りの政党として立憲帝政党がつくられますが、一年半ほどで解党してしまいます。

政党による演説会が開催され、自由民権運動は加速します。一八八二年四月六日に、岐阜県富茂登《ふもと》村で、懇親会を終えた板垣退助が襲撃され負傷したとき、「板垣死すとも自由は死せず」と叫んだと報道され、見舞状も多く寄せられました（なお、さきの板垣のことばは報道により表現の細部が異なります。本書での引用は、のち自由党の正史として編まれた宇田友猪・和田三郎編『自由党史』上巻〈一九一〇年〉によりましたが、同書が「岐阜の凶変」として板垣の遭難を大々的に扱ったことも指摘しておきたいと思います）。

政治運動とメディアとの関連が見逃せない事態となってきています。もっとも、このことは両義的です。板垣がヨーロッパに外遊したときの費用をめぐって、（立憲改進党系の）『東京横浜毎日新聞』が批判のキャンペーンを張り、自由党とのスキャンダル合戦を繰り広げることもありました。

自由民権運動といったとき、一八七〇年代後半から一八八〇年代にかけては、政府に強く反発しながら、民権派とも異なる願望を持った人びとの存在も無視できません。豪農より下層の農民たち（自作農・自小作農・小作人）です。かれらの運動によって、この時期の政治的対抗は「三極の対抗」ということになります（図1―6）。

自作農・自小作農や小作人といった人びとの願望と、豪農・士族が軸をなす自由民権

図1—6　「三極の対抗」の関係図

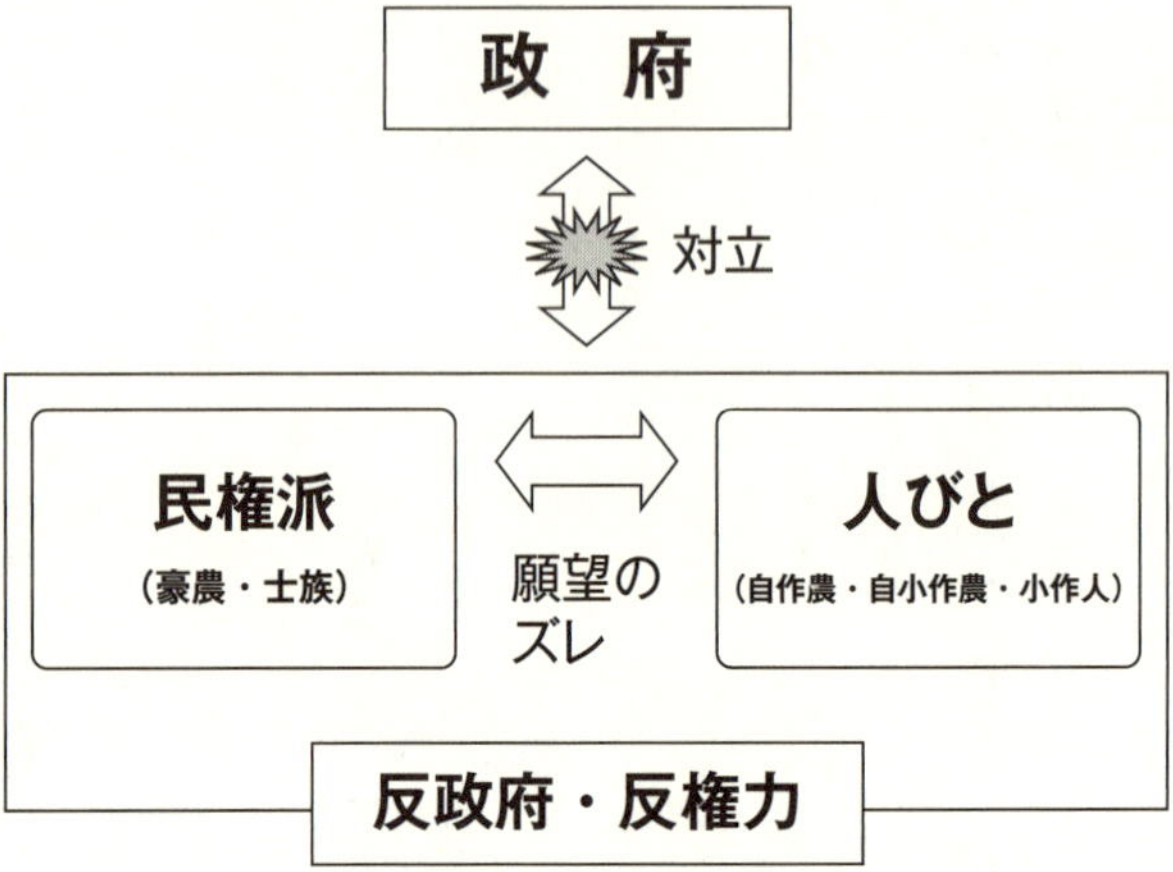

運動の目指す近代的な国民国家とのあいだには少なからぬズレがあります。しかし、「反政府」「反権力」という観点からは、自作農・自小作農・小作人たちは民権派と同じ位相に立ちます。こうした複雑なありようは、システムＡＩ——国民国家の性格に関わっています。

三極の対抗は、①政府と民権派が、対立しつつ国民国家を目指すなか、②自作農・自小作農・小作人たちは、政府批判を行う民権派に接近しますが、そこでの立場は異なっているということです。

地域の名望家（サブリーダー）としての

豪農は、一八七八年に（大区小区制に代わり）「地方三新法」が公布され、戸長公選となり、区町村・府県に議会が設置されたとき、そこに参加します。（同じ農民であっても）豪農と、ほかの多くの農民たちとのあいだには、隔たりがあります。

この隔たりが、大きな意味を持ちます。一八八一年ごろは、西南戦争後のインフレが続いており、農民層には経済的余裕を与える一方、〝無産〟の士族や都市貧民には生活難をもたらしていました。同じころ松方正義が大蔵卿となり、デフレ政策をとります（松方デフレ）。紙幣整理によるデフレ政策は、インフレの克服、通貨の安定を直接の目的としますが、松方の経済政策の基調は政商を中心とした大資本の育成にありました。

このデフレ政策のもと、民権運動を担っていた豪農たちは自らの経営に専念しますが、不景気のなかで農民たちが借金の担保として手放さざるを得なかった土地を集積するものが現れます。自らも耕作していた豪農たちのなかから、土地を手にして不在地主化していくものが現れるのです。このことは、松方デフレのもとで、豪農たちが民権運動から離脱していくということ――豪農民権の終わりを示しています。

この過程を、農民（自作農・自小作農・小作人）の側から説明すれば、①松方デフレのもとで、米、繭、生糸などの価格が一挙に下がり（数年のうちに、半値になったといいます）、厳しい状態に追い込まれたということです。高利貸し（多くは豪農）から借金し、返済どころか利息さえ払えず、土地を失う農民が続出しました。小作人たちは、小作料が現物納であったため、実質的な負担増となり、ただでさえ苦しい生活がいっそう厳しいものとなります。かれらもまた負債に苦しみました。

そのため、②地域では「貧民党」「借金党」などを名乗る集団がつくられ、負債を持つ農民たちの集団行動が行われるようになります。このとき、農民たちは、一〇年賦や二〇年賦を訴え、負債の返済条件の緩和や利子の引き下げを求め、高利貸しを襲い証書を焼き捨てるなどの行動に出ます。負債を背負った農民たちによる、あらたな農民運動――農民騒擾《そうじょう》が起こります（稲田雅洋『日本近代社会成立期の民衆運動』一九九〇年）。

これまで自由民権運動の流れのなかで説明されてきた、秩父《ちちぶ》事件という農民たちの「武装蜂起」も、こうしたなかでの出来事として考えることができます。

秩父事件は、一八八四年一〇月三一日、秩父郡風布《ふうぷ》の蜂起で始まりました。自由党の大井憲太郎の遊説をきっかけに秩父自由党が生まれ、それとは別に困民党も結成されていました。

蜂起は、自由党解党（一〇月二九日）の直後です。一一月一日に、銃、刀剣や竹槍で武装した農民たちが椋《むく》神社に結集します。田代栄助を総理とした数千人の農民たちは負債返済条件の緩和の要求に応じない高利貸しを襲い、借金証文などを破棄し、警察署や裁判所なども襲撃しました。

郡役所に本部を置き、周辺の地域にも蜂起するように呼びかけましたが、政府が派遣した軍隊と銃撃戦になり、田代や会計長・井上伝蔵は戦線を離脱します。徹底抗戦を主張する農民たちは、その後も長野県まで転戦しますが、一一月九日に蜂起部隊は潰滅しました。

農民たちは、これまでも借金の一〇年据え置き、四〇年賦での返済を訴え、また学費節減のために小学校の三年間の休校を求め、村費の軽減を陳情、請願してきていました。しかし、それがかなわなかったため、蜂起に至りました。

このとき、①農民たちは、自らに正当な根拠があると認識しているとともに、②こうした民衆暴動は、一九世紀のイギリスをはじめ世界各地で見られ、共通性を有しています。すなわち、食糧を適正な価格で売ることは当然であるとし、それを逸脱する商人たちを暴動を伴いながら諫める民衆運動です。モラル・エコノミー（道徳経済）に基づく運動として把握されています。貧者を苦しめる富者に対する、「徳義」を基調とした要求——運動ということです。秩父事件もまた、そうした民衆運動の一つということができるでしょう（安丸『文明化の経験』）。

このことは、蜂起のなかで定められた「軍律」からもうかがえます。田代栄助は訊問調書で、指揮官に従わないもののほか、「私ニ金品ヲ掠奪スル者」「女色ヲ犯ス者」「酒宴ヲ為シタル者」、さらに「私ノ遺恨」で放火や乱暴を働いたものは「斬」とするとした、と述べています（『秩父事件史料』第一巻、一九七〇年）。蜂起参加者を厳しく統率し、個々人が自己を律することが求められています。

こうした観点から見るとき、自由党との接点を持つものがいるものの、秩父事件は自由民権運動とは別の潮流での実践であり、双方は原理的には相容《あいい》れないものとなります。秩父事件は、「仁政」を放棄した明治政府や「徳義」を失った豪農に対する異議申し立てであり、システムＡＩに対する対抗的で、批判的な行動だったといえるでしょう。

となれば、（ａ）自由党との関係（指導＝同盟関係）を強調するか、（ｂ）困民党などの独自の動きを軸にするかによって、秩父事件の歴史像はずいぶん異なり、自由民権運動の歴史的な位置づけも変わってきます。すなわち、（ａ）の考え方では、士族民権から豪農民権へと至った民権運動が、さらに農民民権へと至ります。急進派が武力をもって蜂起し、高利貸しや役所を打ち壊すという形態を、担い手としての農民や小作人の登場とともに特徴づけます。

福島事件（一八八二年）、高田事件（一八八三年）、群馬事件（一八八四年）、加波山事件（一八八四年）などの激化事件の流れのなかに、秩父事件を位置づけるのが（ａ）の考え方ということになります。

この議論は、運動の担い手を経済的な観点から規定し、そこから運動を性格付ける議論ともなっており、経済決定論です。激化事件は、たしかに挙兵主義が目立ちますが、政府高官の暗殺を企てるなど、多様な形態を有していました。

これに対し、（b）の考え方では、秩父地域でこそ、民権派と困民党のあいだに指導――同盟があったかもしれないが（井上幸治『秩父事件』一九六八年）、たとえば、武相地域では、困民党と自由党とは敵対・雁行《がんこう》の関係であり、困民党と民権派は拠《よ》って立つ思想的基盤そのものが異なっていたという見解が出されることになります（色川大吉「困民党と自由党」『歴史学研究』一九六〇年一一月）。

さらにこの立場を推し進めれば、（c）として、秩父事件を含む困民党の動きは、むしろ民権運動とは対立することになります。秩父地域では、（すでに述べたように）高利貸し＝豪農に対し、借金の据え置きや年賦を要求していましたが、これは近代の契約概念とは、当然のことながら齟齬《そご》をきたします。それが負債農民たちに内在するとき、自由党との目的――理念とのズレが強調されることになります。システムＡＩが始動し国民国家が形成されるとき、自由民権運動、そして秩父事件をどのように考えるかは、一つの焦点となるでしょう。

自由民権運動を考えるときには、地域性も見逃せません。たとえば、宮城県には民権結社が多く、視覚障害者を結集して「盲人政談演説会」を開催したり、女性たちが民権結社を設立したりしています（新井勝紘）。そうしたなか、仙台の民権結社・進取社は規則に、

地方ノ権力ヲ培養シテ西南人ノ下流ニ居ラス、独立不羈《ふき》能ク自治ノ精神ヲ擢揮シテ進ンテ人民天賦ノ福利ヲ取リ、以テ国家ノ元気ヲ振作スル

と掲げています（引用は友田昌宏編『東北の近代と自由民権』二〇一七年）。進取社は地元の結社の糾合を図り、愛国社に加わって全国的な運動を展開することはしません。

他方、会津士族は、戊辰戦争により「賊軍」とされ、地域の豪農たちと対立し、会津帝政党を結成するに至ります。会津士族は三島通庸《みちつね》の県政を支持し、（新政府軍の参謀として会津を攻めた）板垣退助が総理となる自由党と衝突するのです（松崎稔「〈反民権〉の思想史」、友田編『東北の近代と自由民権』）。

いまひとつ、自由民権運動を考えるときに重要なことは、かれらが有していた国権的な

考え方です。諸外国とのあいだに結ばれた不平等条約の改正は、政府担当者にとどまらず、ひろく共有されていた問題でしたが、民権運動家にとっても同様です。

しかし、民権運動家たちの一部は、さらに一歩を踏み出します。対等の関係を「西洋」諸国とのあいだにつくるため、条約改正を運動項目に入れるとともに、東アジア、とくに朝鮮に対しては、政治の変革を試みようとします。

旧自由党員の大井憲太郎、小林樟雄《くすお》らは「自由平等」の持つ普遍的な価値を確信するがゆえに、朝鮮半島の変革を図ります。自ら朝鮮に渡って、朝鮮の開化派とともに朝鮮政府の打倒を企てた一八八五年一一月の大阪事件は、その象徴的な出来事です。

大阪事件は事前に発覚しましたが、朝鮮の内政に干渉しつつ、明治政府を打倒する計画でした。日本国内を改革し、国民国家の制度をつくりあげるため(＝民権実現のため)に対外的に働きかけ国権(対外強硬論)を前面に押し出した動きに他なりません。大井憲太郎らの行動は、他国への内政干渉であり独善的ですが、民権の理念が国民国家を超えた普遍的な価値を持ち、よりよい社会を実現するという確信に支えられています。朝鮮への「優越感」を「民権の確立」という「連帯の論理」として合理化したとする厳しい評価も見られます（大阪事件研究会編『大阪事件の研究』一九八二年）。

大阪事件は、（未遂に終わったものの）文明＝日本が、野蛮＝朝鮮を領導するという理念ゆえの暴挙でした。文明化の普遍的価値を信じ、「野蛮」で「頑迷《がんめい》固陋《ころう》」な他国にそれを知らしめようという使命感を持ち、民権のために国権を発動しており、システムＡＩに内在する問題点を露呈しています。

自由民権運動における国権と民権との関係、その評価をめぐっては、対比的・分離的に把握するものから、国権と民権の相克と認識したり、国権＝民権と考えたりするものまで、さまざまな型があります。同時に、時期によって議論の推移も見られます。自由民権運動を、システムＡＩとの関係で考察するときに、要となる論点でしょう。

一八八〇年代半ばの一八八四年、国会の開設を待たずに、自由党は解党し（一〇月二九日）、立憲改進党は組織こそ維持されるものの大隈重信・総理、河野《こうの》敏鎌《とがま》・副総理らが離脱してしまいます（一二月一七日）。政府vs.政党という対抗の図式は、いったん解消されます。

2　大日本帝国憲法と「国民」の形成

(1)　憲法の制定

一八七〇―八〇年代の東アジアの国際秩序は、イギリス、フランス、ロシア、そして日本の行動によって大きく揺り動かされます。清国が軸となる華夷秩序と「西洋」のもたらすシステムＡＩとがせめぎあい、華夷秩序がじりじりと後退していきます。日本の国民国家としての出発は、こうした東アジアの情勢と連動しつつなされます。

清国を宗主国としていた朝鮮も同様に、あらたな事態への対応が求められ、守旧派に対し開化派が台頭し、国民国家形成をめぐる対抗がなされます。しかしここに、清国のみならず、ロシアを含む「西洋」の国々、そして日本が絡んできます。

朝鮮国王・高宗《コジョン》は、日本の支援のもと、閔妃とともに開化政策を推し進めていましたが、一八八二年に壬午《じんご》軍乱があり、大院君（高宗の父）が権力を握ります。これに対し、清国が乗り出し大院君を捕え、宗主国としての政治力を強化しました。また、日本も、対抗的に朝鮮に影響力を及ぼそうとします。

このあと、朝鮮では「東道西器」（「和魂洋才」と同様の意味）路線となり、開化派は、「急進開化路線」（日本と結び、清国の宗主権を否定）の金玉均《キムオクキュン》、朴泳孝《パクヨンヒョ》らと、「穏健開化路線」（清国、閔氏政権に協力）の金允植《ユンシク》、金弘集《ホンジプ》らとが対抗します。一八八四年に金玉均がクーデターを起こしますが、清国の軍隊によって鎮圧され、失敗しました。甲申《こうしん》事変です。金玉均は日本に亡命し、朝鮮国内では、清国と結ぶ穏健開化路線が力を持ちます。日本ではナショナリズムが噴出し、清国への抗議がなされました。

東アジアのこうした国際関係は、福沢諭吉のように「脱亜論」（『時事新報』社説、一八八五年三月一六日。ただし無署名）を呼び起こします。国民国家の形成――システムＡＩの作動を最優先の事項とし、緊急の課題とする議論が力を持ちます。

むろん、中江兆民のように異なる道を説く論者もいます。兆民は『三酔人経綸問答』（一八八七年。以下、引用は桑原武夫・島田虔次訳・校注、一九六五年）で、三人の人物を登場させ、その複雑な思考を提示します。

「紳士君」は非武装・小国主義を掲げながら国民国家形成をいいます――「おお、進化の理法！　進化の理法！　あきることなく前進するのが、おん身の本性だ」といい、「いわゆる進化の理法の第二歩の境地とは何か。立憲制度がそれです」と述べます。

これに対し、「豪傑君」は「他国におくれて文明の内容を手に入れようとするものは、やり方はいろいろあるが、要するにたくさんの金を出して買い取ることにほかならないので、小国ではその費用を出すことができない。どうしてももう一つ大国を割き取って、自分じしん富んだ国にならなければならない」と論じました。

「昔なつかしの思い」と「新しずきの思い」との二つの要素――「国民のなかで、氷と炭のようにたがいにあい容れない二つの元素」の存在を指摘し、このうち「昔なつかしの元素」を除くとします。

兆民による、一八八〇年代半ばの東アジアにおける日本の針路をめぐる論点提示―見取り図ですが、第三の人物としての「南海先生」は、紳士君の説は、純粋で正しく、豪傑君の説は、豪放で卓抜だ。紳士君の説は、強い酒だ。眼がまい、頭がくらくらする。豪傑君の説は、劇薬だ。胃は裂け、腸は破れる。私はもう老人です。両君の説は、私の衰えた頭脳では、到底、理解し消化することはできない。どうか両君、それぞれ努力して、時期が来たら実際に試みていただきたい。私は見物させてもらいます。

と述べました。兆民は「眉批」（注釈）で、「南海先生はごまかした」とさらにいいました。この三者（眉批を入れると四者）を睨《にら》みながら、現実的に対処していくことを兆民はいいます。システムＡＩが世界的に動いているなかでシステムＡＩを相対化し、「日本」のありようを探るのです。

憲法の制定、そして議会の設置が、国民国家形成の大きな節目の一つとなります。明治政府は、伊藤博文を中心に動き出しました。伊藤はヨーロッパに赴き、君主権が強いプロイセン憲法を学び、帰国後はドイツ人のロエスレルを顧問として、憲法を起草します。井上毅《こわし》、伊東巳代治《みよじ》らと秘密裏に作業を行いました。

伊藤は留学中のシュタイン（ウィーン大学）の講義によって、憲法の条文や制度にも増して、憲法の運用や行政のあり方の重要性に気づいたとされます。伊藤は「国制と行政、そしてそれらの基盤となる国制知に開眼」（瀧井一博『伊藤博文』二〇一〇年）し、王権とは異なる行政権の確立を見出し、君主と立法部から自立した行政部を構想します。

伊藤と明治政府は、憲法――議会を核とする国民国家の制度のために華族令（一八八四年）を出し、内閣制度（一八八五年）を導入するなど、着々と手を打ちます。また、宮中・府中が区別され、内閣制度のもとで、宮内大臣は閣議に参加しないということになりました。

焦点となるのは天皇――天皇制です。自由民権運動が活性化するさなか、天皇は各地に巡幸をしていました。明治天皇は、一八七二年の九州・西国を皮切りに、七六年（東北、函館）、七八年（北陸、東海道）、八〇年（山梨、東山道）、八一年（北海道、秋田、山形）、八五年（山陽道）と巡幸を行いました。

大臣や参議らが随行し、騎兵や警官隊も配備され、四〇〇人（一八七六年）から八〇〇人近く（一八七八年）が参加し、数カ月にわたる大きな行事でした。沿道での「拝観」の主役は小学生で、区長や戸長、教員や役人、さらに高齢者に沿道で接し、行在所《あんざいしょ》（宿舎）には名望家が携わるという、壮大なパレードでした（牧原『民権と憲法』）。

同時に、宮中儀礼を整え、天皇陵を確定し陵墓整備を行い、東大寺正倉院を宮内省の所管にし、伊勢神宮の聖域化も行います。ロシア皇帝が首都ペテルブルクではなく、古都・モスクワで戴冠式を挙げるやり方に倣い、帝都・東京と古都・京都、そして神都でありアルケオロジーとしての伊勢が配置されました（T・フジタニ『天皇のページェント』、米山リサ訳、一九九四年）。なお、一八八九年に裁可される皇室典範では、即位礼・大嘗祭を京都で行うと定めました。

また、東京招魂社を一八七九年に改編し、靖国《やすくに》神社として整備、国家のために殉じた人びとを祀《まつ》ることとします。さらに皇室財産の確保と維持のために、一八八五年、宮内省に御料局を設けて株券や土地を充当し、御料林を設定することもあわせて行われました（鈴木正幸『皇室制度』一九九三年）。

国民国家をつくり出すときに、あらためて天皇を軸とし、天皇を中心に置く制度、それを支える体制を編み出したのです。倒幕のとき、王政復古を掲げたラインの延長上にあるとともに、それから約四半世紀の時間が過ぎており、かつてとは意味合いを変更して、天皇を中心に据えました。国民国家の制度として、天皇——天皇制を検討しています。

こうしたとき、天皇、そして天皇を中心とした制度（天皇制）と立憲制をいかに整合させるかが焦点となります。そのために、憲法草案審議をきっかけに、天皇の諮問機関であり、重要な国務を審議する機関として枢密院がつくられました（図1—7）。

また、同様に、天皇に内閣首班の推薦を行ったり、重要事項に答えたりするものとして元老を選定します。慣習上の制度であり、当初は伊藤博文、山県有朋、井上馨、黒田清隆、西郷従道、大山巌、松方正義ですが、西園寺公望《きんもち》が、のちに加わりました。桂太郎が元老であったかどうかについては、（本人自身の証言も含め）諸説があります（伊藤之雄『元老』二〇一六年）。

図1−7　国家の体制

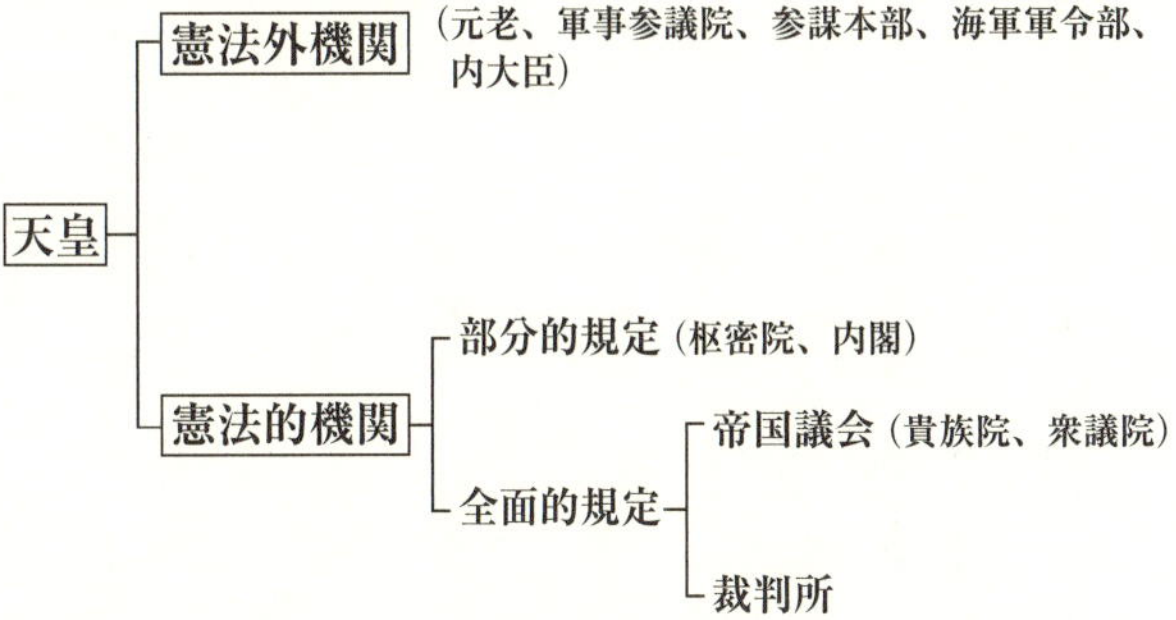

(出典／松尾章一『近代天皇制国家と民衆・アジア』上巻、1997年)

政府の動きに対抗して、民間からは私擬憲法が出されます。交詢社《こうじゅんしゃ》の「私擬憲法案」、内藤魯一《ろいち》の「日本憲法見込案」や小野梓の「国憲汎論」をはじめ一〇〇近くが知られています。なかでも、植木枝盛《えもり》による「東洋大日本国国憲按」は革命権や抵抗権を盛り込んでおり、急進的な憲法案となっています(家永三郎・松永昌三・江村栄一編『新編 明治前期の憲法構想』二〇〇五年)。

また、一八八〇年の第二回国会期成同盟大会では、各地の政治結社に憲法案の作成を呼びかけ、さきの学芸講談会は、千葉卓三郎らが二〇四カ条の憲法案をつくりました。東京・五日市町の豪農の土蔵から発見されたため「五日市憲法草案」と名付けられたこの憲法は、「国帝」「公法」「立法権」「行政権」

「司法権」と編成され、「女帝」の帝位も認めています（民権派の私擬憲法では、男子のみの規定は内藤魯一案など少数でした）。「日本国民ハ各自ノ権利自由ヲ達ス可《べ》シ他ヨリ妨害ス可ラス且国法之ヲ保護ス可シ」という条文もあり、さまざまな権利を盛り込んだものでした（新井勝紘『五日市憲法』二〇一八年）。

同時に、憲法発布――議会開設を見越し、大同団結運動というかたちで、民権運動家たちが結集します。星亨《とおる》（自由党系）は、自由党の再結成ではなく、立憲改進党にはたらきかけ、かつての対立を克服しようと試みます。後藤象二郎をかつぎ出しますが、一八八七年末、保安条例により多くの民権家が東京から追放されることになり、星も出版条例により囚《とら》われ、なかなかうまく進捗しません。

そのあと河野広中、大井憲太郎らも、自由民権運動の経験をふまえつつ、代議士を議会に送り込むことを試み、大同団結運動を展開します。歩調があわないまま（河野派は大同倶楽部、大井派は大同協和会〈再興自由党〉を結成）、板垣退助（愛国公党）が加わり、旧自由党は三派となって活動することになりました。

大日本帝国憲法は、一八八九年二月一一日に発布されました。これは、システムＡＩの制度が設定されたことを意味します。国家のかたちが整えられ、国民もこれによって規定されました。雑誌『日本人』（一八八九年二月一八日）は、「日本国民は明治二十二年二月十一日を以て生れたり」との論説を掲げ、「此度の大典ほど重且大なるものハ蓋《けだ》しこれあらざるべし」と、その意義を説きます。

「万歳」が誕生したのも、このときであるといわれています。声をそろえ、同じ動作を行うことによって、みな（＝「われわれ」）の一体感を確認することが万歳という行為であり、大日本帝国憲法という国民国家の制度が発布されたときに始まるということは、合点がいきます。

大日本帝国憲法は欽定《きんてい》憲法であり、できあがったばかりの明治宮殿で、明治天皇が黒田清隆首相に手渡しました。憲法には、天皇の署名と御璽《ぎょじ》、内閣全員の署名がなされています。いくつかの条文を抜き出してみます。

第一条　大日本帝国ハ万世一系ノ天皇之ヲ統治ス
第三条　天皇ハ神聖ニシテ侵スヘカラス
第四条　天皇ハ国ノ元首ニシテ統治権ヲ総攬シ此ノ憲法ノ条規ニ依リ之ヲ行フ
第一一条　天皇ハ陸海軍ヲ統帥ス
第一三条　天皇ハ戦ヲ宣シ和ヲ講シ及諸般ノ条約ヲ締結ス
第二九条　日本臣民ハ法律ノ範囲内ニ於《おい》テ言論著作印行集会及結社ノ自由ヲ有ス

大日本帝国憲法は、全部で七六条、天皇を国家の元首とし、天皇が主権を持つと定めました。天皇は統治権を持ち、軍隊を指揮する統帥権、さらに外交権や戦争を始め終わらせる権限――天皇大権を有し、このほか戒厳令や緊急勅令も、天皇の裁可によって発令されます。万世一系ということが大日本帝国憲法で確立され、血統主義が明示されました。

女性の皇位継承問題は、憲法と切り離し皇室典範に記しました。これは、女性の天皇となったとき、婿になるものの政治的影響力を排することをねらいとしています。天皇制を安定させるため、皇室典範はあらためて皇位継承のルールを成文化しました。

皇室典範は近代天皇制の根幹を規定していますが、憲法付属法典とし、枢密院の審議を受け制定されます（奥平康弘『「萬世一系」の研究』二〇〇五年）。なお、華族令でも「女子ハ爵ヲ襲クコトヲ得ス」（第三条）として、女性が排除されていきます。

大日本帝国憲法のもと、統治権の具体的な発動が、議会によって制約されていたことは見逃せません。法律・予算に関しては議会の「協賛」が求められ（第三七条、六四条）、緊急勅令も次の議会で承諾されなければ失効してしまいます（第八条）。また、出席議員の三分の二以上の賛成で憲法改正も可能でした（第七三条）。自由民権運動の影響があり、天皇大権も制約を受けていたといえます（坂野潤治『明治憲法体制の確立』一九七一年）。

この点は、別言すれば、制度上、天皇に権力を集中しながら、政策決定から天皇の個人的な意思が排除されているということです。ただ、両者の関連の解釈をめぐっては論点となり、大日本帝国憲法の解釈にも差異が生じています。

他方、国民は、「臣民」、すなわち天皇の民と規定されるとともに、「法律ノ範囲内ニ於テ」言論や出版、結社の自由を持ちます。人びとの持つ権利と義務は、したがって「臣民」としての権利と義務であり、兵役と納税の義務を負いました。

このとき、大日本帝国憲法のもとで、天皇制ゆえの制約を有しつつ、人びとは信教の自由や集会への参加などの権利がもたらされます。私益を求め多様で互いに対立する国家の構成員が「臣民」の名のもとで均質化させられるとともに、主体化されていきます。大日本帝国憲法は、近代の国民国家の根幹を、天皇制という装いで描き出したことになります。

大日本帝国憲法について考えるとき、しばしば論議されるのが、アジアの君主国のトルコ帝国（オスマン帝国）の憲法です。大日本帝国憲法に先行して、すでにアジアで憲法がつくられていた、という論点を含んでいます。

実際、オスマン帝国も「西洋の衝撃」により、一八世紀から、とくに一九世紀を通じて「「西洋化」改革」がなされます。その流れのなかで一八七六年一二月にオスマン帝国憲法が制定され、翌年三月に議会召集がなされました。スルタンの専制を批判する改革派の官僚であるミトハト・パシャが起草した憲法で、ミトハト憲法とも呼ばれます。言論や出版の自由を保障することが規定されていました。しかし、「上からの改革」を目指すアブデュル・ハミト二世はパシャを追放し、憲法も凍結してしまいます（鈴木董《ただし》『オスマン帝国の解体』二〇〇〇年）。このような経緯から、大日本帝国憲法とミトハト憲法を比較するには、留保をつけることが必要でしょう。加えて、西洋型の憲法と議会を有する国民国家を自明の前提とする議論となっていることにも、注意を払っておきたいと思います。

さて、帝国議会は衆議院と貴族院からなります。貴族院は、皇族・華族議員、（学識経験者・勲功あるものなど）勅選議員、多額納税者議員によって構成され、衆議院が予算先議権（第六五条）を持ちました。

また、衆議院議員は国民の選挙によって選出されますが、財産による制限選挙となっており、選挙権を持つものは、直接国税一五円以上を納める二五歳以上の男性とされていました。選挙権を有するのは四五万人、おおむね地租を納める地主であり、国民全体（約四〇〇〇万人）の一・一パーセントほどでした。

帝国議会ができ、限定されていたとはいえ、参政権を持つ「国民」が誕生しました。このことは、参政権を持ちえない九九パーセントの「非・国民」が生み出されたこととセットになっています。こののち「国民」としての内実を求めていく実践が、国民国家の完成に向けての過程でした。この点からするとき、天皇は「統治権総攬者」であるとともに、「臣民」としての「国民」を統合する要となります。権力とともに権威をあわせもち、主権を持つと同時に象徴的な存在でした（牧原『民権と憲法』）。

あらためて、「国民」が、①大日本帝国憲法によって主体として認定され、規定され、概念化されるとともに、しかし、②天皇との関係で「臣民」として構成されたということです。さまざまな人間像の模索も見られるなか、まずは国家（ステート）のかたちが整えられました。このあと国民（ネーション）がそのかたちにあわせてつくり出されていくことになります。後発の国民国家形成の動きとして、日本のばあいを考えることができます。

大日本帝国憲法発布の直前（一八八九年一月）に、かつての徴兵令（一八七三年）が法律として改正されたことは、この点と関連しているでしょう。徴兵猶予の規定が縮小され、ほぼ国民皆兵となります。帝国憲法で極めて不充分ながら「国民」を規定したことと、徴兵令の大幅改正は連動しています。ちなみに、徴兵令は、北海道では部分的に施行されたあと、一八九八年に全道で施行されました（山本和重「北海道の徴兵制」、山本編『北の軍隊と軍都』二〇一五年）。また、小笠原諸島・沖縄本島では一八九八年、宮古・八重山諸島では一九〇二年に施行されます。

さまざまないい方で国家を構成する主体が名指しされますが、そもそも、明治初期以降、人びとを指すことばとしては、「人民」の語が一般的でした。たとえば、福沢諭吉、中村正直ら啓蒙思想家が関わる『明六雑誌』も「人民」を用い、（民撰議院設立に関しても）「人民ヲシテ国事ニ干与セシムル」ことなどを論じています（津田真道「政論ノ三」『明六雑誌』第一二号、一八七四年六月）。

自由民権運動においても同様で、植木枝盛をはじめ、自由民権運動家たちも「人民ノ権利」を論じています（もっとも、『東洋大日本国国憲按』には「日本国民及日本人民ノ自由権利」とも記されます）。これに対し、政府においては「人民」「国民」あるいは「斯民」「衆庶」

などのばらつきがありますが、大日本帝国憲法で「臣民」と規定し、以後はこの語を基調とすることになります。

このことは、「国民」の語が対抗的に用いられることを意味します。陸羯南《くがかつなん》は「国民論派」を称し、自ら発行する新聞『日本』では大日本帝国憲法下の日本人を（「臣民」ではなく）「国民」と位置づけようとします。むろん、本書で「国民」というときは、国家の成員という概念であり、その法的規定を意味しています。

そのあとも、天皇をめぐる動きが続きます。一八九〇年一〇月三〇日に天皇が首相（山県有朋）と文相（芳川顕正）に与え、翌日、文部省訓令によって周知させた教育勅語はその一つです。元田永孚、井上毅らが原案を起草し、「朕惟《ちんおも》フニ我カ皇祖皇宗国ヲ肇《はじ》ムルコト宏遠ニ徳ヲ樹ツルコト深厚ナリ」と始まります。そして、「我カ臣民克ク忠ニ克ク孝ニ億兆心ヲ一ニシテ」といい、さらに「爾臣民父母ニ孝ニ兄弟ニ友ニ夫婦相和シ朋友相信シ」と続きます。

忠・孝などの儒教的徳目を生徒たちに教え込むものであり、それを「国体ノ精華」としました（山住正己『教育勅語』一九八〇年）。天皇と家族を重ね合わせ、国家を疑似家族とみなす家族国家観がここに示されています。

教育勅語は各学校に下付され、祝祭日の学校儀式のときに奉読され、人びとのあいだに浸透していきます。紀元節（神武天皇の即位日、二月一一日）、四方拝（皇室祭祀《さいし》、一月一日）、天長節（天皇誕生日）の三大節（一九二七年からは明治節〈明治天皇の誕生日、一一月三日〉を加えた四大節）を軸とする学校行事の式次第も、一八九一年の「小学校祝日大祭日儀式規程」で定められました。小学校の修身科は、教育勅語の旨趣に基づくこととともされました（「小学校教則大綱」一八九一年）。

また、「小学校祝日大祭日儀式規程」により、各小学校に天皇・皇后の肖像である「御《ご》真影《しんえい》」が置かれることとなります。学校側の申請によって「下賜」されるもので、実際に学校に普及していくのは、こののち一九〇〇年代後半から一九二〇年代にかけてのこととされています。

しかし、御真影とは、天皇像——天皇のイメージの創出に他なりません。児童をはじめ、

図1－8　明治天皇の「御真影」

人びとは御真影によって天皇に接することになります。文明化を率先して遂行し、国民を統合して世界に伍《ご》していく指導者としてのイメージをつくりあげることが、天皇像の持つ目的とされます。

そのため、明治天皇の「御真影」は、図1―8のように威風堂々としています。ひげを蓄え、背筋を伸ばして姿勢を保ち、軍服を着て勲章をぶら下げ、自信に満ちた姿を見せています。

当初は、公家の装束を着た写真（一八七二年）、次には断髪し洋服を着た写真（一八七三年）でしたが、ひ弱な感はいなめず、「理想化」して肖像画を描く技術を持ったイタリアの宮廷画家・キヨソーネに肖像画の制作を依頼した経緯があります。御真影は、一八八八年に、この肖像画をあらためて写真に撮ったものです（多木浩二『天皇の肖像』一九八八年）。

求められる天皇像を実践することが、明治天皇にも日常的に要求されました。表向きの公生活では、洋装し洋食を食べ、ワインを飲む天皇ですが、私生活では和服で日本酒を飲み、電気も嫌っていたといいます（飛鳥井雅道『明治大帝』一九八九年）。天皇のふるまいと身体そのものも、「大帝」としてつくりあげられていくのです。

皇后の役割も重要です。明治天皇の皇后・美子《はるこ》は、文明開化の旗手としての像がつくりあげられます。自ら蚕を飼い、富岡製糸場に行啓し、蚕糸業を奨励します。また、洋装姿で天皇と対となり、公式の場では一夫一婦制を体現し、女子師範学校の視察を行い、バザーを催し、日本赤十字社の活動に携わり、文化や殖産興業、慈善の領域を引き受けていきます。

同時に、文明化のもとでの皇后像には、「雄々しさ」と「仁慈」「内助」が求められていました。男性を脅かすのではなく、男性を支える強い女性としての皇后像であり、歴史上の人物では「神功《じんぐう》皇后」がモデルとされ、そのように皇后・美子もふるまいました（関口『御一新とジェンダー』）。

さて、衆議院は定数三〇〇議席、小選挙区制で、さいしょの選挙（一八九〇年七月一日）には、一二四三人が立候補しました。被選挙権者は三〇歳以上の「日本臣民」で、やはり直接国税一五円以上を納めたものでした。投票率は九三・七三パーセントで、歴代最高の数字となっています。

当選者の多くは地主であり、当初はバラバラでしたが団結を図り、旧自由党三派（大同倶楽部、再興自由党、愛国公党）を軸に、立憲自由党を結成します（のち、九州同志会も合流）。立憲改進党との連合も図りましたが、うまくいきませんでした。「立憲」の党名に、立憲改進党の将来的な加入の可能性を残したものの決裂し、第一議会後に自由党に名称をあらためてしまいました（村瀬信一「帝国議会の開幕」、小林和幸編『明治史講義【テーマ篇】』二〇一八年）。

こうして「民党」と呼ばれた野党がかたちを現す一方、かつての民権運動家をも糾合して、「吏党」である大成会も結成されます。しかし、議員の数では、立憲自由党（一三〇人）、立憲改進党（四一人）の民党が、吏党の大成会（七九人）を上回っています。政府は超然主義を標榜《ひょうぼう》しますが、帝国議会では、民党との厳しい対決を強いられることとなりました。

その第一議会から、（日清戦争直前の）第六議会までを、初期議会といい習わしています。初期議会では、政府の「軍備拡張」と民党の「民力休養」という主張が正面からぶつかりました。民党は「政費節減」をあわせて主張しますが、その財源を地租とするか否かをめぐり、吏党とも対立します。

山県有朋内閣が、立憲自由党の一部（土佐派）を切り崩して妥協に持ち込み、なんとか予算が成立しました。その土佐派は、立憲自由党を脱党し、他方、残ったものたちは、土佐派のリーダーである板垣退助を党の総理に据えます。民党もまた、政局のなかでしか動きません。

第二議会には「積極主義」（軍備拡張のほか、治水、鉄道買収、北海道開墾など）の予算案が提示されますが、やはり民党は激しく抵抗します。松方正義内閣は、議会の解散に踏み切り、第二回総選挙が行われます。内務大臣や官僚が主導し、死者をも出す「選挙大干渉」

がなされるなか、民党がやはり優位を保ちました。第三議会では、「選挙干渉ニ関スル決議案」が可決され、地方官も異動させられます。

しかし、第四議会で伊藤博文内閣と民党が予算案をめぐって衝突するなか、自由党と立憲改進党とが決裂しました。これは、自由党が伊藤内閣に接近し、立憲改進党と吏党とが近づくことを意味します（村瀬「帝国議会の開幕」）。

こうしてシステムAIの制度的な基幹をなす、議会政治――立憲政治が始まります。ただ、担い手は限られています。財産によって国政に参加しうる階層が限定され、女性と若者（二五歳未満）も排除されました。女性と若者は、さらに一八九〇年の集会及政社法で、政談集会参加と政社加入を禁止されます。これまで自由民権運動に参加していた若者と女性が、議会政治のみならず、あらゆる政治の場から除外されました。

第一回の帝国議会（一八九〇年一一月二五日召集。一一月二九日―九一年三月七日）では、集会及政社法で女性を締め出したことに反対し、植木枝盛らが改正案を提出します。衆議院は可決したのですが、貴族院で否決され、女性の政治参加はずっと先のこととなりました。

システムＡＩの内実は、これから詰められることになります。それでも、システムＡＩが動き始めました。このとき、背後には、世代交代も見られます。第一世代の三条実美《さねとみ》、岩倉具視、西郷隆盛、大久保利通、木戸孝允らの退出と、第二世代の伊藤博文、山県有朋、井上馨、山田顕義、黒田清隆、西郷従道、松方正義、大山巖らの登場と活躍です。

（2）「国民」の形成

システムＡＩ、すなわち国民国家のシステムは、国家や政府の仕組み（制度、法律）として形成されるとともに、社会の次元に入り込むことによって機能します。「国民」の内実化として、人びとの「こころ」と「からだ」、そしてそのことをもとにしての結びつき方（「きずな」）によって、有効なシステムとなるのです。ことばを換えれば、システムＡＩは、文明的な「こころ」と「からだ」を持ち、文明的な社会をつくり出すということです。

文明という美しい響きを持つことばによって、人びとは、封建社会の息苦しさから抜け出すとともに、あらたに文明のもとでの規律や規範に馴致することを求められます。旧来の身分制に基づくありようからは解き放たれますが、同時に、文明はあらたな差別や排除をもたらします。

しかも、その過程は一直線ではありません。行きつ戻りつ、ジグザグであり、地域や階層、性差や年齢によっても、文明化の過程は異なってきます。

一八七〇年代の社会は、制度のうえで、封建的なシステムが壊れたものの、まだまだ文明的な社会とはいい難いものでした。放火が多く、その予告の火札《ひふだ》が出されたり、人びとの移動の活性化につれて病気が流行したりしました。とくに伝染病の流行は、人びとにとって恐怖でした。

たとえばコレラです。コレラは、インドのベンガル地域の風土病でしたが、イギリスがインドを植民地とし、さらに貿易を展開するにつれ、世界中に広がっていきました。消化器系の急性伝染病で、パンデミーと呼ばれる大流行を引き起こし、世界中がコレラの恐怖に襲われるようになります。

コレラはコレラ菌によって発症し、罹患すると激しい下痢、嘔吐《おうと》（しばしば吐瀉《としゃ》と表現されます）を繰り返し、脱水症状によって死に至りますが、当時の死亡率は六〇―七〇パーセントと大変高く、人びとは（かかったらすぐに死んでしまう、ということで）コロリ病、三日コロリなどと恐れていました。日本では、開港後の一八五八年に大流行し、長崎から山陽道、東海道を経て江戸まで広がり、江戸だけで一〇万人が亡くなったといいます。その後、大きな流行だけでも、一八七七年以降、七回を数え、明治年間の死者数は三七万人を超えています。

このため政府は、一八七七年に「虎列剌病予防法心得」を出し、一八七九年には「虎列剌病予防仮規則」、さらに一八八〇年、「伝染病予防規則」を公布し、矢継ぎばやに対策を打ち出します（立川『病気の社会史』、『明治医事往来』一九八六年）。

コレラに罹患した可能性のある人物の居宅に、医師、役人と巡査が向かい、状況を細かく調査したのち、医師の診断書に基づいて石炭酸による消毒と患者の避病院への隔離を行います。また、家族もそこから離れるように命じられました。

図1―9　「流行悪疫退さんの図」（1880年）

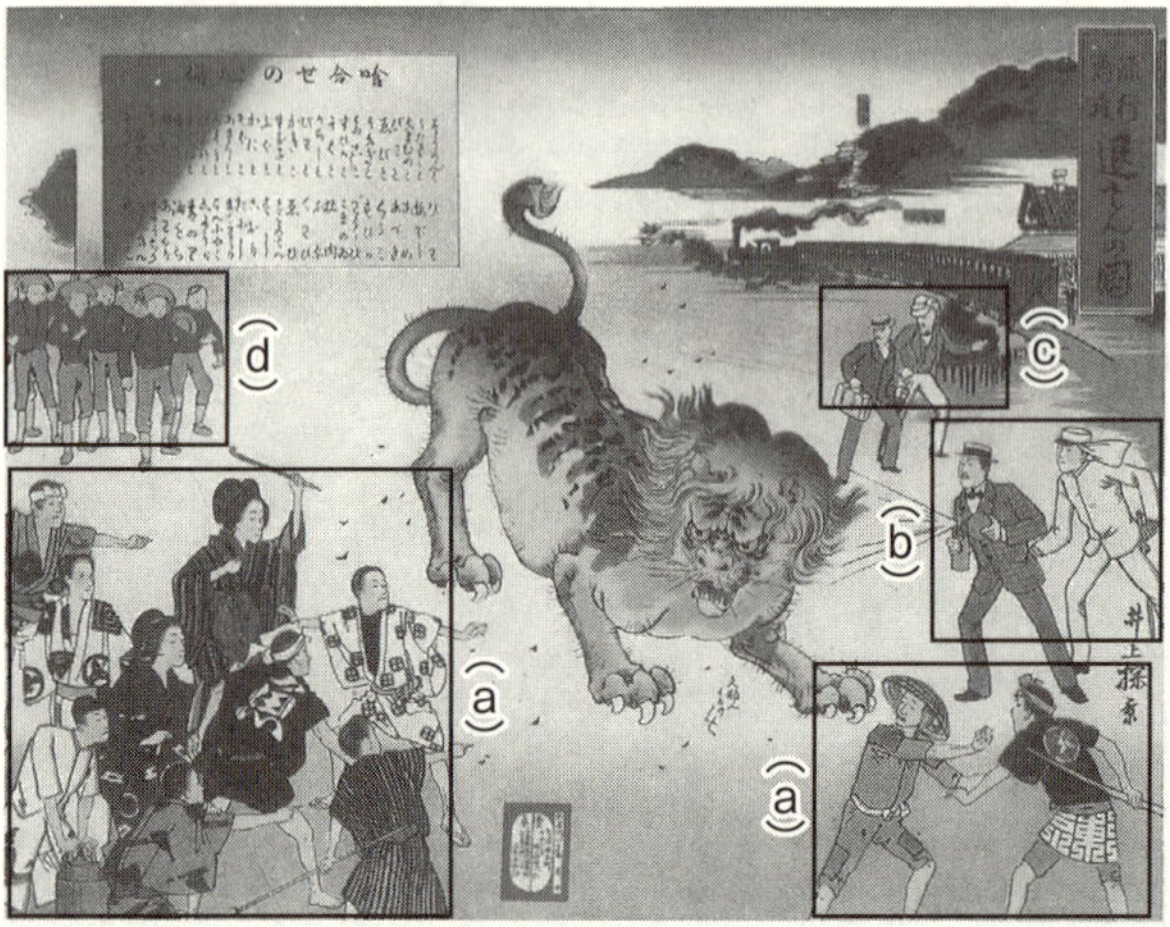

まだコレラ菌の発見に至っていないため、対応策は衛生行政として実践されることになりました。

「からだ」の次元でいえば、これまでの「養生」から「衛生」への転換であり、システムＡＩの始動ということになります。病いを避けるために、過剰を避け、調和を重視した養生から、予防することで病いに立ち向かう衛生に基づく文明的な身体へと向かいます。

図1―9を見てください。中央に描かれた獣が「コレラ」です。コレラの恐怖は、「虎列刺」と当て字され、しばしば

虎のような猛獣として表象されます。文明的な身体の知を持たない人びと（a）は、コレラを遠巻きにして恐れています。文明的でないことは、この人びとが着物を着ていることによって示されています。

他方、洋服を着ているのは、医者と警官（b）です。医者、警官そして役人は一緒になってコレラ対策に当たりました。その上方には、富裕者（c）が汽車で逃げていくさまも記されます。コレラは急性伝染病ですので、流行地から逃げ出すことも感染を避ける方策でした。

さらに注目すべきは、左上に描かれている人びと（d）で、清国人たちです。医者によって石炭酸をかけられたコレラは、「支那へイカウ〈〜」と述べています。衛生を実践している日本と衛生の意味を知らない清国として、衛生を基準に序列がつけられ、対比的に描かれました。

非ヨーロッパの身体作法がいずれも急性伝染病に対抗できないなか、ヨーロッパの対策である衛生が効果を発揮し、文明化の身体は衛生的な身体ということとされたのです。日本についていえば、このときコレラのほかにも、赤痢やペスト、天然痘も流行しており、急性伝染病への恐怖がありました。

文明が価値化されるために、こうした「からだ」に対する恐怖の解消が大きな役割を果たしています。文明化の身体が、以後、目指されることになりますが、①人びとは自発的には、なかなか文明の身体へと移行しません。コレラ患者が隔離される避病院は、病院とは名ばかりの粗末なものであり、巡査や役人の態度は高圧的だったので、人びとはコレラ一揆を起こし抵抗しました。そのため、（さきに指摘したように）衛生行政として、強制的に学習させます。文明的——近代的な身体は、初発は、いわば「上から」政策として持ち込まれました。

このことは、②身体への管理が行き届くか否かによって、文明化の浸透度が図られることを意味します。身体の規範として、衛生が焦点となり、衛生の価値を内面化し実践することが求められるのです（成田『近代都市空間の文化経験』）。

もっとも、こうした文明の知——衛生（システムＡＩ）は、一挙に人びとに浸透したのではないことも、付け加えておきましょう。浦谷義春『養生のすゝめ』（一八七六年）に記されるような、養生に軸足を置き、衛生を接ぎ木する「養生＝衛生」から、徐々に衛生を重視する「衛生＝養生」へと移っていきます。

「衛生＝養生」論は、人びとの持つ経験知を抑圧し、衛生を学習しない「不潔」な「下等社会」を論難します（近藤鉠《かなわ》編『衛生摘要』一八八〇年）。

システムという観点から、以上の点を論じなおしてみれば、急性伝染病への対策によって、これまでの人びとの身体への配慮が、国民国家のもとでの身体管理――システムＡＩでのものへと転換していくということです。「家」の存続と結びつけられていた養生もまた、ここで転換されます。

衛生は、病いの主体としての「個人」を対象とするとともに、外部からの強制力として（患者たちに対し）消毒と隔離を行います。初代の内務省衛生局長となった長与専斎は、「国民一般の健康保護」を主張しました。

「こころ」については、どうでしょうか。ことばを例にとって見てみましょう。ことばは、人びとにとって日常的なもので、一挙には変化しません。また、政策の届きにくい領域であるとともに、言語政策自体、長い時間がかかる動きです。一八七〇年代から三〇年ほどかかり、それでも次章で述べる日清戦争後あたりには、ことばの領域にも近代化——国民化の過程が及んできます。

江戸時代は藩が人びとにとっての世界であり、ことばも藩ごと、あるいはひろく見ても旧国ごとに異なっていました。また、身分によってことばが異なりました。しかし、国民国家として統一されたなかでは、その範囲での共通の言語が求められます。「上から」の要請として、国家語が希求されたのです。

上田万年《かずとし》は、講演「国語と国家と」（一八九四年一〇月）で、近代国民国家にふさわしい「国民」語としての「国語」を想定し、そのために現状の「日本語」をそれに変えていくことを主張し、その根拠を、

「われわれ日本国民が協同の運動をなし得るは主としてその忠君愛国の大和魂と、こ

の一国一般の言語とを有つ、大和民族あるに拠りてなり」「言語はこれを話す人民に取りては、恰《あたか》も其《その》血液が肉体上の同胞を示すが如《ごと》く、精神上の同胞を示すものにして、之を日本国語にたとへていへば、日本語は日本人の精神的血液なりといひつべし」

と述べました。このころ、大槻文彦によって『言海』（一八八九―九一年）も編まれ、ことば――日本語が国語として成立していきます。

とくに植民地を得てからは、その動きが加速します。伊沢修二（台湾総督府・初代学務部長）は、台湾での日本語教育を開始し、「国語伝習所」を設けます。

ただ、日本語もまだ、はっきりと固まっていません。そのため、東京の山の手の中流のことばがモデルとされ、「標準語」がつくられていきます。国語調査委員会が、一九〇二年に「標準語」を選定する方針を定め、その動きが強力に推し進められました。このため、地域のことばは、「方言」として（「標準語」の）下位に位置づけられ、「恥の言語」（柳田國男）となりゆきます。

声―話しことばとともに、文―書きことばも検討されます。あらたな文体は、「あたらしい書きことば」として言文一致が模索されます。俗語（口語）をもとに書きことばをつくる営みで、言文一致とは、感性的・感情的・具体的なものと、知的で抽象的な概念とをつなぐ文体の模索ということになります（柄谷行人《からたにこうじん》『日本近代文学の起源』一九八〇年）。近代のことばが誕生するときには、世界的な動きとしてこうした営みがなされました。

システムＡＩとしての起動が、ことばにおいてもなされるということです。清国でもこれまでの漢文ではなく、日本の言文一致の試みを学ぼうとします。

ことばには、教育が大きく介在します。一九〇〇年に、文部省の小学校令施行規則により「国語」が設けられ、変体仮名を廃止して仮名の字体を統一し、仮名遣いも表音式としました。国語調査委員会の前身、国語調査会ができたのもこの年でした（委員会になるのは一九〇二年）。

第一期の小学校国定教科書（一九〇四―〇九年）は、カタカナ文字で始められており、発音から学ばせる、口語重視の姿勢がうかがわれます（イ・ヨンスク『「国語」という思想』一九九六年）。

さらに、文字と声の関係の推移は、読書のかたちも変えていきます。それまで、読書といったときにはもっぱら音読で、新聞小説などは家長が家族に読み聞かせるということが行われていました。しかし、世紀転換のころから黙読が始まります。

いまひとつ、声についても触れておきましょう。文字の世界は一元的ですが、声の世界は多様です。このかん、（神仏への願文に発する）「祭文語り」をはじめ、芸能に携わる人たちが、声の世界を多様に展開していました。江戸時代以来の大道芸である「ちょぼくれ」や「ちょんがれ」など、鳴り物を入れながらリズミカルに語りを聞かせる、たくさんの声の芸能が見られました。多くは、都市の下層社会に居住している芸人たちによって語られています。

こうした大道芸とともに、一八八〇年代には、講談もまた、寄席芸として脚光を浴びていました。講談の広がりは、自由民権運動の演説集会も講談会といわれてたことからも分かります。講談は、もとを辿れば、「ちょぼくれ」などに発しますが、『太平記』などの軍書読みに由来し、書物と縁が深い芸能でした。講談の速記が雑誌や新聞に掲載され、単行本（講談本）として刊行もされました。

図1−10　自由民権運動の演説会

（出典／『絵入自由新聞』1888年3月14日）

図1―10は、自由民権運動の演説会（講談会）で熱弁をふるう弁士と、それを阻止しようとする警官たちを描いたものです。声の世界に生きる人びとにとり、こうした講談会は、楽しみとしての芸能と地続きになっていました。

声の世界を楽しんでいたのは、多くは「車夫」や「職工」など都市下層社会の住人たちでした。かれらについては、「都市雑業層」としてあらためて触れますが、かれらは、（講談本をネタにした）かたき討ちもの、赤穂義士伝《あこう》（＝公認されないかたき討ち）、武勇伝・英雄もの、俠客《きょうかく》もの、政談もの、力士伝、騒動ものなどに親しんでいました。

このとき、声の世界は、聞き手のモラルや心情に入り込み、その心性をかたちづくっていきます。声の世界がつくり出すモラルには、（さきに見た）「通俗道徳」との接点を見出すこともできるでしょう。人と人とのつながり――絆を大切にする世界です。

しかし、システムＡＩの進展――国民国家の形成は、声の世界の持つ位相と役割を変えていきます。①まずは、一八九〇年代に、浪花節《なにわぶし》の大流行へと推移しました。浪花節も「ちょんがれ」などを源流とし、「アウトローの任俠・義俠の物語」を語ります。ブームの立役者であった桃中軒《とうちゅうけん》雲右衛門は、もっぱら赤穂義士伝を語りました。日清戦争以降、とくに日露戦争後に雲右衛門は大人気を博します。一九〇七年六月には、東京・本郷座を、一カ月にわたって満員札止めとしたほどです。「悲憤慷慨《ひふんこうがい》」調の語り口で、義理人情のモラルを謳い、聴衆をひきつけました。

声の芸能を考察する兵藤裕己は、②雲右衛門の声をとおして、聞き手のあいだに「ある均質で亀裂のない心性の共同体」が形成されたことを指摘します。雲右衛門の義士伝が

「「国民」的な物語」へと押しあげられていくのです。ことばを換えれば、③雲右衛門―浪花節―声の世界は、「近代の国民的心性の形成」に寄与し、「物語としての国民」を語りあげていったということです（兵藤裕己『〈声〉の国民国家・日本』二〇〇〇年）。

文字の世界に生きる知識人たちに対し、都市の下層社会に生きる、声の世界の人びとは、当初「多元的な忠孝のモラル」を有していました。しかし、その声の世界が、「一元的な忠孝のモラル」になりゆきます。浪花節による声の世界が、人びとの心性を、国民国家（システムＡＩ）を支えるものとしていきました。

こうして社会の次元においても、国民国家の秩序が大きく作用します。「こころ」と「からだ」、そして人間関係の規範が教授され、あらたな社会的な結合――「きずな」が生み出されていきます。

移動が頻繁に行われるようになったことが、このことに拍車をかけます。一八八〇―九〇年代には、人びとは地域からその地域の有力都市、そして東京や大阪に移動します。郷里のつてを辿ることが多く、「同郷」という絆を形成しますが、同郷的絆は、各地域からの流入者が多数存在する都市で結晶し、大都市でもっとも典型的に現れます。東京には、郷友会・同郷会と呼ばれる団体が多数つくられ、集会や遠足、運動会などを行います。そこでは、

目に郷人を睹　耳に郷音を聞き　口に郷語を語り　以て互に郷事を談じ会するものをして身　郷里にあるを疑はしむ

という様相を呈していました（『松本親睦会雑誌』第四〇号、一八八九年一一月）。「故郷」の誕生ということができるでしょう。「故郷」は近代に、（移動してきた）都市において生み出されたのです（成田龍一『「故郷」という物語』一九九八年）。

ただ、郷里という絆を掲げられるのは、「故郷」の人びとに支援され、都市において成功したものに限られます。落魄《らくはく》した人びとは、「故郷」という絆も捨てるのです。こうした人びとの多くは、都市のスラムで暮らし、もっぱら単身で生活していました。

さて、国民国家は、「国民」という意識に基づいた人びとの自発的、積極的な支持――主体の形成を伴っています。「国民」であることとは、近代＝文明を内面的に価値化しているということと同義です。近代的な主体形成――国民としての自覚が、求められています。

しかし、日本において、近代＝文明を内面化した主体が、自発的にじっくりと醸成される動きは希薄でした。なにしろ急速な国民国家化が求められた、後発の国民国家ですから、先発の国民国家がつくり出した型や装置があわただしく持ち込まれます。国家のかたちをつくることが先行し、国民の形成はそれに遅れます。

加えて、時期は一九世紀の後半であり、国民国家形成の過程に、資本主義とナショナリズム、それに帝国主義が入り込んできます。「周縁」に位置づけられた北海道や沖縄に対し、あらたな内国植民地化を進めていきます。

内部の分割も、また議論されることになります。スラムの住人たちは、文明の対極にある野蛮として馴致の対象となり、文明化が促されます。ジェンダーの規範も、また教え込まれることとなります。

なお、民法によって、「戸主」が大きな権限を持つことが定められますが、システムAIとして近代の国民国家に共通する家父長制の制度化ということができます。

他方、すでに触れたような時間と空間の再編は、システムAIの動きによって、ますます進行します。学校、軍隊、工場などで時間で区切る観念（時計）や祝祭日が広がります。空間には、あらたな秩序が価値化されます。空間の明るさ、空間の人工化、目的合理性などです。国民国家にふさわしい空間の秩序が図られ、「整理」「整頓」、さらに空間の清潔が重視されました。

なかでも、「国民」の形成に教育は欠かせません。一八七九年に教育令が出され（翌年、改正）、一八八六年には、帝国大学令、師範学校令、中学校令、小学校令と制度が整えられます。学校を通じての規準が登場し、立身出世が始まります。一九〇二年に、雑誌『成功』が創刊されるなど、学歴主義こそが、機会の平等を前提に、優勝劣敗――自己責任の論理をもたらしました。

国民の育成に、「体操」「唱歌」が持ち込む要件は多々あります。身体の作法として、姿勢を正し、右手と右足を交互に出す行進が教え込まれ、あらたなメロディーとリズムが教室で学ばれました。これまでの（同じ側の手足を同時に出す）ナンバ歩きや、地域に根差した歌謡から切り離され、「西洋」の規準が持ち込まれます。

また、性別役割分担も、女性に関しては「服従」を基本とした江戸時代の「婦徳」に代わり、子育てを担う主体とし、「良妻賢母」を標榜します。

この時期のシステムＡＩを考えるに当たり、北海道のアイヌたちへの政策として、一八九九年に公布された「北海道旧土人保護法」をいま一度見ておく必要があります。「北海道旧土人保護法」は一三条から構成され、第一条から第四条までは土地の給付や農耕の奨励などの、「勧農」、そのほか初等教育の推進や疾病対策など、開拓の犠牲となったアイヌの「保護」を謳います。農業を営むことを望むアイヌに対し、最低限の社会保障をするという法でしたが、すでに行っていた漁業や狩猟の禁止をはじめ、アイヌ固有の習慣の禁止、戸籍への編入にあたって日本風の名前への改名、さらには日本語使用の強制などと結びついての政策でした。このときには、アイヌがすでに開墾していた土地と、アイヌが共同で所有していた「共有財産」が取りあげられもしました。

「北海道旧土人保護法」は、先住民としてのアイヌ民族を「国民化」していく法であり、アイヌ社会も日本に組み込まれたために法と制度によって変容させられていったのです。アイヌという主体が、不平等とともに構成されたともいえます（榎森進『アイヌの歴史』一九八七年）。


「こころ」と「からだ」の接点の一つとして、「不敬」も挙げておきましょう。学校儀式において、不敬行為が咎《とが》められます。刑法の不敬罪ではなく、罰則があるわけではないのですが、勅語に対する敬礼の仕方が最敬礼ではなく、少ししか頭を下げないという「薄礼」を咎められた例が相次ぎます。

一八九一年には、第一高等中学校の勅語奉読式における内村鑑三のほか、東京府の小学校教員が欠礼して退職に追い込まれています。また、服装について、袴《はかま》をつけず正装ではないことが問題とされた事例や、誤読を非難された事例もあります。さらには、「一旦緩急アレバ」という語法（まだ近代文法が整っておらず、のちの文法からすればおかしな語法となっています）の批判をして朗読したことが、生徒たちからの排斥運動を招いたこともありました（教育史学会編『教育勅語の何が問題か』二〇一七年）。

システムＡＩが、こうして「からだ」と「こころ」、それを媒介として「きずな」に浸透してくるのです。

第二部

帝国主義への展開

尋常小学校1年生用の修身教科書に掲載された家族の絵。
『尋常小学修身書　児童用　巻一』（1918年）より。

第一章　日清・日露の時代（一八九四―一九一〇年）

1　日清戦争と戦後の社会――社会問題・社会運動・社会主義

（1）日清戦争の過程

大日本帝国憲法、帝国議会という制度が設置され、国民国家というシステムＡⅠが形成された日本は、一九〇〇年を指標とする、東アジアの帝国主義世界に突入します。この過程でシステムＡⅡが始動し、日本自体もまた、帝国主義化への道を歩み出します。

そもそも、国民国家と帝国主義とは、先進の国民国家においてはひと連なりのものとなっています。イギリス、フランスをはじめ、アメリカも一九世紀には、他国を侵略して植民地を領有する帝国主義国となっています。そして東アジアの情勢といったとき、後発の国民国家は、帝国主義化する側と植民地化される側とに分岐していきました。それは、民族運動と帝国主義、帝国主義国同士の戦争という世界的な大きな動きのなかで進行していきます。

すなわち、①国民国家（システムＡⅠ）が、すでに帝国主義国への転換（システムＡⅡ）の論理を内包しているとの議論もありますが、②東アジアの状況を見るときには、（ＡⅠからＡⅡへの推移には）歴史的条件と環境が大きく作用しているということになります。

一般的には、帝国主義をめぐっては、独占資本主義、および（それが銀行と癒着した）金融資本の誕生と結びつけて考えられてきました。ただ、この規定に従うと、後述のように、日本ではようやくこの時期に資本主義が確立し始めており、まだ帝国主義とはいい難い段階にあります。

そのため、①東アジア世界の帝国主義化と、そのもとで、②いまだ独占・金融資本が未成熟ながら、日本の帝国主義化がなされる、と、本書では考えたいと思います。

この点にこだわるのは、システムAⅡとして、二〇世紀前後からの日本を把握するためです。東アジアにおいて、帝国主義国としての列強が跋扈《ばっこ》する国際関係のなかで、日本も植民地獲得のために戦争を行う帝国主義国となっていきます。日清戦争が国民戦争として始まり、一九〇〇年に義和団鎮圧のための清国への出兵により帝国主義化し、日露戦争は帝国主義国同士の戦争として戦われた、という理解の筋道です。

日本では清国に対し、武力でことを解決しようとする国権派が存在しました。状況の推移のなかで、この人びとは対外的に強硬路線を唱える対外硬派を形成していきます。政府を非立憲的な藩閥として批判するとともに（民権）、それゆえの外交政策の軟弱をいい、対外硬を主張するのです。民党がその主張で結束していきます。

そもそも幕末に結んだ日米修好通商条約における「不平等」の改正――条約改正のなかでも、対外硬の動きは目立っていました。井上馨・外務卿（のち外務大臣）が領事裁判権の撤廃を交渉したとき、対外硬派は、井上案が外国人判事の任用を盛り込んだことを批判します。また、井上案を修正し、外国人判事任用を大審院に限るとした大隈重信・外務大臣の案にも反対し、大隈に爆弾を投げつける行動にも出ます。襲撃したのは右翼団体・玄洋社の一員でしたが、対外硬の気運が広がっていました。

とくに居留地に隔離していた外国人に対し、国内での移動や居住、営業の自由を与えるという「内地雑居」の時期が迫ると、対外硬派は不安を募らせ反対します。井上案、大隈案にもこの「内地開放条項」があったことから反対していました。一八九九年に内地雑居が実施されますが、対外硬運動は、井上をはじめとする外務大臣を辞任に追い込み、見逃せない動きとなっていきます。

一八九三年の第五議会では、硬六派（国民協会、立憲改進党、同盟倶楽部、政務調査会、同志倶楽部、東洋自由党）という対外硬を共通項とする党派連合がつくられ、多くの議席を占めます。硬六派の議員たちは、積極的に議会外に出て演説を行いますが、こうした動きは、雑誌『日本人』や『国民新聞』『都新聞』『東京朝日新聞』などの新聞の論調と連動しています。

とくに新聞は、人びとが持つ清国に対する負の感情を（対外硬として）煽《あお》り立て、政府批判を行います。国権と民権の絡まり合いが、人びとのナショナリズムを排外的なものとしていきました。

また、新聞『日本』を創刊し、国粋主義を唱えた陸羯南も対外硬を主張し、政府が国交において「対等」ということは「唯た欧米風に倣らふといふのみ」と論難します。「東洋国又は東洋人たるの恥辱を免れんと欲するに在り」（「国際論補遺」『日本』一八九三年一〇月二八日―一一月六日）といい、国民国家形成に当たり、陸は、なお「西洋」という先進国民国家をモデルとしない方策を探っています。

この点では、平民主義を唱えナショナリズムを説く、徳富蘇峰《そほう》らも同様の位相を持ちます。蘇峰が起こした民友社の発行する雑誌は、その名も『国民之友』（一八八七年二月創刊）です。雑誌『国民之友』（第一号）は、

旧日本ノ老人漸《ようや》ク去リテ新日本ノ少年将《まさ》ニ来リ、東洋的ノ現像漸ク去リテ泰西的ノ現像将ニ来リ、破壊的ノ時代漸ク去リテ建設的ノ時代将ニ来ラントス

と述べます。蘇峰は、「破壊的ノ時代」が終わり「建設的ノ時代」がやって来たという認識のもと、「天保ノ老人」に代わる「明治ノ青年」という世代的交代をあわせて主張しました。「平民的欧化主義」を唱え、明治政府とは異なる国民国家の担い手とあり方を希求するのです。

大日本帝国が選択したのは、しかし、（先進的国民国家である）欧米に倣った帝国主義化（システムＡⅡ）であり、そのことが必然化する清国との戦争という途でした。東アジアの中心であった清国との戦争――日清戦争がなされます。朝鮮の支配権をめぐる清国との対抗が背後にあります。

ロシアの進出がなされる一八八〇年代の東アジア情勢のなかで、勢力を回復した清国は、（宗属関係を持つ）朝鮮の属国化を強めようとします。これに対し、日本は朝鮮を「独立国」とし、そのうえで日本の影響力を及ぼそうとしました。

清国を敵とした日本は、国内的には「挙国一致」がいわれ、政府と民党がともに協力して戦争に突き進み、人びとも「国民」としての意識を一挙に高めます。

日清戦争は、三つの局面に分けられます。第一は、一八九四年七月二三日の朝鮮との戦争、第二は一八九四年七月二五日―一八九五年四月一七日の清国との戦争、そして第三は台湾征服戦争としての、一八九五年五月一〇日―一一月一八日の動きです（一一月一八日に「台湾平定宣言」が出されますが、その後も戦闘行為は続いています。後述）。

正史として編纂された、参謀本部編『明治廿《にじゆう》七八年日清戦史』では、第一の局面についての記述は手薄いものです。軍部の認識では、（日清戦争において）朝鮮との戦争は正式な戦争とはみなさない、ということです。

日清戦争のきっかけは、一八九四年二月、朝鮮での東学農民軍の武装蜂起（甲午農民戦争と呼ばれます）でした。朝鮮に対する支配を優位にしようと、日本と清国が朝鮮に軍隊を派遣します。伊藤博文内閣のもとで派兵決定がなされ、六月に先発隊が朝鮮に上陸しました。その後、東学農民軍は撤退したので、朝鮮およびロシア・イギリスが日本と清国の同時撤兵を要求しましたがともに応じず、日本と清国とが対立します。

日本軍は七月二三日に、朝鮮王宮である景福宮を攻撃します。これが日清戦争のはじまりです。朝鮮の支配権を優位にするための行為で、日本軍は王宮を占領しました。そして日本海軍は、二五日に豊島《プンド》沖海戦で清国艦隊を破り、日本陸軍は二九日に成歓《ソンファン》の戦いで勝利しています。ここに日清戦争の第二の局面として、清国軍との戦闘が始まります。しかし、日本の「宣戦詔勅」起草は、文案が定まらず、両国が宣戦布告の詔書を発表したのは八月一日でした（原田敬一『日清・日露戦争』二〇〇七年）。ただ、国際法で「宣戦布告」が取り決められるのは一九〇七年のことであり、双方の文書は、互いに戦争の開始を告げただけのものです。日本の「宣戦詔勅」は「汝《なんじ》有衆」と国民に呼びかけ、清国への「戦ヲ宣ス」ことの報告でした。清国に対してのものではありません。この点は、日露戦争も同様でした。

なお、戦争を指揮するために大本営が設置されますが、大本営は九月一三日に広島に移され、明治天皇も広島に移動しました。

日本軍は、日清戦争において一八九四年九月に平壌《ピョンヤン》の戦い、黄海海戦に勝利します。この黄海海戦で、清国は軍艦一二隻中五隻を失い、日本は二隻が大破しています。朝鮮を戦場としていた日清戦争は、このあと清国内での戦いへと推移し、日本軍は一一月に遼《りよう》東《とう》半島の旅順を攻撃し、占領します。旅順では「虐殺事件」を引き起こしました。

翌一八九五年二月には、清国艦隊の主力である北洋艦隊と威海衛で海戦を行い、日本海軍の水雷艇が清国海軍の数隻を沈めました。さらに、三月には、日本軍は遼東半島全体を占領しました。

こうしたなかで、同じく三月に、清国全権・李鴻章《りこうしよう》らが門司に到着、下関で交渉を開始します。日本と清国は休戦条約を成立させ、四月一七日に、講和条約に調印しました。その下関講和条約により、日本は巨額の賠償金と、台湾・澎湖《ほうこ》諸島、そして遼東半島を手にします（その遼東半島をめぐって、干渉がなされたことは、すぐあとに述べます）。また、清国は朝鮮の「独立」を承認するとも記されました。

日清戦争がシステムＡⅠからシステムＡⅡへの転換の過程に位置し、文明化の遂行のなかにあったことは、福沢諭吉がもろ手を挙げて戦争を肯定したことに示されています。福沢が創刊した、『時事新報』の社説（一八九四年七月二九日）では「日清の戦争は文野の戦争なり」として、「世界の文明進歩の為《た》めに其妨害物（「清国」―註）を排除せんとするに多少の殺風景を演ずる」と論じています（無署名ですが、福沢の文章とされています）。自らを文明の側に位置づけ、清国を劣ったものとして捉える姿勢を隠しておらず、システムAⅠの立場から日清戦争を当然のようにみなしています。

こうした文明の高みから清国を見下す姿勢は、兵士たちの従軍日記にも示されています。たとえば兵士たちは、異口同音に戦場となった朝鮮や清国の地で「不潔」と「におい」を感じたことを綴っています。そのひとり、陸軍軍曹・濱本利三郎による『日清戦争従軍秘録』（一九七二年に公刊）は、暑さとともに、

さらに驚きは、聞きしに勝る不潔である。道路は塵糞《じんぷん》にておおわれ（略）臭気鼻をつき、嘔吐をもよおすなり。

と記しています。日清戦争は、兵士たちの身体に、文明化した日本を感じさせてもいたのです。日清戦争では、戦闘での死者に比し、赤痢、コレラや腸チフス、あるいは脚気などによる戦病死者が圧倒的に多いことも、こうした実感を裏付けています（戦死一一三二人、戦傷死二八五人、戦病死一万一八九四人）。

しかし、日清戦争は講和条約の調印で終わったわけではありません。第三の局面が続きます。下関講和条約によって日本の領土とした台湾を、領有するための戦闘です。一八九五年六月、台湾の割譲の手続きがなされ、台湾総督府の始政式が行われます。

けれども、日本の植民地となることに反対した中国系の住民は、「台湾民主国」宣言を出し、義勇軍を結成して、日本による統治に抵抗を示しました。台南が占領され、台湾民主国が崩壊したあとも、中国系住民の抵抗運動、さらに山地に居住する先住民たちによる日本軍への抵抗が続きます。戦闘とともに、マラリア、赤痢、脚気などにより、多くの兵士が死亡し、近衛《このえ》師団長・北白川宮能久《よしひさ》親王も、マラリアで死亡しました。

こうした台湾領有をめぐる戦闘は、現在では「台湾植民地戦争」（大江志乃夫）、「台湾征服戦争」（原田敬一）などと呼ばれています。

戦争のさなかに台湾総督府を開庁し、さらに樺山資紀《かばやますけのり》・総督が「台湾平定宣言」（一八九五年一一月一八日）を出しますが、そのあとも先住民の武装蜂起がなされるなど抵抗が続きました。台湾平定宣言までに、日本は将兵四万九八三五人と軍夫二万六二一六人を投入し、死傷者は五三二〇人を数えました。そして、中国人兵士・住民、一万四〇〇〇人を殺害しています。

かかる日本の台湾領有をめぐる戦闘もまた、日清戦争の一局面となりました。北埔《ほくふ》事件（一九〇七年）を経て、西来庵《せいらいあん》事件（一九一五年）で、ようやくいったん区切りがつきました。

日清戦争の全過程を通じ、動員兵力は二四万六一六人、戦場派遣は一七万四〇一七人でした。しかし、このほかに、戦場での物資輸送に当たる「日本人軍夫」の存在があります。軍夫は一五万四〇〇〇人が派遣されていますが、笠をかぶり、筒袖に法被をはおり、草鞋《わらじ》ばきという姿で働きました。たくさんの応募があったといいますが、その死は『官報』に記載されず、公式の戦争記録からは消されています（原田『日清・日露戦争』、大谷正『日清戦争』二〇一四年）。

さらに士族層を中心に義勇兵を組織する運動も見られました。政府が禁止をしたため、軍夫送出に転換した事例があったといいます。

さきに記したように、日清戦争は日本軍の朝鮮への攻撃から始まり、朝鮮との戦闘を伴っていました。また、朝鮮の農民軍に対しても攻撃を行っており、農民軍の死者は、清国と日本の兵士の死者数を超えています。「近代日本が最初に行ったジェノサイド」（小川幸司）とさえ、いわれています。

日清戦争の結果、沖縄が清国に帰属する議論はなくなりました。また、清国が長いあいだ行ってきた朝貢体制は最終的に崩壊し、東アジアの情勢は大きく変わりました。システムＡⅠからＡⅡへと移行し、日本は大日本帝国としての道を歩むことになります。

日清戦争の特徴の一つは、戦争報道がさかんになされたことです。新聞は従軍記者や従軍画家を派遣し、戦闘のようすを（国内にいる）読者に伝えます。文章とともに、石版でその光景が記されます。新聞は号外も発行し、部数を大きく伸ばしていきます。

雑誌での報道もさかんで、『風俗画報』（東陽堂）が臨時増刊号（一八九四年九月）として「日清戦争図絵」を発行したのを皮切りに、毎月の刊行となり九編まで出します。また、戦争報道専門の雑誌『日清交戦録』『日清戦争実記』などの創刊も見られます。

このことは、兵士たちのみならず、人びとも「日本国民」として戦争の過程に参加し、自ら意識を高めていったことを意味しています。さきの軍夫や義勇兵への動きなどとあわせ、人びとのナショナリズムがうかがえる一幕です。戦争を契機とする国家のナショナリズムと接することにより、排外主義が人びとの次元でもあらわとなりました。帝国主義国の国民へとなりゆくといいうるでしょう。

加えて日清戦争ではまた、ラッパ卒・白神源次郎が死してもなおラッパを離さなかったというような「美談」がつくられます（もっとも、実際のラッパ卒は木口小平であったことがのちに明らかになりました）。息子の手柄を願う母を描いた「水兵の母」などとともに教科書に載り、日清戦争を国民の記憶として定着させようとします。

美談は、人びとが「国のため」に命をかけた物語に他なりません。そうした話や人びとへの共感によって、国民としての意識が内面化されるのです。国民国家の完成（システムAⅠ）が帝国主義（システムAⅡ）として実現していくのですが、そこに戦争が介在していた、ということになります。植民地の獲得は、国民意識をいっそう帝国主義に傾倒させていきます（植民地については、本章第三節で詳しく述べます）。

図2−1　「文明」と「野蛮」、「異界」の関係

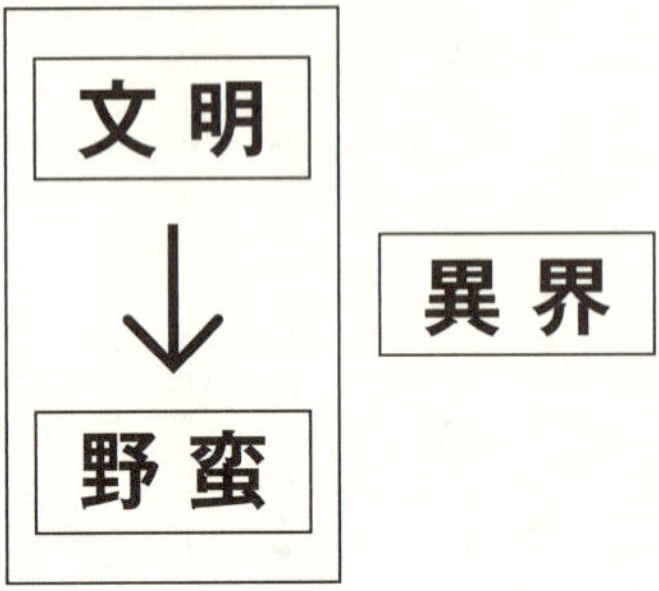

兵士たちが、清国や朝鮮は文明化していない（未開）という認識を持ったことをさきに紹介しましたが、馴致できない他者としての像も登場します。システムAⅠは、「文明」を価値のあるものとし、①「野蛮」を劣位に置くのですが、あわせて、②「異界」という存在もつくり出します。つまり、①帰属させうる他者＝「野蛮」（未開）とともに、②

「異界」という外部を設定していきます（図2―1）。「野蛮」が「文明」の内部の存在であるのに対し、「異界」は「文明」の外部に置かれ、容易ならざる他者として設定されます。当初は「異界」は、（国内の）スラムなどを念頭に置いていたのに対し、帝国主義化したシステムAⅡとなると、（国外の）植民地に焦点をあわせていきます。

台湾の先住民を「生蕃《せいばん》」と差別用語で呼びましたが、漢民族化した先住民は「熟蕃」と線引きをしていました。「熟蕃」は「野蛮」に、「生蕃」は「異界」に、それぞれ該当するものとして区別し、より微細な線引きを、他者に対し行っています。

(2) 戦後の動き

戦争のあとの国家財政の運営を、「戦後経営」といいます。日清戦後経営は大幅な積極予算で、予算規模は日清戦争前の二倍となりました。清国からの巨額の賠償金を組み入れていますが、大赤字の大型予算です。地租をはじめ、酒税や所得税の引き上げ、営業税の新設、たばこの専売化など、大増税を伴っています。国債の発行もなされましたが、間接税の増税が大きいことが特徴的です。

歳出では、軍備拡張に賠償金の多くが投入されました。ロシアを仮想敵国とし、海軍では大型機関・大型主砲の建艦競争に乗り出します。陸軍も、近衛師団・六個師団から、近衛師団・一二個師団とされます。師団は、平時は一六万人、戦時に五四万人で、あらたに、第七師団（札幌、のちに旭川）から、第一二師団（小倉、のちに久留米）までが増設されました（第八師団・弘前、第九師団・金沢、第一〇師団・姫路、第一一師団・善通寺）。沖縄には、連隊以上の部隊は置かれていません。

このとき、各地で、師団や連隊を誘致する動きが見られました。この時期の都市の発展の一つの道は、軍事都市となることでした。敷地の提供を申し出た市もあります（飯塚一幸『日清・日露戦争と帝国日本』二〇一六年）。もっとも、逃亡などによる徴兵忌避も増えています（菊池邦作『徴兵忌避の研究』一九七七年）。人びとの心性がことごとく軍国化したわけではありません。

日清戦後経営は、こうした「軍備拡張」を軸としつつ、あわせて「産業育成」と「植民地経営」を行っていきます。鉄道を拡大し、一八九六年には製鋼所の設立を図り、福岡県八幡《やはた》村に建設を始めます。

八幡製鉄所は、一九〇一年に操業を開始しました（当初は単に「製鉄所」と呼ばれていました）。筑豊炭田の石炭を用い、原料の鉄鉱石は、主に清国湖北省の大冶鉄鉱を使っていました。レールや機械のための鋼材生産を行います。

鉄道は、一八七二年に完成した新橋―横浜間から、一八八九年の新橋―神戸間の東海道本線へと、次々に拡大していきます。官営鉄道と民営鉄道とが鉄道網を整備し、民営の日本鉄道会社が上野―青森間を、同じく民営の山陽鉄道会社が神戸―下関間を開通させました。これまでの海運から陸運へと移行し、鉄道が敷かれたところが拠点となり、あらたに発展していきます。鉄と石炭、鉄道の時代がもたらされます（図2―2）。また紡績業が活性化し、開発されたインドのボンベイ航路により綿花の輸入が増えます。綿花の輸入→綿糸の輸出となり、綿糸の輸出が輸入を上回り、貿易構造が変わっていきます（石井寛治『日本の産業革命』一九九七年）。

図2—2　1907年末の鉄道網（国有鉄道）

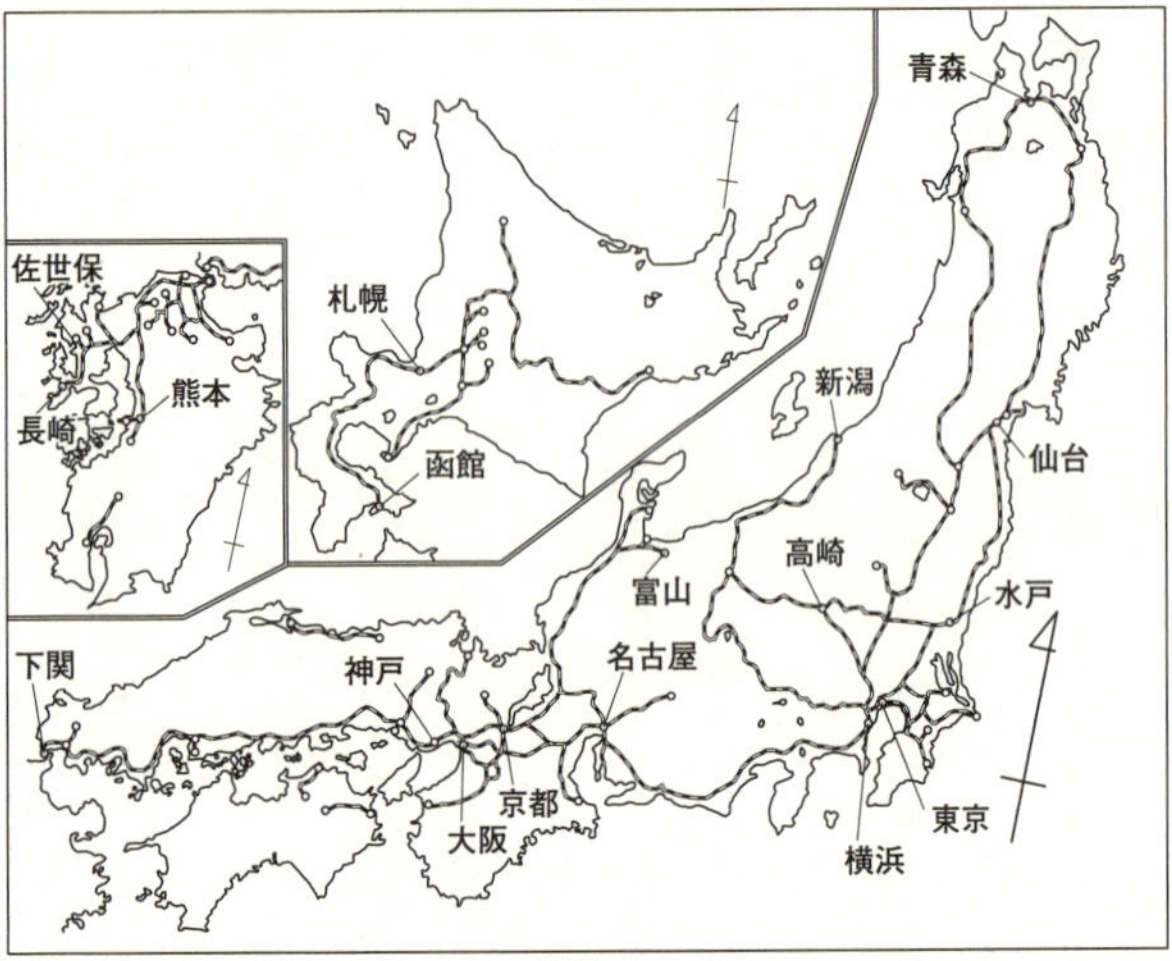

（『運輸省三十年史』〈1980年〉などをもとに作成）

政治の動きも急速です。日清戦争後には、（軍拡に傾く）伊藤博文と、（軍拡とともに産業化を重視する）松方正義のあいだで、戦後経営の方針をめぐり亀裂が生じます。伊藤と松方が交代して内閣をつくりますが、（第二次）伊藤内閣は自由党、（第二次）松方内閣は（対外硬派の運動を推進してきた諸派が結集し、一八九六年に結成された）進歩党と提携しての内閣運営です。

ここに、第三の勢力として、依然として藩閥を代表する山県有朋と

（かつて対外硬派の一つであった）国民協会の存在も無視することはできません。複雑なありようですが、日清戦争後に巨額の賠償金を得たことが加わり、国民国家日本のシステムの変化の兆しが見えてきたということです（以下、この項は飯塚一幸、原田敬一の著作に多くを拠っています）。

（松方内閣のもとで）金本位制が採用され、欧米と同じ制度としたことは、こうしたなかでの動きです（一八九七年一〇月）。アメリカ・ヨーロッパとの貿易を有利に進められることとなり、一ドル＝二円というレートも固定化されていきました。

そして、ついに自由党と進歩党とが合同し、憲政党が結成されます（一八九八年六月）。憲政党によって、藩閥内閣に対抗し、大隈重信を首相、板垣退助を内務大臣とする内閣がつくられました。一八九八年六月三〇日に誕生した、いわゆる隈板《わいはん》内閣で、さいしょの政党内閣といってもよいかたちを有しています。憲政党は選挙でも圧勝し、官僚体制の変革にも踏み出し、藩閥勢力の基盤を揺るがそうとします。

隈板内閣の誕生は、あとに触れる日清戦争後のデモクラシーに連なる動きといえないこともありません。戦争のあとには、一般的に、①戦争に参画したことにより、見返りとしての権利を主張する動きが見られ、あわせて、②戦争による被害への補償を求める動きが現れます。隈板内閣は、非藩閥――準政党内閣として、日清戦争後の人びとの改革的な心性の、政界における表現といえるでしょう。

しかし、政党はまだまだ脆弱《ぜいじやく》です。隈板内閣はわずか四カ月で崩壊し、藩閥のみならず、離反した旧自由党にも見限られ、退陣してしまいます。議会を開くこともないままの崩壊でした。

後継の第二次山県有朋内閣は、政党内閣に反対する元勲たちによって生み出されます。増税がなされるのはこの山県内閣のときです。

（かねてより、課題となっていた）地租増徴に対しては大きな反対がありましたが、地価修正派を巻き込み、地租条例改正が可決されました。軍拡の財源を、（地価修正を含む）地租を増税、すなわち地主に負担させることとしたのです。加えて、あらたに動きが見えてきた労働運動、農民運動の取り締まりのために、一九〇〇年に治安警察法が制定されました。

治安警察法は、違法行為を取り締まることを眼目として制定されたのですが、第五条は女性の政治活動を禁止し、第一七条はストライキや団体交渉権を制限しており、労働運動や社会主義運動の取り締まりに威力を発揮しました。

山県内閣＝藩閥内閣のもとで、システムＡＩの政策的な変容がなされていきます。そのため、政党がもたらす影響を懸念した政策が目につきます。政党員が官僚となることを防ぐための文官任用令の改正・文官分限令の制定を行いました。さらに、陸軍大臣と海軍大臣を現役の大将・中将に限ることとしました（軍部大臣現役武官制）。実際、この措置はのちに大きな歯止めとなりゆきます。

けれども、山県有朋といえども、藩閥そのままで、すなわち超然主義を維持するままでのシステムの変容は難しく、基盤たる「国民」の拡大――選挙権の拡大を行います。選挙権者は直接国税一〇円以上に、また被選挙権者の納税の制限がなくなります。

政党勢力の浸透といったとき、決定的な出来事は、元老である伊藤博文が、一九〇〇年に立憲政友会を結成したことです。藩閥に属する伊藤ですが、政党政治の必要――趨勢《すうせい》を感じ、自ら政党をつくり出しました。西園寺公望や金子堅太郎ら、伊藤に近い人びとが加わり、システムＡⅡに向けての動きが見えてきます。政党は人びとと接し、その声を拾いあげることが可能であるとともに、人びとの側も政党を介し政治的な主体――国民となる道が開けます。伊藤は実業家や商工業者に呼びかけるとともに、民党の一部を組み込みながら新たな政党結成を図り、実現に持ち込みました。

というのは、このとき民党は混迷しており、憲政党は隈板内閣崩壊の前後から内部分裂を起こしていました。憲政本党（旧進歩党系、大隈重信ら）と、憲政党（旧自由党系、板垣退助ら）との分裂ですが、憲政党の星亨は「減税による民力休養」という路線から転換し、政府主導による経済発展を主張し、憲政党は解党して、立憲政友会に参加することとします。

星は、鉄道や道路、港湾など社会資本の充実による地域の振興を図り、政界に参画しようとしました。立憲政友会の根幹をなす政策となる積極政策です。星が伊藤の動きに呼応したのですが、このことは、民党の側からも、システムの修正を行いながらシステムに参画する動きが出されたということを意味します。その結果、立憲政友会は議会の過半数を占める政党となりました。有権者層の拡大と共振する動きで、システムの推移―政党政治への道―社会資本の充実―地域の振興―地主政治からの移行が連鎖的に起こり、結合していきます。

この動きは政局にとどまらず、自由民権運動のなかで結成された自由党が、（敵対していたはずの）伊藤博文のもとに合流することでもありました。一貫して政府を批判する幸徳秋水は「自由党を祭る文」（『万朝報《よろずちょうほう》』一九〇〇年八月三〇日）を書き、「嗚呼《ああ》自由党死す」と批判しました。幸徳の立場は反システムともいうべきものです。幸徳については、後述しましょう。

ただ、立憲政友会における伊藤の指導力は思うように発揮されません。立憲政友会を背景にした第四次伊藤内閣において閣僚ポストをめぐる紛糾があるなど、システムがスムーズに推移したわけではありません。しかし、ここに見られる動きは、国民国家の体制（システムAⅠ）が、東アジア情勢のなかで修正され、あらたに帝国主義化（システムAⅡ）の様相を見せていくという動きに他なりませんでした。

(3) 東アジアの流動化

日本国内の動きは、東アジアの動きと連動したものでした。日清戦争後に、東アジアはさらに流動化し、朝鮮では、国王・高宗を中心にロシアに接近する動きが強くなります。その代表を王妃・閔妃とみなした日本軍人と壮士たちが、王妃を殺害する事件を起こします(一八九五年一〇月)。背後には、日本の特命全権公使・三浦梧楼《ごろう》がおり、日本があらたな国際情勢のなかで、引き続き朝鮮を支配しようとするための謀略でした。

しかし、この事件によって、朝鮮内部では、反日・反開化の義兵たちが運動を起こします(初期義兵)。また、高宗は一八九七年一〇月に国号を大韓帝国とし、皇帝に即位しました。韓国を、清国、日本と対等な国であるとしたのです。開明的な政策が推し進められ、日本の韓国(朝鮮)への影響力は大きく後退しました。

他方、清国に対しては、一八九六年暮れのドイツの膠州《こうしゅう》湾租借要求に始まり、列強が次々に軍事的圧力をかけます。アメリカが、「門戸開放宣言」を各国に通知し（一八九九年）、その傾向はいっそう強くなりました。

こうした列強の侵略によって、清国では、人びとが土地を失い失業するなど経済的な危機が深刻化し、一八九九年、山東省で義和団の蜂起が起こります。義和団は拳法を武器として「扶清滅洋」を唱え、排外主義的な主張を持つ結社でした。ドイツ軍と衝突し、翌一九〇〇年には、さらにその勢力範囲を広げていきます。

義和団は、さまざまな階層の人びとを取り込みながら、キリスト教会や鉄道の焼打ちなどを行い、北京《ペキン》の各国公使館を包囲しました。その救出を理由に、日本軍を主力とする八カ国連合軍（日本のほかにロシア、イギリス、フランス、ドイツ、オーストリア、イタリア、アメリカの七カ国）が派遣されますが、この八カ国に清国が宣戦布告をしたため、事態はさらに複雑化します。

結局、清国内で実権を持つ西太后《せいたいこう》らが逃亡し、八カ国連合軍が北京を占領しました。北清事変です。連合軍は、北京において三日間兵士に略奪を許可しました。北京を占領された清国は、一九〇一年九月に北京議定書を結び、四億五〇〇〇万両《テール》の賠償金を支払い、外国軍の駐留を認めるなど、帝国主義国による分割が進行していきます。

日本は、北清事変に際し、もっとも多くの兵力を送り込み、「極東の憲兵」といわれました。日本がイギリスの手先となっているという認識であり、東アジアの民族運動を抑える役割を担っているということです。

この事態を指標として、日本が帝国主義に転化した――システムAⅡへと移行したということになります。

日本はこのころ、いわゆる三国干渉の影響下にありました。下関講和条約に対し、ロシア、フランス、ドイツが、遼東半島の清国への返還を求めたのです。日本は代償金を受け取り、それに応じましたが、背景にはロシアの東アジア進出がありました。ロシアは、清国での鉄道の敷設権、遼東半島の旅順・大連の租借権を得たうえ、さきに記したように、韓国（朝鮮）もロシアに接近していました。

ロシアは、東アジアに大きな勢力を有し、北清事変の際にも満州に軍隊を派遣し、その後も撤退せず占領を続けました。

このとき、日本の外交は、「日英同盟」（山県有朋・桂太郎ら）か、「日露協商」（伊藤博文ら）かを模索しています。背後にあるのは、いかに韓国を確保するかということです。韓国への侵略がさきにあっての、方針の検討となっています。そのため、この選択肢は対立していたわけではなく、イギリス・ロシアとの協調の方策を探るものでした。韓国の支配を自明視し、ほかの選択肢が出されなかったことが、システムAⅡに入り込んでしまったことの証左となります。

結局のところ、現実的には前者に傾き、日英同盟（一九〇二年）を結びます。ともにロシアへの対策を図っていたことに加え、イギリスは南アフリカでの戦争が長期化しており、日本との同盟を結びました。他方、日本はロシアとは、「満韓不可分」として満州を交渉の場にあげたうえで、「満韓交換」という方向で交渉を行います。「満州」をロシアがとり、韓国に日本の支配が及ぶように図ります。日本は、こうして東アジアの支配に本格的に乗り出していきます。

並行して、日本の近代法、すなわち欧米法的な法体制を確立させます。一八九九年に国籍法が制定されます。

また、日本への帰属が確定した沖縄の地方制度も、これまでの旧慣温存政策を転換し、一八九八年には徴兵令を施行します（宮古・八重山諸島は一九〇二年）。さらに、衆議院議員選挙法も（宮古・八重山を除き）一九一二年の総選挙から実施されました。

北海道でも、先述したように一八九八年に全道で徴兵令が施行され、選挙も一九〇四年に全道で実施されました。これらの地域においては、システムＡⅠが、帝国主義化するＡⅡの時期に完成するのです。システムＡⅠとＡⅡとの近接性を示す出来事です。

システムＡⅡに関わる、思想の動向に触れておきましょう。日本が西洋列強とともに、東アジアのなかに進出することと即応し、この時期、「日本」とは何か、のみならず、「世界のなかの日本」が探られます。正確にいい直せば、世界の文脈のなかで、日本を語る試みがなされます。

新渡戸稲造の『武士道』（英文、一九〇〇年）が、アメリカのフィラデルフィアで刊行されたのは、ちょうどこの時期でした。新渡戸は、日本には宗教教育が不在であると考え、それに代わり「日本人」の善悪や正義の観念を形成するものとして、武士道を抽出します。

日本に、キリスト教に比肩しうる道徳の伝統があることをいい、「武士道」の説明として、「武士の掟」――「高き身分の者に伴う義務」（ノーブレス・オブリージュ）を持ち出しています。西洋に向けて、日本を『武士道』によって押し出しました。

『武士道』と同じように「日本」について論じた本としては、一八九四年刊行の内村鑑三『代表的日本人』（英文。当初『日本及び日本人』のタイトルで刊行されたものを、一九〇八年に改題）、志賀重昂《しげたか》『日本風景論』があります。また、英語圏の知識人に直接に訴える手法に焦点をあわせれば、岡倉天心の動きが目につきます。岡倉もこの時期、次々に英文で著作を刊行しています。『東洋の理想』（ロンドン、一九〇三年）、『日本の目覚め』（ニューヨーク、一九〇四年）、『茶の本』（ニューヨーク、一九〇六年）などです。

岡倉は、文明／野蛮の対抗に、「西洋」批判を重ね合わせます。日本が戦争という野蛮をなしたときに、文明国として（その日本を）認知する西洋への批判です。この論理が、そもそも、西洋の特徴—自慢と、日本の特徴—内省という差異の強調へと至ります。

徳川思想史の整理もなされます。井上哲次郎は、江戸期の思想をあらためて、朱子学／古学／陽明学として分類—整理しました（『日本陽明学派之哲学』『日本古学派之哲学』『日本朱子学派之哲学』一九〇〇—〇五年）。井上は「日本民族特有の精神」を腑分《ふわ》けしようとしたのです。文明化に先立つ日本の財産（文化資源）の検討といえます。

システムAⅡへの移行によって、あらたに「日本」が、アジアや世界の文脈で問われ、それに応じようとする営みです。もっとも、新渡戸は、『武士道』を刊行したあと、台湾総督府へ赴任します。システムAⅡが、日本の覇権を内包していることは重要です。

(4) 社会問題へのまなざし

こうしたなか、日本ではナショナリズムの動きとデモクラシーの運動とが交錯します。システムAⅠの展開のもと、AⅡへの推移が戦争によってなされますが、帝国主義化が検討され、帝国主義化を推し進める方向と、それとは異なる方向を探る運動との競い合いが見られます。

別のいい方をすれば、日清戦争の勝利があり、それに干渉する動きがあったのですが、排外主義の動きはそう簡単には広まらなかったということです。たしかに、ジャーナリズムによって「臥薪嘗胆《がしんしょうたん》」のスローガンが掲げられますが（一八九五年五月、三宅雪嶺が「嘗胆臥薪」として『日本』で主張）、それを唱える『読売新聞』も『日本』も部数はさして伸びません。逆に、政府批判をする『万朝報』は部数を日清戦争前の二倍にしています。

一八九二年一一月に創刊された『万朝報』は、花柳界をはじめとする社会面の記事を売り物にするとともに、藩閥批判――政府批判を行います。社会改良を基調とする『万朝報』は、淡い赤色の用紙で廉価でもあり、購読者を増やしていきます。『二六新報』（一八九三年一〇月創刊。いったん休刊ののち一九〇〇年二月に復刊）も、財閥・三井家批判のキャンペーンを二カ月にわたって張り、廃娼運動を推進したり、労働者大懇親会を企画するなどの動きを見せました。

一方で、ナショナリズムを基調とする雑誌『太陽』が一八九五年に創刊され、同誌を中心に高山樗牛《ちょぎゅう》が「日本主義」を説きます。しかし、樗牛は「新しき日本」（一八九九年。ただし、掲載は『中学世界』）を説きます。元老が「凋落《ちょうらく》」し、政治界のほか、法曹界でも、文芸、宗教でも「新人物」が「覇権」を握る日本を主張し、あらたな担い手によるナショナリズムを唱えるのです。樗牛は、「権利という思想」が、旧来の「情誼《じょうぎ》的道徳」に代わる日本を見ていました。システムの変容に敏感に対応しているということでもあります。

また、『太陽』の創刊も、博文館の日清戦争後における雑誌の整理の結果であり、この時期にほとんどすべての新聞・雑誌は「方針の転換を行なった」（飛鳥井雅道『近代文化と社会主義』一九七〇年）とされています。『国民之友』がこの時期に廃刊していること（一八九八年）は、日清戦争後にあらたな事態が現れたことを物語っているでしょう。

小説の世界でも、悲惨小説、社会小説と呼ばれる小説が書かれるようになります。内田魯庵《ろあん》『社会百面相』（一九〇二年）は、

戦争以来実業が勃興したといふのが間違つてる。何が勃興してゐるもんか、更に進

歩しないと云つても宜しい、畢竟《ひつきよう》空株の空相場が到る処に行はれたので一時に事業が起つたやうに見えたが、本《も》と〳〵が空腹に酒を飲んだやうなもんで

と、戦後の風潮に批判的です。

社会問題への言及もなされます。その一つは、都市のスラムへの言及です。すでに日清戦争前から、探訪記者と呼ばれる記者たちが、スラム住人の風体をして入り込み、ルポルタージュとして報告していました。故郷としての農村のつてを頼りに、大都市に出てきている人びとがつくり出す世界です。都市スラムには、職人層が解体したことで行き場を失った人びとや、かつての支配者であった士族層から没落した人びともいました。貧窮者が、そのゆえに集住する地域です。

松原岩五郎が、『国民新聞』に連載した『最暗黒之東京』（一八九三年）は、そういったルポルタージュの代表的なものです。しかし、ここではスラムは（一般社会から隔絶され、一般社会とは異なった）別世界――「異界」として認識されていました。そこに記者たちが入り込み、観察の結果を報告していました。文明のまなざしからスラムという異界を探訪

し報告するさまは、文明国の人間が野蛮（異界）の地を探険する姿勢を思わせます。システムＡＩのふるまいです。

これに対し、日清戦争後には、横山源之助『日本之下層社会』（一八九九年）のような、あらたな認識と報告を生み出します。横山は（同じく新聞記者ですが）「人数の多を占むる下層社会に意を置くことをせず」「工女が身の上に就《つい》ては一瞥《いちべつ》の注意だも与へず」といい、スラムを一般社会――文明の「下層」に位置づけ、スラムと一般社会を同質のものとして把握しました。

横山は探訪という手法ではなく、統計を用い、数字によって都市の下層社会に接近します。したがって、スラムのみならず、当時、職工、女工と呼ばれていた労働者や、小作人たちにも言及し、社会のなかのあらたなリアリティの発見と表現が試みられました。

下層民の収入は、日清戦争により実質二〇パーセント上昇しており、食べるものも、これまでの「残飯」から脱し、米食に移行しつつあることを横山は明らかにしますが、そのとき「安価な外米」（南京米《ナンキンまい》か台湾米）が多く、植民地を有した日本帝国の構造と接していることも浮上します。下層民もすっぽりとシステムのなかに包摂され、組み込まれているのです。同時に、システムAⅡのもとで生起した現象を、横山はそれに同化せずに見据える視線を有していました。

さらに、横山は、日清戦争を「労働問題の新紀元」といいます。日清戦争後に、機械工業の活性化によって「労働問題」「貧民問題」が起こり、日本は「漸次欧米の社会問題に接近せんとす」（『日本の社会運動』一八九九年）と述べました。

先進の国民国家を（文明ではなく）「問題」の観点から捉え、日本がそれと類似の方向に進んでいると横山は批判的に言及しています。戦争に限定せず、文明化ゆえのこととして、目の前の問題を把握しようという姿勢です。「運動」に着目した横山は、システム転換の時期にシステムの亀裂に目を向け、システムを批判する姿勢を見せた、ということができるでしょう。

横山の観察と認識は、日本における資本主義が確立していく時期——産業革命の時期にさまざまな賃労働の形態があったということに対応しています。

近隣の農村から女性たちが働きに出るほか、単身で遠くの工場や鉱山に出稼ぎに行ったり、一家をあげて地域の中核的な都市へ移動したりしています。横山は、大都市の「下層社会」に移り住み、労働している人びとを軸に、日本社会の悲惨なありようを描き出したのです。ちなみに、ずっと後、アジア・太平洋戦争後になってから製糸業（マニュファクチュア）や紡績業（機械制工業）に着目し、出稼ぎ女工を典型的な賃労働と把握する議論が提供されました。「出稼型」の議論です（大河内一男『社会政策の経済理論』一九五二年）。日本の資本主義をヨーロッパやアメリカに比し、異なった型として特徴づけるのです。しかし、横山の観察は、のちの学者たちの理論に比してもずっとリアリティを有しており、みごとな日本社会の分析になっています。

さきに日清戦争後の紡績業の発展に言及しましたが、産業革命についていくらか言及しておきましょう。近年では、産業「革命」といっても、イギリスでの成長率はさほどではなかった、という議論があります。革命というよりは、もっとゆっくりとした変化であったという議論です。しかし、日本のばあいには、大きな変化が見られたことが指摘されています（中村尚史「地方からの産業革命・再論」二〇一六年）。

また、イギリスの紡績業では、熟練の男性労働者が使うミュール紡績機が採用されていましたが、日本では一八九〇年代には、植民地向けの改良リング紡績機がほぼ一般的となり、熟練を要しない作業工程となっています（ジャネット・ハンター『日本の工業化と女性労働』、阿部武司・谷本雅之監訳、二〇〇八年）。そのために、紡績業に従事する女工が増え、労働のようすも変化しました。

あわせて、政府主導の「上からの資本主義化」だけではなく、地域名望家による、産業発展もなされました。たとえば、福岡県では、地域政治家や企業家たちが三池土木、三池紡績などを興し、炭鉱や紡績、あるいは鉄道などを経営していきます（中村尚史『地方からの産業革命』二〇一〇年）。

他方、日清戦争後には、ひろくデモクラシーの動きが見られます。システムAⅡによってもたらされた事態に対する、反システムの動きです。四つの動きを指摘することができます。

第一は、労働問題に直面した労働者たちによって開始された動きです。かれらは、長時間労働、低賃金、労働環境の劣悪さ、そしてそのことと相応する世間の視線の冷淡さに不満を感じ、労働組合をつくり、労働争議を行いました。

また、女性の労働者——女工たちが、賃金の引き上げなどを求めてストライキを起こします。

高野房太郎（再建・職工義友会、一八九七年）は、

立て職工諸君、立つて組合を組織し以て其重大なる責務と其男子たる面目を保つを務めよ、諸君の前途は多望なり　要する所は不抜の精神と不屈の意志のみ

（「職工諸君に寄す」）

とかれらを励ましました。身を律し、志を持ち、（さきに見た）「通俗道徳」の実践によって、主体を確立するようにいいます。団結は、そのための手段でした。「職工」とは蔑《さげす》

みを込めた呼び方であり、一般社会からの脱落者とみなされることが、少なくない状況でした。「職工義友会」という名称には、そうした社会のまなざしを、主体的に克服しようという決意が見られます。

また、片山潜は、高野とともに一八九七年に労働組合期成会を結成し、各地で労働組合の組織化を図るとともに、工場法の成立を促進しようとします。さきの治安警察法は、こうした動きを抑えようとしたものです。

工場法とは、過酷で劣悪な労働条件を改善し、労働者を保護しようという法律です。イギリスでは、すでに一八〇二年以降、たびたび制定されていました。議論の焦点は、労働時間と、女性や子どもの労働の規制にあります。一八三三年に成立した「一般工場法」では、九歳未満の子どもの雇用禁止、一八歳未満の年少者の労働時間の制限（一三歳未満は一日九時間まで、一三歳以上一八歳未満は一日一二時間まで）および夜業の禁止が定められました。

日本では、一二歳未満の子どもの就業を禁止し、一六歳未満の年少者と女性について一二時間を超える就業と深夜業を禁止することを主な内容として、ようやく一九一一年に公布されます。しかし、適用される工場は一五人以上の規模とされたほか、例外規定も多かったうえ、施行はなんと五年後の一九一六年のことでした。

第二の動きは、都市部での動きです。一九〇一年に黒岩涙香《るいこう》、堺利彦、幸徳秋水、内村鑑三らによって、理想団が結成されます。理想団は社会改良団体として活動します。黒岩は『万朝報』の社主でしたが、東京ではそのほか、『二六新報』『毎日新聞』などの記者たちが紙上に健筆をふるうのみならず、街頭に出て活動しました。また、木下尚江と中村太八郎によって、長野県松本で一八九七年に結成された普通選挙期成同盟会による普通選挙運動が、東京においても展開されます。中村らは、富者が選挙権を独占することにより、富者はますます富み、社会は不平等になると訴えました。さらに、二年後の一八九九年、幸徳秋水らが加わり、東京で同名の組織をつくります。

こうした動きを背景に、第三の動きとして、初期の社会主義者たちの活動があります。

この時期には社会主義者といっても、キリスト者であったり、人道主義者であったりするため、徐々に社会主義に接近していくということで「初期」と呼びならわされています。のち、一九二〇年前後になって本来的な社会主義者が現れるという認識が背後にあります。

一九〇一年に、片山潜、木下尚江、安部磯雄らによって、さいしょの社会主義政党である社会民主党が結成されます（二日後に禁止されます）。社会民主党は、「貧富の懸隔」の解決を図り、そのために「純然たる社会主義と民主主義」を採用すると宣言します。「理想綱領」として人類平等や軍備全廃などを掲げ、さらに「行動綱領」として貴族院廃止や普通選挙実施、治安警察法廃止などを掲げます。

同党は、土地、電車やガス、電気などの公益企業の市有化を主張しますが、これは片山潜の『都市社会主義』（一九〇三年）の実践の主張でもありました（隅谷三喜男『片山潜』一九六〇年）。

また、社会民主党の結成に加わった幸徳秋水は、『社会主義神髄』（一九〇三年）を著し、現時の問題として「長時間の労働」「苦痛」「窮乏」「無職業」「餓死」をあげ、「吾人は近世文明の民たるに於て、真に自ら慶す可き乎《か》、真に自ら誇る可き乎。否、是れ疑問也、然《しか》り大疑問也」と喝破しました。文明に対する、真正面からの批判です。

そして、「殖産的革命の功果」――産業革命はなったけれども、「人道、正義、真理」に合致しなかった、といいます。人道や正義、真理を現さなければならないとし、幸徳は「貧富の懸隔」の防止を、強く主張します。

今日の社会を救ふて其苦痛と堕落と罪悪とを脱せしむる、貧富の懸隔を防止するより急なるは無し。之を防止する、富の分配を公平にするより急なるは無し。之を公平にする、唯だ生産機関の私有を廃して、社会公共の手に移すに在るのみ。

これを幸徳は「社会主義的大革命」といい、「科学の命令する所、歴史の要求する所、進化的理法の必然の帰趨」としました。現在起こっている「長時間の労働」や「窮乏」は文明化ゆえの問題であるとし、同時に、「人道」「正義」「真理」である「貧富の懸隔の防止」＝「富の分配の公平」をいうのです。

幸徳は、力強い文体で、文明化のもたらす問題に、あらたな価値を対置しようとします（山泉進『平民社の時代』二〇〇三年）。文明化とその改革を主張する議論が、漢文体で記されていることは、興味深いことです。

第四の動きとして、田中正造の活動が見逃せません。田中は民権運動を経て代議士となりましたが、足尾銅山の鉱毒問題に取り組みます。足尾銅山は、鉱毒を渡良瀬川に流出したため、川が汚染され魚が異変を起こします。洪水のときに、付近の田畑が荒廃するのみならず、人命にも被害が及びました。

田中は、鉱毒で亡くなった人びとを「非命ノ死者」といい、ひろく生存権と人権の観点から、被害民に向き合います。銅山を経営する古河鉱業や、それを擁護する政府と対決していきます。一八九一年には、帝国議会で足尾銅山の鉱毒について質問し、その後も銅山の操業停止を繰り返し求めました。

大洪水によって被害が拡大することもあり（一八九六年）、一八九七年には被害民が「押出し」と呼ばれる請願運動を行います。さらに『万朝報』などのジャーナリズムも支援し、東京で演説会が開かれるなど、大きな運動として展開されていきます。田中は、常に先頭に立って行動します。

政府もまた、鉱毒調査委員会を設置しますが、問題は解決しません。一九〇〇年には、ついに被害民と警官隊とが衝突する事態となってしまいます（川俣事件）。

こうしたなか、田中は議員を辞職し、天皇に直訴することを試みました。直訴は失敗しますが、その文章を幸徳秋水が起草しています。田中と幸徳とが結びつく条件が、日清戦争後には生じていたのです。

このあと、鉱毒問題を「解決」するため、政府は栃木県谷中《やなか》村を遊水地にし、渡良瀬川の洪水を防ぐ方策を立てます。鉱毒問題が治水対策へと転化されることになるのですが、人びとにとっては、あらたに立ち退き問題が生じました。そのため、田中は、こんどは谷中村に移り住んで抵抗しました。文明化とそれゆえの問題の噴出に、田中は「亡国の民」への危機意識を持ち対抗したのです（小松裕『田中正造』一九九五年）。

本章で記してきたように、システムAⅡの過程が日清戦争によって、内実化していきます。国民国家の制度ができあがるとともに、植民地領有という帝国主義化がなされ、人びとの意識もそれによって馴化され、日本国民——帝国臣民の意識がもたらされました。しかし、この過程は大きな矛盾ももたらしたため、初期社会主義を含むデモクラシーの動きが登場しました。システムAⅡに内在し、そのための対抗となっていく動きが現れたのです。

こうした動きは、さらに流動化する東アジア世界のなかで、拡大し再生産されていきます。ロシアの満州占領に対し、第二次撤兵期限のころから、対露強硬論が強まってきました。一九〇三年六月には「七博士意見書」が出されるなど、開戦論が目立つようになり、新聞もまた、開戦を主張し始めます。非戦・反戦論を掲載していた『万朝報』も、とうとう一九〇三年一〇月八日、「言論」欄に、日本とロシアの開戦は避けられないという社論（「戦は避く可からざるか」）を掲げ、国民の戦争協力を主張するに至ります。

このため、同日夜に、非戦派の幸徳秋水、堺利彦が退社の決意を表明し、内村鑑三も翌日に退社を決めます。『万朝報』一九〇三年一〇月一二日の紙面には、内村、および幸徳・堺の連名の文章、および社主・黒岩による三者の退社についての記事が掲げられます。

戦争は大きな意味合いを持ち、システムＡⅡの流れを加速させます。しかし、幸徳・堺はあきらめません。一〇月二三日に平民社を結成し、一一月一五日に週刊『平民新聞』を創刊、非戦と反戦の主張を継続していきます。

幸徳と堺の発刊した週刊『平民新聞』創刊号は、「人類同胞をして、他年一日平民主義、社会主義、平和主義の理想境に到達せしむる」ための機関紙であることを、高らかに唱えました（「発刊の序」）。五〇〇〇部を売りつくし、さらに三〇〇〇部を刷るという評判で、多くの人びとの支持を得ました。

しかし、『平民新聞』は日露戦争開始後、急速に部数を減じていきます。戦争が始まるまではそれなりに議論がなされても、いったん戦争が開始されるとショービニズム（排外主義）が吹き荒れ、反対の意見を消し去ってしまいます。

そうしたなか、『平民新聞』は主張を貫きます。開戦直前の一九〇四年一月一七日号には、あらためて同紙の「非戦論に関する前諸号の記事」一覧を掲げるとともに「吾人は飽くまで戦争を非認《ママ》す」と主張しました。開戦後の一二月一八日号にも「非戦論を止めず」を掲載します。はじめのうちは、敵国となったロシアの同志（社会主義者たち）との交歓から、さらにロシアの革命運動の様相についても紙面に掲げていきました。

日露戦争と日清戦争との相違は、初期社会主義者のほかにも、非戦の動きを生み出したことです。さきの内村鑑三のほか、歌人の与謝野晶子や、大塚楠緒子《くすおこ》も非戦の感情を伝えています。

2　東アジア世界と日露戦争

(1) 日露戦争の過程

日露戦争は、一九〇四年二月四日の御前会議で開戦を決定、二月六日に国交断絶を通達し、二月八日に仁川《インチヨン》でロシア艦隊と交戦し、旅順港のロシア艦隊を攻撃するという経過で始まります。陸軍は、朝鮮半島に上陸し、さらに遼東半島にも大軍を送り込みます。
さいしょの大規模な衝突は、一九〇四年八月二八日—九月四日の遼陽《りょうよう》会戦です。日本軍一三万四五〇〇人、ロシア軍二二万四六〇〇人が動員された大きな戦いでした。また、旅順の会戦では、一九〇五年一月一日にロシア軍の降伏があり、一月一三日に乃木《のぎ》希典《まれすけ》・司令官が率いる日本軍が占領しますが、日本軍は一万五三九〇人という多くの戦死者を出しました。

さらに、一九〇五年三月一日からは奉天《ほうてん》会戦が始まり、激戦が続きます。このように、戦場となったのは清国でした。日本もロシアも、他国を戦場として戦ったのです。

海戦も、五月二七日—二八日に（東郷平八郎が率いる）連合艦隊と、（ロジェストベンスキーが率いる）バルチック艦隊とが対馬海峡で砲火を交え、激しい戦いとなりました（日本海海戦）。ウラジオストクに向かうバルチック艦隊を、連合艦隊が待ち受け、大激戦のすえにロシア艦は三八隻中の一九隻が沈められ、五隻が捕獲されました。

他方、ロシアでは、一九〇五年一月、首都・ペテルブルクの宮殿前に日露戦争の中止やさまざまな権利の保障を求めて人びとが集まったところ、軍隊が発砲する出来事が起こっています（血の日曜日事件）。事態はさらに拡大し、革命への動きとなったため、ロシアは、日本との戦闘の継続を望んでいませんでした。日本もこれ以上戦闘を続ける余力がなく、一九〇五年九月一日に休戦協定を結び、アメリカ大統領・ローズヴェルトの仲介で、九月五日、ポーツマス講和条約を結びます。ポーツマス講和条約は焦点となった韓国（朝鮮）における日本の優越権を認めるほか、満州に関わり、日本の鉄道の敷設権と遼東半島南端（関東州）の租借権の「譲渡」を取り決めました。また北緯五〇度以南の樺太を日本に「譲渡」しましたが、賠償金の支払いはなされません。ロシアは日本に敗北したという意識を持たず、こうした内容となっています。

日露戦争で、日本軍は戦死・戦病死者八万四〇〇〇人、負傷者一四万三〇〇〇人と多くの犠牲者を出し、ロシア軍の戦死・戦病死者は五万人、負傷者は二二万人といわれています。日本のばあい、日清戦争と比べると死者・負傷者が格段に多くなっています。それだけ大規模な戦争であり、人びとの負担も疲弊も多大なものとなりました（井口和起『日露戦争の時代』一九九八年)。

一九〇七年には、戦傷者のために廃兵院が設置されます。とくに村の人びとの犠牲は大きく、村々には日露戦争の忠魂碑が多く建てられました。

しかし、そうであるがゆえに、軍神たちが登場します。乃木希典や東郷平八郎のほか、旅順港の封鎖に参加したおり、一兵卒の安否を気遣い戦死した広瀬武夫や、遼陽会戦で戦死した橘《たちばな》周太が軍神とされ、のちに唱歌となったり教科書に記述されたりします。また、奉天会戦の三月一〇日を陸軍記念日、日本海海戦の五月二七日を海軍記念日とし、さらに靖国神社の春季例大祭四月三〇日(一九〇六年の陸軍凱旋《がいせん》観兵式)や、秋季例大祭一〇月二三日(一九〇五年の海軍凱旋観艦式)も、日露戦争に由来して決められています(原田『日清・日露戦争』)。

北清事変を慰問した奥村五百子《いおこ》によって設立された愛国婦人会(一九〇一年)が飛躍的に増大したのも、日露戦争を契機としています。

加えて、アジアの小国である日本が、ヨーロッパにまたがる大国・ロシアに「勝利」したことは、アジアのなかで反響を呼びました。後年、初代のインド首相となるネルーが、日本の勝利が「アジアのすべての国々に大きな影響をあたえた」と述べたことはよく知られています。しかし、ネルーは、この勝利が日本を帝国主義国に加えた、ということもあわせ述べます（一九三二年一二月。引用はネルー『父が子に語る世界歴史』第三巻、大山聰訳、一九五四年）。また、清国をはじめ、たくさんの留学生が日本にやって来ます。ファン・ボイ・チャウ（ベトナム）は、日本への留学運動に関わりました。

この時期の政治の体制は、桂太郎と西園寺公望とが交代で内閣を担当するものでした。日露戦争中に、桂から西園寺への政権譲渡が決められ、戦争後の一九〇六年一月には、立憲政友会総裁である西園寺が組閣をします（第一次西園寺内閣）。

一九〇七年、山県有朋の案をもとに「帝国国防方針」が策定されました。仮想敵国をロシアとし、それにアメリカ、ドイツ、フランスを加えます。陸軍の兵力は、平時二五個師団を目標とします。一個師団は、師団・旅団の司令部、歩兵四個連隊＋騎兵・砲兵連隊、さらに野戦病院など約一万八五〇〇人ですので、大幅な人員増加を要求しています。また、海軍は戦艦八隻、装甲巡洋艦八隻の「八・八艦隊」を定めます。ロシアのバルチック艦隊を大破したにもかかわらず、大規模な海軍力の増強が目立ちますが、イギリス海軍の肩代わりと考えられ（小林道彦『日本の大陸政策　１８９５―１９１４』一九九六年）、システムＡⅡへの移行の指標ともなります。

このあと、桂太郎が第二次桂内閣を組織しますが、当初こそ対抗が見られたものの、やがて立憲政友会との提携を行います。同時に、桂もあらたな政党の結成をもくろみ、確実に、（藩閥政治ではなく）政党政治に流れが向かっていきます。のちの桂の「立憲統一党」の構想は、元老級の藩閥政治家を軸に、衆議院のみならず、貴族院そして官僚組織にまでまたがるものでした（千葉功『桂太郎』二〇一二年）。桂は、緊縮財政と、日露による「満蒙《まんもう》分割」をいい、システムＡⅡを推進します。

一九一一年一月には、桂首相と西園寺、さらに立憲政友会の原敬《たかし》、松田正久の会談が行われ、「情意投合」が話し合われ、公表されました。

しばしば桂太郎は山県有朋の系譜で藩閥型、西園寺公望は伊藤博文の系譜で政党型とされますが、システムAⅡへ移行するときの二つの型とする方が、桂園内閣期とも呼ばれるこのかんの動きをよく理解できるでしょう。そして、双方が妥協と対抗をはらみながら政権交代を行い、政党政治へと向かっていったのです。

しかし、この型の相違は、システムに与《くみ》せず、反システム運動を展開しようとする社会主義者たちにとっては、大きな差異となります。第一次桂内閣のもとで、『平民新聞』は第六四号をもって廃刊とされます（一九〇五年一月）。この号は、マルクスやエンゲルスらの『新ライン新聞』最終号に倣って、全ページを赤い活字で組んでいます。

これに対し、第一次西園寺内閣は穏健派の存在を容認したため、一九〇六年、日本平民党（西川光二郎ら）、続いて日本社会党（堺利彦・幸徳秋水ら）が結成されました。（社会民主党が結成二日後に結社禁止になったのに対し）、日本社会党は本格的な合法の社会主義政党として活動し、『日刊　平民新聞』（一九〇七年）を創刊、機関紙としました。東京の電車賃値上げに対して、反対運動を組織し参加するなどの活動を行います。

（２）戦後の変化

日清戦争以後、とくに日露戦争後は、農村に変化が及んでいきます。さまざまな物資を、農村でも購入することとなります。また、農事改良の試みがなされました。

しかし、農村の疲弊は、日露戦争後にはさらに深刻になり、所有していた馬を軍馬として徴発されたことによって農作業に支障が出ます。なによりも日露戦争では、たくさんの戦死傷者があり、従軍者を出した農家は打撃を受けました。凶作――天候不順がそれに追い打ちをかけました。凶作を、徴兵と徴発が拡大していったのです。

たとえば、群馬県勢多郡北橘《きたたちばな》村『出征軍人帰郷後状態取調書』（一九〇六年四月六日）には、日露戦争に出兵した兵士たちのその後が調査されています。ある後備歩兵一等卒は、「不在中ノ家業減縮ト昨年度ノ凶作トニヨリ生計目下困難」「左腕上膊《じようはく》部ノ貫通銃創ニヨリ身体異常、労働ニ就クニ堪ヘズ家計頗《すこぶ》ル困難」と記されています。この元一等卒は負傷のため農作業ができないうえ、凶作のなかで、生活が困窮したのです。

ほかの兵士たちの記述も同様に、「生計ハ困難」の文字が目立ちます。こうした農村の荒廃を立て直し、帝国主義の基盤としての農村を強固にすることが、日露戦争後の課題となります。

そのためにとられた方策が、内務省による地方改良運動です。一九〇八年一〇月一三日に出された戊申《ぼしん》詔書がその目的を示しています。戊申詔書は、日露戦争後の社会の混乱を指摘し、奢侈《しやし》を諫め「勤倹」をいい、華美や怠惰に陥らないように戒めています。

日露戦争後の「臣民」（国民）のあるべき道徳を説くのですが、天皇の名で出され、「上下心ヲ一ニ」して、倹約し勤勉に働くことを要請します。かつて幕末期の人びとが、危機を乗り越えるために自己鍛錬したはずの「通俗道徳」が、いまや人びとを統合するための「国民道徳」に転化していることがうかがえるでしょう。

人びとにとっては、目の前にある危機に対応するときに、たしかに倹約や勤勉は有効な方策です。幕末の激動期も、そのようにして切り抜けてきました。戊申詔書は、そうした人びとの自発性を天皇（制）と結びつけ、日露戦争後の危機を打開するための方策でした。

あらたな、システムＡⅡの内実がうかがえます。

地方改良運動の名称は、一九〇九年七月の地方改良事業講習会に由来します。町村の財政を立て直すためにさまざまな試みがなされ、各地で郡市町村の官吏や有力者を集め、地方改良事業講習会を開催しました。

日露戦争によって疲弊した農村のために、政府―内務省が音頭をとり運動を組織して税の滞納を整理し、それぞれの部落が共有する林野を統合して基本財産とするなどし、さらに貯蓄の励行や地方産業の振興が図られます。

旧来の自然村落である字（部落）の持つ財産（共有林）を統合して町村の財力を高め、町村財政を整備しますが、あわせてその障害となる神社の整理や合祀《ごうし》も行いました。町村合併を推し進めるとともに、多数あった神社を統合し一町村一社とし、小学校も統合したのです（宮地正人『日露戦後政治史の研究』一九七三年）。自発性を喚起しながら遂行される官製運動ですが、システムＡⅡに対応していました。

また、地方改良運動では納税組合や貯蓄組合、あるいは農会・産業組合などの勧業団体を設立することも奨励しました。青年団、在郷軍人会などの団体の設立も促します。こうした中間団体をつくりあげることによって、国家による統制を強化しようとするのです。村の側からいえば、さまざまな集団を利用して、国家が村の秩序に入り込んできたということです。

そもそも村には、自発的・自生的な集団があります。たとえば、青年会はその代表です。広島県に生まれた山本滝之助は、小学校を卒業後、役場勤めののち小学校教師となりますが、その山本が、一八九〇年に青年会をつくったことが一つの画期でした。山本は、一八九六年には『田舎青年』を出版し、農村青年たちが、自ら修養し、互いに高め合うための集団をつくりあげます。

この青年会が青年団として官製化されるように、日露戦争後、自発的につくりあげられた集団が、国家によって包摂され、制度化されていきます。すなわち、青年団の指導者に小学校長や町村長をあて、そのことを通じて青年たちを統制する一方、地域の名望家をもあわせて組織化します。戦争のとき、後援での奉仕活動によって官僚や軍部に注目されていた青年会は、地方改良運動の過程で内務省が本格的に指導するようになり、国家目的に沿った修養と奉仕の団体となりゆきます。

加えて、報徳会や農会、婦人会、処女会などの自発的な諸団体も組織化され、地方改良運動の推進母体となります。戊申詔書に見られた、自発性の組織化――通俗道徳による統合が、ここにうかがえるでしょう。

いまひとつ、あらたな地域の組織化もなされます。産業組合や在郷軍人会がそうした組織で、後者は一九一〇年に帝国在郷軍人会（半官製団体）という全国組織もつくられます。予備役・後備役と町村有志の親睦・後援組織であった軍人会が、画一的に統合されたものでした。

こうして帝国主義の社会的な基盤が生み出されていきますが、それは、日露戦争後の農村に文明――近代の制度が持ち込まれ「改良」を行い、合理的な運営を行うという動きでもありました。システムＡⅡに対応する動きであり、たとえば村にはこれまでの鎮守がなくなり、字の単位での付き合いが行政村という制度のもとでの行き来に取って代わられます。

地方改良運動は、こうした自発性に基づく「改良」であるため、政府はさまざまな手立てをとります。その一つは、政府が音頭を取って町村是を設定し、模範村を選び、中心となる人物を表彰することです。

模範村として顕彰されたところは、自らの町村を克明に調査・分析し、国是・県是に沿って町村是を作成し、運動を推進します。地方改良運動を率先して推進した町村有力者・地域名望家が、模範人物として顕彰されました。

町村是もまた、すでに自発的に制定する動きが見られていましたが、地方改良運動のなかで、上から奨励され、枠づけされていきます。たとえば、福井県国高村の村是は、「地理」「風教」「実業」「村治」「資産」「負債」などに分かれ、「風教」では「風俗習慣の矯正」「実業教育の普及」、あるいは「実業」では「稲作の改良」「肥料の改良」や「園芸の奨励」から養蚕・養鶏の「奨励」が掲げられています（『福井県史』通史編第五巻、一九九四年）。

副業を奨励し農業の改良をいうなど、誰もが願い、反対しえない事項が、官の主導により、文明化を推進する運動として展開されることになります。村の産業化――文明化を図る試みが、そのまま国策と接合していき、その接点に町村是が位置するのです。戊申詔書に見られた動きと軌を一にし、通俗道徳の正統化ということに他ならないでしょう。

かつて農村を立て直し、個々の家を守り抜くにあたって効力のあった倹約や勤勉などの通俗道徳であるがゆえに、人びとの主体的なエネルギーを引き出しうるということでもあります。

そのほか、地方改良運動では、日常生活の改良をいい、旧暦による生活ではなくあらたな暦を用い、国家が設定した祝祭日を祝うなど、文明に基づいた生活を推進します。学校行事を除いて、なかなか人びとの生活に浸透していなかった祝祭日を、町村の次元において定着させ、「国民」意識の育成を図るのです。このことは、村の祭礼や旧暦による休日の慣行をつくり替え、結果的に休日を削減して、勤勉と倹約を励行することに通じていきました。

むろん農村といっても、大地主が主導権を持つ村と、中小地主、さらには自作農の上層者たちが指導力を有するところとでは、差異が見られます。しかし、官製の運動が、地域の指導者たちの自発性と呼応しながら、文明化の運動として（すなわち、システムＡⅠの徹底＝システムＡⅡへの移行として）地方改良運動が展開していきました。

都市部においても、同様の動きが見られます。大都市のスラムに、「貧民学校」と呼ばれた、公立・私立の夜間小学校が設けられます。さらに、山室軍平の救世軍による社会事業や賀川《かがわ》豊彦のスラムでの救済事業も、こうしたシステムの移行のなかでの動きということになるでしょう。

帝国主義というシステムＡⅡに移行し、そのシステムを支える社会的な基盤がこうしてつくられていきます。ことばを換えれば、国家が人びとの生活世界に入り込んできたということです。このとき「地方改良」として、すなわち文明化――近代化を掲げて、これまでの秩序と異なる、あらたな支配秩序をつくり出したところにシステムＡⅠからシステムＡⅡに推移する、日露戦争後の時期的な特徴が見られます。

こうした動きを背景に、日露戦後経営がなされます。ここでも軍拡が大きな軸となります。陸軍は、日露戦争前は一三個師団、戦時中に一七個師団の体制となっていましたが、日露戦争後に一九個師団へと膨張します（第一三師団・高田、第一四師団・宇都宮、第一五師団・豊橋、第一六師団・京都、第一七師団・岡山、第一八師団・久留米）。ロシアに対する備えが、軍拡を貫きます。このときにも、師団の誘致がさかんでした。

社会資本の整備もなされ、港湾、河川の整備が図られます。重工業の拡大・整備とあわせ、動力源として電力業の発展を促します。水力発電に力が入れられ、東京圏への送電を目的として、一九一二年には、鬼怒川に黒部ダムがつくられました（鬼怒川水力電気）。

特記すべきは、一九〇六年の鉄道国有法です。以前から議論されていましたが、戦時の物資、兵隊輸送のためもあって、鉄道の九一パーセントが国有化されることになりました。また、本格的な植民地経営に乗り出します。システムＡⅡのもとで、植民地経営は大きな意味を持ちます。

3　台湾と朝鮮

二〇世紀への転換期、綿業を軸とした産業が東アジアでは展開します。インド産の原綿を用い、イギリス領インドのボンベイ（ムンバイ）などとともに、日本の大阪・神戸の綿業が台頭します。

日本（大阪）から清国（中国）へ綿糸が輸出され、綿布に加工されます。競争は熾烈でしたが、一九一〇年代には日本産綿糸が優位となります。

さらに、日本からは綿布のほか、マッチや石鹸《せっけん》、洋傘などの日用雑貨品――「アジア型近代商品」（秋田茂）が東アジア、南アジアに輸出されます。アジアの伝統的な消費構造に適応した、機械化により製造された商品です。

こうした動きは、植民地化と並行しています。植民地支配は、日本のばあい、戸籍によっています。内地の戸籍と、朝鮮の朝鮮戸籍（民籍）、台湾の戸口規則があり、相互の移動は婚姻・養子縁組を除いて禁止しています。植民地の人びとを、帝国臣民としながら、戸籍の違いにより「日本人」「朝鮮人」「台湾人」としたのです（遠藤正敬『戸籍と国籍の近現代史』二〇一三年）。

いまひとつ、植民地とは何か、といったとき、大日本帝国憲法が施行されていない地域という答えもあります。台湾統治のときに検討され、（当初は）内地延長ではないという方針が選択されました。したがって、植民地には議会がなく、この地の人びとは（日本人も含め）選挙権を有していません。（のちのアジア・太平洋戦争の末期に至るまで）兵役の義務もありません。

また、義務教育も認められませんが、一九一一年の（第一次）朝鮮教育令、一九一九年の（第一次）台湾教育令で、教育勅語の「旨趣」によって朝鮮・台湾の人びとを「忠良ナル国民」にすることが取り決められます。台湾総督府の初代学務部長・伊沢修二は、教育の必要性を強く主張していました。もっとも、植民地の初等教育機関に、御真影はほとんど交付されてはいませんでした。

植民地については、まずは、台湾をめぐる動きとなります。日清戦争の下関講和条約により、台湾を領有した日本は、一八九五年六月に台湾総督府を設置し、初代総督に樺山資紀（海軍大将）が就任します。いまだ、台湾征服戦争のさなかでした。加えて、台湾の統治方針や法的な位置づけは、すぐには定まりません。

台湾事務局が設置され、日本国内と異なる制度をとるか、内地の延長として同じ制度を適用するかをめぐり、議論がなされます。一八九六年三月に台湾総督府条例が制定され、総督は現役武官制——陸海軍の大将か中将が就任することとし、また、「台湾ニ施行スヘキ法令ニ関スル法律」も制定され、台湾総督が（法律の効力を有する）律令《りつれい》を公布する権限を有することとしました。

第四代総督の児玉源太郎は、民政局長（のち民政長官）に後藤新平を任命、後藤はイギリス型に類似する特別統治主義を採用します。台湾社会の慣習を利用した旧慣温存政策をとり、地域共同体を残し、そこに日本人警官を配置します。大日本帝国憲法は適用せず、いったん内地延長主義を斥けました（小林『日本の大陸政策　1895—1914』）。しかしこのことは（自活を与える）イギリス型に準拠したことを意味しません。憲法を適用せず帝国臣民としての権利と義務を与えないまま、さりとて、あらたな権利の容認もしません。（憲法を適用し同化を旨とする）フランス型とも異なる植民地支配がなされます。

そして、後藤は、鉄道、港湾、水道などのインフラストラクチャー――社会資本の整備を行い、社会施設を充実させ産業発展を図る方針のもと、植民地経営を遂行します。

このかん、台湾では、二年間の猶予のなかで、清国に渡ってもよいと、国籍選択の自由を与えました。しかし、台湾には、そもそも日本統治への反対があり、中国系住民や先住民たちの抵抗がなされたことは、さきに記したとおりです。

台湾総督府は、先住民たちを教化の対象としましたが、駐在所に四年制の「教育所」を設置し、警察官がその担い手となっていました。「強制的な集団移住と原住民に対する徹底的な「国民教育」」（星名宏修『植民地を読む』二〇一六年）がなされるのですが、霧社事件（一九三〇年）という大きな蜂起を引き起こすに至ります（翌一九三一年「理蕃政策大綱」を定め、「理蕃は蕃人を教化し其の生活の安定を図り一視同仁の聖徳に浴せしむるを以て目的とす」

〈大綱第一項〉としました)。
台湾は、南進論の拠点として位置づけられていきます。このあと、台湾は、アジア・太平洋戦争で日本が敗北し統治権を放棄するまで、日本の植民地となります。

台湾を植民地としたことに伴い、日本ではこのあと、東経一三五度の「中央標準時」のほかに、もう一つの標準時を持つことになります。付け加えられたのは、「西部標準時」です。一八九五年一二月に、台湾の西を通る東経一二〇度を「西部標準時」(台湾、澎湖諸島、八重山諸島、宮古諸島に適用)としました。時差は一時間でした(一九三七年まで続く)。

この後、一九〇一年一一月三日より、新聞『日本』の題字部分のデザインが変更され、題字のバックに描かれている日本地図に台湾が組み込まれるようになります(三谷『日本の近代とは何であったか』)。帝国意識が自明化します。

いまひとつの植民地は、朝鮮半島です。日露戦争後から、日本は満州をめぐって、アメリカと対立します。このことは、連動して、韓国(朝鮮)をめぐる日本国内の動きを強めます。

朝鮮半島に関しては、すでに日露戦争のさなかに（一九〇四年二月二三日）、日韓議定書が取り交わされていました。韓国が日本の保護下に入るという内容です。三次にわたる日韓協約により、韓国から主権国家としての権限を奪い、保護国化を進めていきます。これまで韓国（朝鮮）の「独立」をいってきましたが、方針が変わります。システムＡⅡが本格化しました。

日露戦争後の一九〇五年一一月に、第二次日韓協約（いわゆる韓国保護条約）を結び、日本は韓国の外交権を奪います。韓国統監府を置き、初代統監には伊藤博文が就きました。

伊藤は、「段階的併合」として韓国の統治を構想しており、山県有朋や桂太郎ら、急進派とは異なっていました。また、高宗はオランダのハーグで開かれた万国平和会議に密使を派遣し、国際社会に条約の無効を訴えようとします。伊藤は、高宗を退位させ、韓国の行政権・司法権を奪い、韓国軍の解散を命じる第三次日韓協約を強要します。一九〇七年七月のことでした。ロシアはなかなか同意しませんでしたが、第三次日韓協約調印の六日後の七月三〇日、日露協約付属の「秘密協約」により承認をとりつけます。ここから日本の韓国併合へと進んでいきます（海野福寿『韓国併合』一九九五年）。日本は、ひきかえにロシアが満州北部、外蒙古を勢力範囲とすることを承認しました。

韓国内では、こうした動きに対し、一九〇五年から「義兵運動」が起こります。韓国軍が解散されると、軍人たちもこの運動に加わりました。伊藤博文は、そうした運動を抑制するために、幼い皇太子を日本に留学させます。図2―3は、日本の着物を着た皇太子・李垠《イウン》と伊藤の写真です。伊藤が保護者のようにして、李垠に寄り添っています。しかし、韓国内での反対運動は根強く、伊藤は統監の辞任を申し出ます。

また、伊藤はロシアとのあいだで、満州をめぐる調整をするため、一九〇九年一〇月、ハルビンに向かいました。このとき、ハルビンの駅頭に立った伊藤を、韓国人の安重根《アンジュングン》

図2―3　伊藤博文と大韓帝国皇太子・李垠

が銃で狙撃し暗殺します。安重根は志士でしたが、単独で伊藤を暗殺したかについては、諸説があります。

伊藤の暗殺は、韓国併合の時期を早めることになりました。「韓国併合ニ関スル条約」（韓国併合条約）は、一九一〇年八月二二日に調印、二九日に公布され、韓国を植民地化します。調印式に先立って、同日開かれた韓国での会議では、日本政府は要求を受諾させるため、懐柔策などさまざまな工作を行っています。

条約締結により、朝鮮総督府が設置され、初代の総督には陸軍大臣の寺内正毅《まさたけ》が就任しました。国号は「朝鮮」とし、「李王家」という王族をあらたに設けます。

この韓国併合は、「帝国主義列強」と成り上がった大日本帝国が、朝鮮の人びとを「国民統合」においては排除しつつ、「文化統合」においては包摂したということができます（駒込武『植民地帝国日本の文化統合』一九九六年）。

日本のなかでは、韓国併合をことほぐ動きが大多数を占めます。いくつかの例外として、併合反対が見られるにすぎません。そのひとりである石川啄木は、「地図の上　朝鮮国にくろぐろと　墨をぬりつゝ　秋風を聴く」（『創作』一九一〇年一〇月）とうたいました。この歌を含む三四首の短歌は「九月の夜の不平」と題されていますが、この歌は歌集『一握の砂』には収録されません。

併合後の朝鮮は、（台湾と同様に）大日本帝国憲法の対象から除外されます。（論理的には）憲法の施行地なのですが、憲法の各条章を具体的に施行しない「異法域」とされました。したがって、議会の発言権は、朝鮮に及ぶことになります。

植民地政策として教育に力が注がれるとともに、土地調査事業に乗り出します。土地の所有権を調査し、その不明な土地を国有地に組み入れ、さらに総督府はその土地を日本企業に払い下げました。

また、森林法によって、農民たちの共同所有の森林を国有林とし、近代的所有権の考え方によって、取りあげていきます。このとき注目すべきは、土地調査は「量田」として、これまで朝鮮王朝が推進していた政策であり、その継承――便乗であったということです（宮嶋博史『朝鮮土地調査事業史の研究』一九九一年）。（これまた台湾と同様に）植民地とした地域の制度や慣習を日本は利用し、植民地統治に用いています。システムAⅡが一筋縄ではいかない様相がうかがえます。

京城（日本の植民地統治時代のソウルの呼称）にどのような職業の日本人が多かったかというと、一九一一年六月の時点で、「官吏」、「商店員」、「雇員」、「下女」、「大工」という順になっています（高崎宗司『植民地朝鮮の日本人』二〇〇二年）。釜山も同様で、官吏に商人たちが次いでいますが、日本人社会には、日本人による朝鮮人差別とあわせ、上層の日本人による下層の日本人差別がありました。『朝日新聞』の京城特派員・中野正剛は、

内地人の朝鮮人に対する時は、必ず其声調に一種侮蔑的脅迫的意味を含まざるはなし。

と述べています（『我が観たる満鮮』一九一五年）。その中野さえも朝鮮人を「鮮人」と記

したりするのですから、差別意識には根深いものがありました。使用人に、勝手に日本名をつけたり、「朝鮮人のくせに」といったりするなどの侮蔑的な行為は頻繁に行われたといいます（高崎『植民地朝鮮の日本人』）。

しかし、小学校の教師で彫刻家・浅川伯教《のりたか》は朝鮮の美術品を再評価し、弟の巧は林業試験所でカラマツのあたらしい育成法を開発するなど、少数ながら、朝鮮人たちと付き合い交流した人びともいました。

大日本帝国は、公式的には「植民地」ということばを用いていません。一九二〇年代末からは、公式に「外地」ということばを使用しています。植民地＝外地では、法律と同等の効力を持つ命令＝律令が出されました。（これまで記してきたように）一般的に、植民地支配をめぐって、①本国の延長とするか、②現地での動きを重視するか、という二様の支配方式があります。

フランス型の同化主義か、イギリス型の自治主義かということと重なってきますが、さきに記したように日本においては、大日本帝国憲法を植民地に適用しないまま、②の方針も基本的には容認しません。そのため、台湾における議会設置運動は、日本の植民地政策への抵抗運動という側面を持ちました。

また、植民政策学が、総督府の支配と摩擦を起こす局面も生じます。矢内原《やないはら》忠雄『帝国主義下の台湾』(一九二九年)は、植民地統治の立場を崩していないものの、総督府に対しては批判的な姿勢を示しています。

植民地化とは、その地での動きに接続しながら、あらたな支配を浸透させ、宗主国の支配を強化することにあります。台湾にせよ、朝鮮にせよ、その地における自発的な発展を阻害していくことが植民地化ということになるでしょう。

植民地では、宗主国がその利益追求のために、鉄道や道路、あるいは工場、さらに電信・電気やダムなど、さまざまな施設をつくります。そうした社会基盤――インフラストラクチャーは、地域の産業化を促進するとともに、その進展を宗主国に委ねることとなりました。自らの手による近代化のコース設計とは異なるもので、植民地的な近代化ということになります。植民地のもとでの「近代化」をどのように考えるかは、まだ議論が始まったばかりです。システムＡⅡの複雑な様相とともに、誰が誰に向けて議論するかということも加わり、多くの論点を抱え込んでいます（宮嶋博史・李成市《リソンシ》・尹海東《ユンヘドン》・林志弦《イムジヒヨン》編『植民地近代の視座』二〇〇四年）。

台湾のばあい、台湾鉄道が南北を縦貫し、台湾内の三市場圏を網羅し対内地貿易（砂糖、米、木材など）、そして対米貿易の規模が大きくなったという議論が出されます。

文化的には、文明を軸とした統合の局面が顕著に見られます。台湾の先住民を「生蕃」「理蕃」と呼び、「理蕃道路」を建設することなどは、その典型です。また、「日本化」も組み込まれ、神社はその一つでした。台湾神社は（近衛師団長で、台湾で死去した）北白川宮能久親王を祀り、「征服」とともに、「開拓」の神をもあわせて祀っています。

いまひとつ、南洋群島にも触れておきましょう。一九世紀から二〇世紀への転換期、日本にとって「南洋」とは、小笠原諸島を中心に、伊豆諸島（北隅）、大東諸島（西端）、ミッドウェイ諸島（東端）に囲まれた領域として認識されていました。南限は不明確でしたが、全体としては北西太平洋の海域の大部分と重なっていたといいます（石原俊『〈群島〉の歴史社会学』二〇一三年）。

はじめのうち、内地の人びとが渡航しても生計が立ちえません。しかし、八丈島に生まれた玉置半右衛門は、小笠原諸島への入植事業を請け負うかたわら、「一攫《いっかく》千金」をもくろみ、アホウドリの捕獲に乗り出します。まだ冒険家と実業家が地続きのころであり、そのことが領土の拡大と重なり、島々の資源が争奪の対象となっていきます。

多くは無人島でしたが、断崖絶壁、岩だらけの島に、アホウドリの捕獲と羽毛の採取のために「日本人」が赴き、村まで建設したといいます。ヨーロッパでは、羽毛は極めて高価であり、鳥島に進出した玉置半右衛門は莫大《ばくだい》な利益を得ました。

明治期の日本は鳥類の輸出大国であり、羽毛のみならず、剝製も作製し輸出していました。ちなみにアメリカは、良質な肥料となる海鳥の糞（グアノ）を求めており、そのために中部太平洋の島々は両国が競合していました。

しかし、作業は「出稼ぎ労働」としてなされ、生活物資の補給が困難で、衛生環境も悪く、「苛酷な空間」でした。アホウドリは人間を恐れないため「撲殺」され、その数を大きく減らしてしまい、そのため、二〇世紀初頭には人びとの行動範囲が広がることとあわせ、目的が鳥類から、マッチの発火剤や焼夷弾や発煙弾などの原料となるリン鉱の採掘へと転換することともなりました（平岡昭利『アホウドリを追った日本人』二〇一五年）。

一九〇八年、日本と南洋群島との交易を行っていた資本が合同して南洋貿易株式会社を結成し、島々に支店網をつくりあげ、「南洋開発」を本格化させます。小笠原諸島、硫黄《いおう》諸島には人びとが渡り、農業入植地となっていきました。小笠原諸島では、コーヒー、バナナ、パイナップルなどが栽培されますが、主力を占めるのはサトウキビ栽培と製糖業であり、蔬菜《そさい》の栽培でした。硫黄諸島でも同様に、サトウキビの栽培と製糖のモノカルチャー経済が定着します（石原『〈群島〉の歴史社会学』）。これは帝国主義の経済が他所の経済に介入し、生産体系――生活体系を破壊していった例に他なりません。システムAⅡの持つ問題性は、このように伝播していきます。他所の経済を一方的に利用し、その生産力を低位にとどめておくのです。

第二章　デモクラシーと「改造」（一九〇五―一九三〇年）

1　都市の騒擾と民本主義

　システムの交代期には、しばしば世代の交代が重なっています。日露戦争後にもそうした動きが見られ、あらたな世代によって、システムAⅡが促進されていきます。日露戦争後の世代には、「享楽的傾向」や「懐疑、煩悶《はんもん》」などの傾向が見られました。先行する世代が持った「粗野」「剛健」、あるいは「立身出世」「成功」への焦燥感とは、明らかに異なる傾向が見られる世代です。

　かつての世代が有した国事への関心に対し、あらたな世代では個人主義思想が広がったといわれ、自然主義文学――文学思潮では伝統的規範からの「個」の解放に目が向けられたとされます（岡義武「日露戦争後における新しい世代の成長（上）」『思想』一九六七年二月）。

こうした世代の登場を背景に、デモクラシーとナショナリズムが関わりあった動きが見られます。この動きは、第一次世界大戦を経て一九三〇年ごろまで続き、（明治期――日露戦争後に出発点を持つのですが）いまでは「大正デモクラシー」と呼ばれています。

基調は、デモクラシーの動きでした。しかし、帝国主義のもとでのデモクラシーであり、システムＡⅠの制度を、より内実化・社会化し、同時にそのもとでの主体――国民意識を培っていきます。

このとき、あわせて膨張主義・排外主義を伴っていることが、特徴的です。ナショナリズムに裏打ちされてのデモクラシーでした。出発点に位置するスローガンは、「内に立憲主義、外に帝国主義」と表現されています。

システムＡⅠでつくりあげられた制度を運用するとき、（膨張主義・排外主義を伴いながら）システムＡⅡとして展開していきます。システムＡⅡは帝国主義化の動きですが、人びとの国民としての主体的な営み――主体化が、帝国主義をつくりあげていくという過程に他なりません。

抽象的な議論となってしまいました。具体的な動きを見ていきましょう。この動きには、三つの勢力とその運動があります。第一の勢力は、都市における「雑業層」と「旦那衆」です。「雑業層」とは、都市でさまざまな職業に携わる人びと――「職工」、「職人」、「日雇い」、「人足・車夫」、「商店の雇い人」たちなどです。また、「旦那衆」とは中小商工業者で、しばしば「雑業層」の雇い主として商店や工場経営に携わり、生活の場では貸家を営み、(「雑業層」にとっての)家主であるといった人びとです。本来は、名望家として地域秩序の担い手となる人びとでした。

第二の勢力は、自由主義者たちです。それぞれにデモクラシーを主張しながら、ナショナリズムをあわせもっています。これまでの論者に比し、世代的に若い人たちで、しばしば政治学者で言論人でもあった吉野作造に代表されますが、民本主義者と呼ばれてきました。そして第三には、日露戦争前から活動していた初期社会主義者たちです。順番に見ていきましょう。

日露戦争後の人びとの動きは、日露戦争の講和条約（ポーツマス講和条約）への反対運動から始まります。一九〇五年九月五日に、東京の日比谷公園で講和反対の国民大会が計画されます。講和問題同志連合会の主催で、これまでの対外硬派の流れに位置します。

政府は大会を禁止し、日比谷公園を封鎖しますが、当日は朝から人びとが集まり、公園内になだれ込み、警官隊と衝突しました。この混乱のなかで大会が強行され、条約破棄を決議します。

主催者はこのあと演説会場に向かいますが、公園に集まった人びとは数千人の集団となり、（講和に賛成していた）国民新聞社を襲い、投石したうえ輪転機を破壊します。さらに内務大臣官邸を取り囲み、日本橋通りを駆け抜け、道沿いの警察署や交番、派出所を焼打ちします。この騒擾は、翌日、翌々日と続き、市電が焼かれ、キリスト教会や神田のニコライ堂も攻撃されるという大事件となりました（日比谷焼打ち事件）。

図2−4　日比谷焼打ち事件を伝える画報

（出典／『東京騒擾画報』〈『戦時画報』第66号、臨時増刊〉1905年）

政府は軍隊を出動させ、六日夜には戒厳令も布《し》き、七日にようやく事態を収拾しますが、死者一七人に加え、多くの負傷者を出しました。この騒擾の主体が、都市における「雑業層」です。日露戦争の影響を正面から受け、重税に苦しむ人びとでした。市電を焼打ちしたことは、「人力車夫」としての仕事が奪われたことへの不満の表れといえるでしょう（図2―4）。

「雑業層」は、非講和をいい、排外主義を主張し、ナショナリズムを前面に掲げながら、政府批判の運動を展開します。戦争に協力したにもかかわらず、報われないことを理由としていますが、選挙権を有しないために騒擾という形態をとります。システムAⅡから恩恵を受けずに負担ばかりを押し付けられる不満を、騒擾によって意思表示したのです。

こうした動きは、東京にとどまらず、横浜や名古屋、神戸などの大都市をはじめ、呉や富山など、地方都市でも見られました。日露戦争後は、都市民衆騒擾の時代として始まりますが、こうした騒擾は各地でことあるごとに起こるようになります（松尾尊兊《たかよし》『大正デモクラシー』一九七四年、藤野裕子『都市と暴動の民衆史』二〇一五年）。

このとき、「旦那衆」は日比谷公園に姿を見せていました。むろん、騒擾には参加しませんが、非講和――排外主義の心性を共有していました。

同時に、「旦那衆」は独自の活動も見せます。たとえば、東京では、ガス会社が値上げを見込んだ合併を図ったとき、あちこちで反対集会を開き、区会議員、市会議員を動かして値上げ反対の運動を行いました。ガスを利用する中小商工業者としての活動です。名古屋、神戸などでも、電車やガス、電気などの公益企業をめぐる「旦那衆」の運動が見られました。

とくに、借地権をめぐっては、弁護士たちの力を借りながら、借地権保護協会（一九〇八年四月）を結成し、借地人大会を開き、その立法化を図る運動を展開します。「旦那衆」

の多くは、借地のうえに住居や工場、店舗を建てていたのですが、日露戦争後に借地料が値上げされ（あるいは値上げを目的とした転売がなされ）、「旦那衆」の生活基盤が揺らいだことへの抵抗でした。

また、「旦那衆」は、日露戦争時に定められた塩専売、通行税、織物消費税に対する反対運動や、営業税反対運動などにも加わります。

こうして、都市においては、「旦那衆」という地域の有力者と、そのもとで生計を営む「雑業層」とが、ともに活動するという状況となります。地域秩序の担い手までもが運動に参加する一方、騒擾を伴う激しい形態の運動も展開され、地域全体を揺るがすような状況が現れてきています。システムAⅡが、それまでは背反していた階層を、背中合わせに結びつけたのです（成田龍一『大正デモクラシー』二〇〇七年）。

むろん、二つの勢力は別々であり、互いに協力するものではありません。しかし、弁護士たちは、借地権運動のときなど、「旦那衆」に協力するとともに、「雑業層」を庇護《ひご》する行動も見せます。日比谷焼打ち事件のとき、抜刀して「雑業層」に切りつけた警官たちを、弁護士たちは「人権蹂躙《じゅうりん》」という語を用いて非難しました。

さらに、ジャーナリストたちが、この二つの勢力――「雑業層」と「旦那衆」の動きを、それぞれ記事にします。新聞紙上では、(異なる勢力の別個の動きが)政府批判の動きとして重ね合わせられ、掲載されました。

また、新聞記者たちは、集会や演説会の予告を載せ、当日の様相、とくに騒擾を念入りに報道するとともに、自らも演説会や集会に弁士として参加していきます。東京のばあい、『万朝報』『二六新報』をはじめ、『都新聞』『東京朝日新聞』などには、そうした記事が掲載され、記者自身がその渦のなかで活動していました。

こうしたなか、「国民」あるいは「市民」ということばが多用され、国民大会、市民演説会として集会が開かれました。日露戦争後に、政府批判の広範な動きが「国民」の名のもとになされていきます。

かかる勢力――人びとの動きに着目したのが、自由主義者たちです。あたらしい世代

（一八七〇年代から八〇年代生まれ）の自由主義者たちが、日露戦争に勝利したがゆえのデモクラシーを主張します。国権の実現ゆえの民権の尊重であり、民本主義として論議されます。

民本主義は新造語です。（のちに触れる）雑誌『第三帝国』の主宰者である茅原《かやはら》華山がさいしょの使用者といわれますが、各人が多様に使用していました。

もっとも熱心に民本主義を唱えたひとりが、東京帝国大学で政治史を講じていた吉野作造です。吉野は、『中央公論』（一九一六年一月）に載せた「憲政の本義を説いて其有終の美を済すの途を論ず」で、民本主義を（「国家の主権は人民に在り」とする）民主主義と区別したうえで、「立憲政治」を説きます。

その立憲政治の根底に民本主義を置き、民本主義を「一般民衆の利益幸福並びに其意嚮《いこう》に重きを置くといふ政権運用上の方針」としました。「主権行用」に当たり、人びと（「民衆」といったり、「国民」「人民」といったりします）の「意嚮」を重視すべきであると主張しました。

この議論は、必然的に藩閥や元老を封建的で専制的な旧体制とし、「憲政」を対置することになりました。

あるいは、政治学者で、のちに政治家ともなる植原悦二郎は、「健全なる憲政の実現」に横たわる「障害物」として、「元老或は元老会議」、元老によって誤らされている「皇室の地位」「海陸軍の官制」「枢密院」「貴族院」「議会々期の制限」「教育制度」「我国民の好戦的性癖」をあげ、立憲政治の実現に必要なものとして「普通選挙」を挙げました（「我憲政発達の九大障害」『第三帝国』一九一四年一〇月五日）。

「皇室の地位」に関わって、植原は日本の立憲政治を「君主制立憲政治」とし、政治の責任に関し（「君主の神聖」は）「君主無責任、内閣全責任」でなければならないといいます。また、立憲政治を「元来国民の意志に依つて行はるゝ政治」とし、「国民」を基礎とする政治であるとしました。

さまざまな民本主義が、さまざまに主張されます。『中央公論』がその代表的な雑誌ですが、それにとどまりません。たとえば、植原が寄稿した『第三帝国』です。奇妙なタイトルですが、『第三帝国』は、「第一帝国」を（明治維新以前の）「覇者の帝国」、「第二帝国」を藩閥、財閥、党閥など「閥族の帝国」としたうえで、

第三帝国は、人民自ら覚醒して立ち　天皇と共に君民一体の立憲政治を行ふの帝国なりとせり。
（「第三帝国の意義」『第三帝国』一九一七年一一月一〇日）

としています。（さきに記したように）民本主義者たちは、基調として「内に立憲主義、外に帝国主義」という主張を持ち、民権と国権とを分かち難く結びつけ、国権が実現したがゆえの民権（＝民本主義）を唱えています。

国民を主体とした立憲主義をいい、そのことによる改革を主張するとともに、対外的な膨張は容認していました。実のところ、吉野作造も日露戦争に同調的でした。ことばを換えれば、民本主義者たちは大日本帝国憲法を前提とし、国民を基礎とする立憲主義の観点からこの憲法を再解釈していくのですが、帝国主義国としての日本は疑っていません。実際、当時、帝国主義の語は（のちのような）批判を込めたいい方では使われていませんで

した。さきに記したように、民本主義の議論は、帝国主義のもとでのデモクラシーということになるでしょう。これまでのいい方でいえば、システムAⅡのもとで、システムAⅠで設置された制度をあらためて運用——活用するという動きです。

民本主義の主張は多様であり、それゆえに互いに論争が行われます。また、民本主義に対する批判も根強くありました。

法学では、美濃部達吉が「天皇機関説」を唱えます。国家は法律上の人格を有し、法人としての国家が主権の主体となり、天皇は国家の最高機関となるという学説です。天皇大権は、憲法によって制限され、天皇の統治権の行使は国家の共同目標のもとに置かれる、としました(『憲法講話』一九一二年)。

民本主義的な憲法学説ですが、同じ憲法学者の上杉慎吉は、(天皇機関説は)天皇による統治を理論上排斥するものとして、真っ向から批判し、論争となりました。上杉は、自分は天皇を主権者とするが、美濃部は「人民全体の団体を以て統治権の主体」とすると、批判していいます（上杉慎吉「国体に関する異説」『太陽』一九一二年六月）。しかし、天皇機関説が学界の主流となっており、日露戦争後のあたらしい風潮が示されているでしょう。

こうした民本主義の潮流は、しばしば急進的自由主義の相貌を持ちます。三浦銕太郎《てつたろう》は、『東洋経済新報』で「大日本主義乎小日本主義乎」（一九一三年四月一五日―六月一五日）という問題提起を行っています。大日本主義は「領土拡張と保護政策」であるのに対し、小日本主義は「内治の改善、個人の自由と活動力との増進」を手段とすると主張しました。三浦は大日本主義の「禍根」をいい、台湾や朝鮮、南樺太を領有することの「国民的の大浪費」を訴えました。よりよき国民国家を目指し、その観点からの大日本主義批判――小日本主義の提起ですが、ぎりぎりの地点まで踏み込んでいます。「満州放棄乎軍備拡張乎」（『東洋経済新報』一九一三年一月五日―三月一五日）という論考も同様です。システムAⅠを推し進めながら、帝国主義化であるシステムAⅡの方向を批判しています。

しかし、この三浦の論考に対しても、すぐに批判が出されています。

女性たちも、あらたな動きを開始します。平塚らいてうによる良妻賢母思想への対抗は、その代表でした。

元始、女性は実に太陽であつた。真正の人であつた。
今、女性は月である。他に依つて生き、他の光によつて輝く、病人のやうな蒼白い顔の月である。

よく知られた一節です。平塚らが起こした青鞜《せいとう》社の雑誌『青鞜』の創刊号（一九一一年九月）に掲げられた、平塚の文章の書き出しです。

当時の女性の文章といえば、もっぱら擬古文でしたが、平塚は伸びやかな文体で力強く論じています。青鞜社は、「女流文学の発達」を図り、それぞれの「天賦の特性」を発揮させ「女流の天才」を生み出すことを目的としていました（「青鞜社概則」第一条。岩田ななつ『文学としての「青鞜」』二〇〇三年）。

平塚らが批判の対象とし、向き合っていたのは、良妻賢母思想です。「良妻」「賢母」の名のもとに、①女性たちを「妻」として私的な領域（＝家族）に囲い込むとともに、②将来の国民を生み育てる「母」の営みを通じて公的な領域（＝国家）に連結し、統合していく規範でした。これまでの議論でいえば、システムＡⅠ・ＡⅡにおける女性の規範ということになります。女性をいわば「準国民」（二流の国民）として、国民＝男性を支える役割を割り振るものであり、日本に限らず、西洋も含めた一九世紀の国民国家にひろく見られました（小山静子『良妻賢母という規範』一九九一年）。

平塚は（男性の便宜のためにつくられた）「旧《ふる》き道徳、法律」を「破壊」するといい、「自分は新しい女である」と述べました（「新しい女」『中央公論』一九一三年一月）。システムＡⅠ・ＡⅡへの対抗となっていることに注目すべきでしょう。女性たちにとって、システムＡⅡとともに、システムＡＩもが抑圧となっていると平塚は考えています。『青鞜』はこうして、国民国家の根幹にある家族制度を批判していきます。

たとえば岩野清子「個人主義と家庭」（『青鞜』一九一四年一〇月）は、「新旧思想の衝突」

をも辞せず、「家庭を呪」い、「旧道徳」を「破壊」すると述べました。そのことを示すように、『青鞜』には「貞操」や「堕胎」をめぐる論が掲げられ、論争となっています。男性とは異なる女性の存在、それも性的存在としての女性を主張する議論が出されます（堀場清子『青鞜の時代』一九八八年）。

『青鞜』は、男性を羨《うらや》んだり、男性を真似《まね》て同じ道を進むことを拒否しています。「準国民」であることを拒絶するのですが、国民となる道――国民化した男性をあと追いすることも望んでいません。

システムＡⅠ・ＡⅡを揺るがす議論であるため、平塚たちはさまざまな批判を受けます。男性社会のやり方として、真正面からの批判をなさず、からかい中傷し、嘲笑《あざわら》うという対応がほとんどでした。議論するということ自体を、男性たちは拒んだのです。

こうしたなか、前章で紹介した初期社会主義者たちも、（日露戦争後の第三の勢力として）あらたな動きを見せます。社会主義者たちは、日本各地に存在し組織をつくっていました。北海道の札幌平民倶楽部、栃木の下野《しもつけ》同志会、千葉の北総平民倶楽部、神奈川の横浜曙会、岡山の岡山いろは倶楽部など、地域を基盤とし、そこで活動していました。『熊本評論』『大阪評論』などの地域の社会主義雑誌があり、和歌山で発行されていた『牟婁《むろ》新報』には、社会主義者の荒畑寒村や管野スガが勤めていました。地方遊説をしたり、社会主義の書籍を売り歩く「社会主義伝道行商」がなされ、社会主義のネットワークもつくられていました。

初期社会主義者たちは、（自由民権運動と同様に）政府と対決しつつ、当面、よりよい国民国家をつくりあげようという動きを見せていたといえるでしょう。幸徳秋水はドイツ社会民主党に関心を寄せるとともに、一八九九年以来、普通選挙によって社会主義者が議会を通じて改革することを図っていました。「専制主義」に対抗して「議会の多数による社会主義」を目指し、さらに愛国心批判を行います。

この点は、国民国家の基礎の一つとなる言語の統一に、堺利彦も幸徳秋水も関心を向けていることからもうかがえます。言文一致に、かれらは乗り出します（梅森直之『初期社会主義の地形学《トポグラフィー》』二〇一六年）。システムAⅡへの転化――修正は拒絶しながら、システムAⅠの方向は見届けるということです。

もっとも、幸徳秋水は漢文体も用い、多様な文体を使い分けます。『平民新聞』でも、『東京朝日新聞』『国民新聞』などがまだ文語調のみのとき、さまざまな文体を使用します。システムＡＩの方向に向きつつ、しかし、そこにヒビを入れてノイズをつくり出すという動きを見せていました。

しかし、システムＡⅡが本格化する日露戦争後には、態度――主張が変わってきます。ＡⅡの動きを拒絶し、そのためにＡＩ―ＡⅡの総体を批判していくのです。幸徳秋水がその渦の中心であるため、幸徳に即しながら述べてみましょう。

日露戦争後の一九〇五年一〇月九日に平民社が解散したあと、幸徳秋水は一一月一四日にアメリカへ向かいました（一九〇六年六月二三日に帰国）。幸徳は、ロシア革命型――「動乱による変革モデル」に傾斜していましたが、さらにアメリカで、ナロードニキの思想にも接します。

「余が思想の変化」（『日刊　平民新聞』一九〇七年二月五日）では、足尾銅山のストライキと「坑夫」たちの蜂起に共感を寄せます。はじめの「志士仁人」から、ロシア・ナロードニキ、そして「坑夫」へと、幸徳が依拠する人びとの姿（「大衆の姿」）が変わってきます。「直接行動」――ゼネラル・ストライキに傾くのです（梅森『初期社会主義の地形学』）。

いくらかひろい文脈でいい直せば、初期社会主義者が、議会政策派（片山潜、西川光二郎、田添鉄二ら）と直接行動派（幸徳秋水、荒畑寒村、大杉栄ら）とに分かれたということです。ただ、全体の流れとして、議会政策派の田添鉄二の議論は不評でした（一九〇七年二月の日本社会党大会）。

こうしたなか、テロリズムの動きが登場します――宮下太吉、新村《にいむら》忠雄らは、直接行動を「元首暗殺」へと推し進め、爆弾を作成します。明治天皇の暗殺を謀《はか》るのです。このため初期社会主義者は、政府によって弾圧を受けます。「大逆事件」としてフレーム・アップされ、宮下らにとどまらず、社会主義者すべてに累を及ぼすのです。

一九一〇年五月二五日に、新村・宮下が逮捕され、三一日に大逆罪として起訴されました。六月には幸徳秋水が逮捕され、一二月一〇日に公判開始となり、二五日に被告全員に死刑が求刑されます。そして、一九一一年一月一八日に被告二四人に死刑判決が出され

（一九日に、一二人に恩赦による減刑）、二四日に幸徳秋水ら一一人に死刑執行、二五日に管野スガに死刑が執行されました。これが大逆事件の内実です（神崎清『革命伝説　大逆事件の人びと』全四巻、一九六八―六九年）。

幸徳自身は「元首暗殺」に乗り気ではなく、実際に関与してはいなかったのですが、社会主義の代表的な活動家として冤罪《えんざい》で処刑された、ということになります。幸徳に関わった各地の社会主義者も取り調べを受け、刑に処せられました。初期社会主義のなかからアナーキズム、さらに暗殺主義が現れ、国民国家――文明化のシステムそのもの（システムＡＩ）に反抗するようになったことへの処断がなされました。幸徳も、システムＡⅡのみならず、システムＡＩにも反逆したため、動き出した日露戦争後のデモクラシーからはじき出されてしまいました。

大逆事件のあと、政府は一九一一年二月一一日に「貧民済生」に関する詔勅を出し、五月に「恩賜財団　済生会」を設立します。生活困窮者の医療的な救済を行い、慈愛に満ちた天皇像によって、社会主義者たちは、いっそう孤立させられていきます。

こうして、日露戦争後はデモクラシーの内実化が図られる時代となりつつ、社会主義の命脈はいったん、断たれてしまいます。自由主義の範囲でのデモクラシーの動きとなり、政府批判の言論は見られますが、ナショナリズムが前提となっています。（システムＡＩのもとで形成される）ナショナリズムに背反する批判は葬り去られることになりました。システムＡⅡへの批判の幅は、一挙に狭くなります。

このことは、いくらか長い歴史的射程で見れば、日本のなかで社会民主主義の浸透が断たれることを意味しました。社会民主主義は、国家とそのもとでの議会を前提としたうえで、資本主義がもたらす格差を是正する運動――思想です。システムＡＩをふまえたものですが、大逆事件により社会主義が排除され欠落させられたため、近代日本の社会批判においてて、社会民主主義が最左派に位置してしまいます。いや、それどころではなく、のちに触れる米騒動の時期（「改造」の時代）まで、社会主義はむろんのこと、社会民主主義さえも唱えることができなくなります。

社会民主主義は、米騒動を経て、一九二〇年代半ばに無産政党の結成として実践されます。吉野作造も社会民主主義へ接近するなど、左派からの政府批判――デモクラシーの受け皿となります。

しかし、このことは社会主義が担うはずの役割を、社会民主主義が代位していることを意味します。日本社会がヨーロッパ社会と比べて異なるのは、社会民主主義の力が弱いことです。大逆事件が与えた傷は、大きなものでした。

話が進みすぎました。このように、日露戦争後のデモクラシーは、ナショナリズムをあわせもち、国権の拡張ゆえの現状の変革が図られ、政治の主体としての民衆へ着目していきます。システムＡⅡに即応するデモクラシーということです。

同時に、ナショナリズムを批判する社会主義による動きは、大逆事件によって遮断されました。ナショナリズムとデモクラシーが一体化した自由主義（＝民本主義）による動きが、この時期を特徴づけることになる、いまひとつの要因です。

他方、「通俗道徳」と接点を有する、修養主義の路線が根強く見られます。自発的な修養が、統合路線と抵抗路線とのあわいにありました。

明治天皇が死去した直後の一九一二年八月一日、鈴木文治らによって結成された労働者の組織は友愛会と名付けられています。共済・団結とともに修養をいい、勤勉・忠実・誠意・信用・報恩・同情・節倹・衛生・反省・快活の徳目が繰り返し強調されます。

さきに記したように、「職工」たちは社会から差別のまなざしで見られており、それを修養により克服しようとしています。「通俗道徳」の徳目を実践し、自己鍛錬によって社会から認知されようとします。

会員の作成による「友愛会の歌」（『友愛新報』一九一三年六月三日）は、「我等の力ゆるむ時　我が日の本は衰へん　勉め励めや君の為め　勉め励めや国の為め」としており、「日本」や「天皇」「国家」を手掛かりにして主体をつくろうとし、また、国民としての自己形成を、修養によって成し遂げようとします。「女工」の独自の主体の追求は、まだ見られません。男性中心主義的に、組織――主張が組み立てられています。

システムAⅡのもと、あらたな水準で、修養路線と自由主義路線が動き出します。大正デモクラシーの前半の時期（一九〇五―一八年）は、こうした様相を呈していました。

政界でも、あらたな動きが見られます。日露戦争中に、桂太郎内閣から西園寺公望内閣への政権譲渡が決められたことや、一九一一年一月に「情意投合」が公表されたことは、さきに触れました。こうしたなか、第一次護憲運動が起こります。第二次西園寺内閣は、陸軍の二個師団増設を拒んだため倒れてしまいます。一九一二年一二月五日のことでした。陸相・上原勇作が辞表を出し、後継の大臣が決まらなかったため、内閣総辞職となったのです。西園寺内閣は、陸軍に倒されたといえます。

そのあとをついだ第三次桂内閣（一二月二一日成立）に対し、立憲政友会、立憲国民党（憲政本党を中心に、一九一〇年に結成）といった政党をはじめ、あらたな政治主体となった広範な人びとが倒閣運動を起こします。第一次護憲運動で、「憲政擁護、閥族打破」がスローガンでした。ここにも、立憲主義――広義の民本主義の動きが見られるといってよいでしょう。

桂は議会を停会するなどして対抗しましたが、議会を人びとが取り囲み、騒擾が起こり、新聞社が焼打ちされるなどの動きのなか、桂は退陣しました（一九一三年二月一一日）。大正政変です。

　大正政変では、桂と西園寺の対抗よりは、山県と桂の相違が重要でしょう（小林道彦『桂太郎』二〇〇六年）。藩閥と立憲政友会の提携に対し、桂は、自ら新党（立憲同志会）を結成することによって、政党政治の流れをつくろうとします。藩閥ではなく政党の、しかし立憲政友会のように地域に軸足を置くのではない政党による政治を目指す流れです。

　桂の姿勢には、あくまで藩閥を基調とする山県との差異が出ています。実際、第三次桂内閣の閣僚たちも、山県から距離を置くものたちでした。新党の綱領には、社会政策の実現を図ることも記されています。こののち、立憲同志会は一九一三年一二月に創立大会が開催され、加藤高明を総裁としました（櫻井良樹『国際化時代「大正日本」』二〇一七年）。


　しかし、（それに先立って大正政変で桂が退陣し、さらに死去していたため）立憲政友会――藩閥の提携路線が続きます。薩摩閥で海軍を代表する山本権兵衛が組閣し、原敬や松田正久らが入閣したほか、山本と外務大臣・軍部大臣を除き、閣僚は立憲政友会に入党しました。

（山県内閣が、政党の浸透の歯止めとしていた）文官任用令を改正し、さらに軍部大臣現役武官制を撤廃し、予備役・後備役でも軍部大臣に就任できるようにします。ただ、後者に関しては、実際にはこのあと、予備役・後備役の軍部大臣は登場していません。また、皮肉なことに、陸軍省の発言力が弱まった半面、陸軍参謀本部が動員業務などを担当するようになり、その力を強めました。陸軍大臣と参謀総長の関係はこののち大きな問題となります。そうした対抗を内包しつつ、軍部自体の発言権は高まっていきます。

他方、立憲政友会内には、藩閥との提携に反発を覚える人びとが登場してきます。加えて、「旦那衆」が営業税や通行税の廃止、減税を要求する運動を展開しますが、このさなかに一九一四年、ドイツ・ジーメンス社と海軍のあいだで、軍艦の受注をめぐる汚職事件が発覚します（ジーメンス事件）。政府批判の演説会が催され、国民大会が開かれ、さらには「都市雑業層」による民衆騒擾まで起こり、山本内閣は退陣に追い込まれました。政局が人びとの動向と関連しながら動くようになっています。

後継首相は、元老会議で決められ、大隈重信が候補となりました。天皇が任命し、第二次大隈内閣が誕生しますが、副総理格の外相・加藤高明が立憲同志会総裁であるのをはじめ、蔵相・若槻礼次郎ら立憲同志会からの入閣が見られました。やはり、政党（第二次大隈内閣のばあいは、非立憲政友会系ですが）の力が、無視できなくなっています。

こうして、日露戦争後にシステムAⅡが本格的に始動し、帝国主義へと移行します。人びとの側に目を向ければ、①「国民」としての意識が自覚化され、さらに「一等国」の「国民」として肥大化していました。人びとのレベルでも、「内に立憲主義、外に帝国主義」の意識がもたらされていたのです。ふりかえってみれば、日比谷焼打ち事件も非講和をきっかけとした政府批判でした。

そして、②そうした民意――人びとの動きが無視しえない状況となり、帝国主義下のデモクラシー――民本主義の潮流へと向かいます。

このとき、前章で触れた植民地領有（台湾、朝鮮半島、南樺太）は重たい意味を有しています。一般的に、植民地を持つ宗主国の「国民」の意識は、植民地を、①システムAⅠ以前の地域として、認識のなかに押しとどめ、②文明的に未発達な地域として扱います。帝国主義／植民地の関係が、文明／野蛮の視線とされ、同化と排除の政策が遂行されます。人びともまた、そのことに疑いを持ちません。

同時に、③一般的に、植民地の文明化（＝近代化）は、宗主国を介して持ち込まれます。日本のばあいも例外ではなく、植民地の文明化と「日本化」が重なり合います。

たとえば、台湾に対して、先住民族の「野蛮」さが、ことさらに強調され、かれらの日本への同化を強力に推進します。また、朝鮮に対しては、「不潔」「怠惰」「狡猾」などと貶《おとし》め、それらがかれらの「民族性」であるといい募りました。

これは、①植民地で、同化した人びとを「二流の日本人」として扱い、「二流の日本国民」とすることでもあります。「差異を残しつつ同化する、あるいは同化を強めながらも差異を解消しない」（水野直樹編『生活の中の植民地主義』二〇〇四年）ということです。また、②植民地の言語を（強いいい方をすれば）奪い、日本語以下の言語として扱いました。

植民地支配は、日本に宗主国として、歪《ゆが》みをもたらします。文明―近代を当然視し、その高みから植民地を見下します。このとき、自らは文明化―近代化を成し遂げたという意識が、あわせもたれています。システムＡⅠからシステムＡⅡへの推移は、人びとの意識のなかでは、このように進行しています。

システムＡⅡのなか、植民地を領有するに至り、日本はシステムＡⅠを問い直すきっかけを失ってしまいました。基準としての文明が自明化され、歪みを抱え込んでしまったことへの自覚が、困難となります。

また、植民地に対し、文明化と「日本化」の関連が問われます。たとえば、植民地の言語政策を「日本語」教育として行うか、「国語」教育として行うか。これは、日本においては、システムＡⅡにおける二つの型として現れます。さきに紹介した、同化主義／自治主義として、政策的には顕現しました。

植民地間の差異も論じられます。日本と台湾は「同文同種」として同じ文字を用いる、同じ人種であるとされ、朝鮮のばあいは「日鮮同祖」として同じ先祖を持つ、ということがいわれました。

こうしたなか、大隈重信内閣のときに第一次世界大戦が勃発します。第一次世界大戦は、手詰まりであった政治状況を変えるとともに、そのさなかに米騒動も起こります。システムAⅡがあらたな局面を伴いながら、さらに進行していきます。

2　第一次世界大戦と米騒動

一九一四年七月に始まり、一九一八年一一月に終わる第一次世界大戦は、世界に大きな影響をもたらす出来事でした。

バルカンでは、パン・スラブ主義（セルビア・ロシア）とパン・ゲルマン主義（オーストリア）とが競合しており、「一九一四年の雰囲気」は、「政治・社会・国際の全分野にわたる諸問題の解決策として、あえて戦争の危険を冒す、ないしは戦争を受け入れるひとつの意志が存在していた」というものでした（ジェームズ・ジョル『第一次世界大戦の起原』、池田清訳、一九九七年）。

六月二八日、ボスニア・ヘルツェゴビナの都市・サラエヴォでセルビア青年がオーストリア皇太子夫妻を暗殺する事件が起こります。紛争が絶えないバルカンでのこの事件は、各国の政治指導者たちの思惑を超え、第一次世界大戦へと拡大していってしまいます。

サラエヴォ事件をきっかけとして、ドイツ、オーストリア＝ハンガリー、イタリアという三国同盟の同盟諸国と、イギリス、フランス、ロシアという三国協商を軸とする連合諸国とのあいだで、争いが始まります。連合諸国側には、セルビア、ルーマニア、ギリシアなどが加わり、アメリカも一九一七年四月から連合諸国側の一員として参戦しました。また、イタリアも結局連合諸国側につきました。

第一次世界大戦の特徴の一つは、総力戦として戦われたことです。膨大な数の兵士と物資が投入され、長期に及んだ戦争でした。

総力戦とは、①兵士同士の戦闘にとどまらず、民間人までを動員した戦争の形態です。また、②軍事とともに経済、政治、社会に至るまで、すべてを戦争に集中する体制——総動員体制をつくりあげながら戦います。③宣伝ビラや映画を利用した、思想戦、心理戦ともなります。

のちに述べるように日本は第一次世界大戦に参戦しますが、主戦場が離れていたことにより総力戦としての経験を有しません。そのため、日本の経験としての総力戦は第三部で詳述することになりますが、総力戦について、いま少し言及しておきましょう。総力戦は国民を人的資源とみなし、物的資源とあわせ、総動員を行います。（戦争遂行のため）大規模な統制経済とともに、（銃後維持のため）社会福祉政策がなされます。第一次世界大戦は総力戦として、（兵士にとどまらず）すべての人びとを（性別や立場、身分を問わず）「国民」として戦争に動員し、あらゆる物資が戦争のためとして生産されました。


ことばを換えれば、総力戦とは、前線と銃後が、ともに戦争体制をつくりあげるシステムです。これまでのように、「前線」で兵士が戦うにとどまらず、「銃後」で人びとがその体制を支え、国家は総力を挙げて兵器の生産などを計画するとともに、国民生活を統制することになります。「国民」の主体的な戦争参加――総動員体制が総力戦の特徴でした。

この点からシステムＡⅡが極限化し、あらたなシステムＢⅠの萌芽がヨーロッパに出現したこととなります。
このとき、日本では動員――統制はなされませんでした。しかし第一次世界大戦によって、戦争のかたちは決定的に変わり、軍部をはじめ、総力戦の研究が始められます。日本で総力戦の体制が構築されるのは、こののちのことでした。このことは、日本とヨーロッパ・アメリカとのあいだに戦争経験の差異が生じたということになります。日本は、総力戦をアジア・太平洋戦争で経験することとなり、第一次世界大戦後の国際秩序のリアリティに、ほかの国々との温度差が見られました。

第一次世界大戦は、主たる戦場はヨーロッパでしたが、アフリカ（アフリカのドイツ領をめぐる戦争）、中東、アジア、太平洋、あるいはシベリアなども戦場となりました。世界戦争として、「世界性」の認識をもたらします。

戦闘は熾烈を極めます。塹壕《ざんごう》（＝竪穴）に兵士がもぐり込み、機関銃を用いる地上戦が展開されます。塹壕戦は長期間にわたって相手とにらみ合う事態をつくり出し、あらたな戦争経験がもたらされました。

また、飛行機や潜水艦が登場し、戦いが空中・海中へと拡大し立体化――三次元化しました。無差別爆撃や海上封鎖がなされ、戦場が「敵」と対峙する空間から限りなく広がります。毒ガスや戦車など、これまでになかった兵器が持ち出されます。

一九一八年一一月に休戦となり、戦争は、連合諸国側の勝利に終わりました。戦死者は八〇〇万人、負傷者は二一〇〇万人を超え、民間人の死者も六六〇万人にのぼる、これまでになかった文字通りの世界大戦でした。パリで講和会議が開かれます。

講和会議は、一九一九年一月一八日から開かれ、日本は五大国の一つとして参加しました。全権団として、西園寺公望、牧野伸顕《のぶあき》らが派遣されました。帝国主義的外交（旧外交）から、多国家間での国際協調主義的な「新外交」へと転換することが特徴的です。秘密外交がもっぱらで、二国間同盟による安全保障と植民地主義とを柱としていた旧外交が変化します（千葉功『旧外交の形成』二〇〇八年）。国際関係におけるシステムAⅡの推移ということになります。

第一次世界大戦は、国際関係に大きな事態をもたらしました。第一は、帝国の解体です。敗戦国のドイツ帝国（ホーエンツォレルン家）、そして多民族帝国であったオーストリア＝ハンガリー帝国（ハプスブルク家）、オスマン帝国、またロシア帝国（ロマノフ家）が崩壊し、これらの帝国に支配されていた東ヨーロッパやバルカン半島、中東地域では国境線が変化しました。（第二と連動して）民族解放——独立の動きが起こるとともに、あらたな国境線により民族的少数派も誕生します。

第二は、「民族自決」の理念の提唱です。アメリカ大統領・ウィルソンは、社会主義政権による「民族自決」に対抗し、一九一八年一月に「一四カ条の平和原則」を発表しました。

ウィルソンは、「自決による領土画定」「明確な規約を持つ包括的国際機構の設立」をいいます。東ヨーロッパでは、ハンガリーとチェコスロバキアが、オーストリアから分離独立し、オーストリア領であったボスニア・ヘルツェゴビナは近隣の国々とともにユーゴスラビアを建国します。ロシアからバルト三国、フィンランドが独立し、ロシア、ドイツ、オーストリアに分割されていたポーランドも独立しました。

また、植民地とされていた、アジアやアフリカにおいても民族独立の動きが起こります。インド、西アジアとともに、中国や朝鮮でも運動が見られました。東アジアでの動きはのちに触れることにしましょう。

第三は、集団安全保障の体制がつくり出されたことです。ウィルソンは、あわせて、国際機構の設置を訴えます。帝国主義の時代のシステムAⅡを促進し、これまでの勢力均衡論に基づく「武装的平和」から、あらたに集団安全保障に基づく「法による平和」への推移――転換です。一九二〇年、国際連盟が結成され（本部はジュネーブ）、日本はイギリス、フランス、イタリアとともに常任理事国となります。

戦争が、交戦する当事国同士にとどまらず、世界の国々に共通する問題として把握され、戦争違法化が議論され、一九二八年の不戦条約へと至る動きが見られます。

また、第四に、（「民族自決」がいわれることにより）従来のような植民地支配が修正されます。代わって登場するのが委任統治という方法で、「植民地なき帝国主義」（ピーター・ドウス）のやり方です。ドウスはこののちの戦時期の日本を念頭に置きながら議論をしていますが、植民地主義とは異なるやり方での領土獲得は、このようにすでに第一次世界大戦後の列強が実践した方策でした（米谷匡史『アジア／日本』二〇〇六年）。

そして旧ドイツ帝国の植民地や、旧オスマン帝国の領土は、国際連盟の指定国により「委任統治」がなされます。日本は、旧ドイツ帝国領であった南洋群島を委任統治することとなり、実質的にあらたな植民地支配が認められ、列強国になりあがりました。世界の次元でのシステムＡⅡの変容は日本を巻き込み、こののち日本のシステムＢⅠをつくり出します。

そして、第五は、ウィルソンの発言力の大きさに見られるように、アメリカが台頭してきたということです。第一次世界大戦後には、相対的にイギリスの地位が下がり、アメリカが強国化します。また、（後述するように）社会主義政権が誕生し、国際秩序が変わります。（条約調印がなされたパリ郊外のヴェルサイユにちなみ）ヴェルサイユ体制と呼ばれる、あらたな世界秩序が生み出されました。

加えて、講和会議ではアヘン密貿易取り締まりや難民問題などを扱うとともに、国際司法裁判所と国際労働機関をつくることが取り決められます。

こうして第一次世界大戦がこれまでにない戦争であったことに加え、大戦後は国際関係——国際秩序のあらたな様相が見られることとなります。

ただ、第一次世界大戦では、「戦争犯罪」や「戦争責任」といった概念が打ち出されたものの、それを裁くことにまでは至りませんでした。ドイツ皇帝だったヴィルヘルム二世を訴追しようとしましたが、オランダが身柄の引き渡しを拒みました。さらに、国際連盟にはアメリカが加盟せず、ソ連（＝ソヴィエト社会主義共和国連邦。一九二二年に結成、新憲法は一九二四年）、ドイツの加盟を認めないなど、いくつもの問題も抱えていました。

さて、日本です。ときの大隈重信内閣は、（山東半島のドイツ利権の獲得を手掛かりに）中国大陸への侵略を強化することを図り、第一次世界大戦への参戦を推進します。元老・井上馨も「今回欧洲ノ大禍乱ハ、日本国運ノ発展ニ対スル大正新時代ノ天佑」（井上馨侯伝記編纂会編『世外井上公伝』第五巻、一九三四年）と述べ、参戦に積極的でした。世論もまた、『大阪朝日新聞』「欧洲の戦乱と日本」（一九一四年八月六日）が、日英同盟の義務としての参戦をいうなど、メディアが参戦を促します。

しかし、イギリスは、日本が全面的に加わることを渋ります。それでも、日本はイギリスを押し切り、連合国軍として参戦します。

一九一四年八月二三日、対ドイツ戦の詔が出され、日本軍は、イギリス軍とともに中国山東省のドイツの租借地を攻撃し、青島《チンタオ》を陥落させました。また、同じころ、太平洋でドイツ艦隊を追撃し、ドイツ領南洋群島（ヤルート島、ヤップ島、トラック島、サイパン島など）を占領しました。

とともに、第一次世界大戦のさなか、日本は一九一五年一月一八日に、中国政府（大総統・袁世凱《えんせいがい》）に「対華二一カ条要求」を突き付けます。

中国は、辛亥《しんがい》革命（一九一一年）のあと、袁世凱の統治下にありました。その過程を辿っておけば、一九一一年一〇月、清国では各地で人びとが蜂起しました。中心のひとりは、孫文です。孫文は清国の改革を図り、興中会、中国同盟会などを結成し、あらたな理念として、三民主義（民族主義、民権主義、民生主義）を唱えていました。辛亥革命（第一革命）によって、孫文は一九一二年一月に誕生した中華民国の臨時大総統となりました。

清国は、軍閥の袁世凱によって鎮圧を図ります。しかし、袁世凱は、清国皇帝（宣統帝）を退位させ、同時に、（孫文に取って代わり）臨時大総統になりました（一九一二年二月）。フィリピン共和国に次いでアジアに共和国が出現したのですが、革命の成果は、袁世凱によって横取りされたかたちとなります。

孫文は、（宋教仁とともに）あらためて国民党を結成し、袁世凱と対抗します。辛亥革命はこののち、第二革命（一九一三年七月）、第三革命（一九一五年一二月）と続くことになりました（川島真『近代国家への模索』二〇一〇年）。

日本が、対華二一カ条要求を突き付けたのは、その革命のさなかでした。袁世凱は、第一次世界大戦には中立を宣言していましたが、日本は中国への侵略を行います。

対華二一カ条要求は、五号に分かれ、第一号（四カ条）は、山東半島のドイツ権益の処分をめぐっての要求であり、第二号（七カ条）は、旅順・大連の租借権、南満州鉄道の経営権の期限延長を求めるもので、これらが要求の中心となっていました。

第三号（二カ条）は、中国の製鉄会社・漢《かん》冶萍《やひょう》媒鉄《ばいてつ》公司《コンス》の日中合弁会社化、第四号（一カ条）は、福建省に関わっての事項であり、第五号（七カ条）は、希望条項として、秘密交渉に委ねます。第五号の内容は、日本人を政治や軍事の顧問とし、警察の合同や武器の共通化、あるいは福建省において鉄道などの設備を建設する際に外資を導入するばあいは日本と事前相談を行うことなどを要求する、という強引なものでした。

中国で、反日運動や日本商品をボイコットするなどの強い反発を引き起こし、アメリカ、イギリスも反対する要求でした。

最後通牒を出す段階で、要求の一部を削除するなどの経緯が見られますが、その多くを認めさせました。中国は、（日本が）最後通牒を出した五月七日、（中国が）受諾した五月九日を「国恥記念日」としました。

夏目漱石は、『東京朝日新聞』（一九一六年一月一日—二一日）に連載したエッセイ「點頭録《てんとうろく》」で、第一次世界大戦での自分の関心を「軍国主義の未来といふ問題」といい切ります。

人道の為の争ひとも、信仰の為の闘ひとも、又意義ある文明の為の衝突とも見做す事の出来ない此砲火の響を、自分はたゞ軍国主義の発現として考へるより外に翻訳の仕様がなかつた

そして（ドイツによって鼓吹された）「此（軍国主義という—註）時代錯誤的精神が、自由と平和を愛する彼等（英仏—註）に斯く多大の影響を与へた事を悲しむものである」といい募りました。

また、漱石の門下生、物理学者の寺田寅彦は、第一次世界大戦には「あらゆる科学が徴発されてゐる」とも述べました（「戦争と気象学」『理科教育』一九一八年一二月）。科学が、兵器の開発として、戦争に利用されていくこと——総力戦を批判しています。

吉野作造も、「民本主義が流行すればとて国民の信念が根本的に変らない以上は、常に必ずしも平和主義に徹底するものとは限らない」と述べます（「民本主義と軍国主義の両立」『中央公論』一九一八年七月）。人びとの主張が、軍国主義と「両立」していることに警鐘を鳴らしています。

しかし、経済的には、日本は、これまでの輸入超過から輸出超過へと転じ、債務国から債権国となります。日露戦争で抱え込んだ外債の返済で窮迫していた財政や経済が、大戦景気によって打開され、好景気となります。海運と造船がその軸となり、日本はヨーロッパ諸国に代わりアジアとの貿易を行い、さらには軍需物資を提供したりもしました。

鉄鋼や機械などの重化学工業も発展し、国内の国民総生産は大幅に増加しました。将棋の「歩」が「金」となることにたとえ、「成金」と呼ばれるにわか金持ちも多数登場しました。労働者の賃金が上がり、間借り生活から借家住まいになるなど、生活水準が上昇していきます。

河上肇《はじめ》によって「貧乏物語」が『大阪朝日新聞』に連載されたのは、一九一六年九月―一二月のことでした。「驚くべきは現時の文明国における多数人の貧乏である」と書き出され、「現時」の貧乏を主題とし、「世界一の富国」であるイギリスは同時に「世界一の貧乏人国」としました。翌一九一七年に刊行された単行本『貧乏物語』は、ベストセラーとなります。好景気になっても、なお貧困はなくならないということとともに、景気が上昇するなかで「貧富の懸隔」が見えてきたということでしょう。人びとは社会問題に敏感になり、『中央公論』（一九一五年七月、臨時増刊）には「大正時代と社会問題の解決」に識者が論を寄せています。

第一次世界大戦が日本にもたらしたものは、いくつもあります。総力戦の認識とロシア革命、そして民族自決は、世界的にシステムAⅡの過程に入り込んでいること（および、システムBⅠの萌芽）を自覚させました。

なかでも、大戦中にロシア革命が起こり、社会主義政権が登場し、その動きが波及したことは重要です。

一九一七年三月、首都ペトログラード（サンクト・ペテルブルク）の労働者・女性たちのパンを求めるデモをきっかけにゼネストが行われました。さらにそのなかで戦争反対と専制打倒の動きが起こり、兵士たちにも広がり、各地に波及します。労働者と兵士による代表者会議（ソヴィエト）が結成され、皇帝ニコライ二世が退位し、立憲民主党（カデット）による臨時政府が成立し、帝政——ロマノフ朝は倒れました。この三月革命のあと、スイスにいたレーニンがペトログラードに戻り、戦争継続に反対し、ソヴィエトへの権力の一元化を説きます。臨時政府と二重の状況となりますが、レーニンはボリシェヴィキを率いて武装蜂起によって臨時政府を打倒し、ソヴィエト政権を誕生させました。一一月革命です（当時のロシアの暦を基準として、前者を「二月革命」、後者を「一〇月革命」と呼ぶこともあります）。

一一月革命によって、私有財産の否定、土地と生産手段の国有化を宣言し、世界史のなかに初めて社会主義体制——ソヴィエト政権が誕生しました。ソヴィエト政権——ボリシェヴィキは世界大戦の即時停止を訴え、無併合・無賠償・民族自決を主張し、「平和に関する布告」を発します。そして、ボリシェヴィキは戦線を離脱しました（一九一八年三月）。ボリシェヴィキ（一九一八年三月にロシア共産党）――レーニンは、このあとも議会制民主主義ではなく、武力によって社会主義政策を遂行しようとします。そのためもあり、現在では三月革命の方が評価される傾向にあります（池田嘉郎『ロシア革命』二〇一七年）。

一九一八年には、オーストリア革命とドイツ革命が起こり、第一次世界大戦はあらたな局面を迎えながら、この年の一一月にドイツが休戦協定を結ぶまで四年以上続きました。

第一次世界大戦によって、世界中が決定的にシステムAⅡに組み込まれるとき、ロシア革命は、そのシステムに対する反システムの出現を意味します。反システムAⅡとしてのロシア革命の情報は、ただちに世界中に広がります。日本も例外ではありません。

友愛会の機関誌『労働及産業』は「露西亜革命の感想」の文章を募集し、そのうちの一四編を掲載しています（一九一八年一〇月―一一月）。革命に批判的な文章もありますが、共感しているものも多々あります。

原田忠一という仮名で投稿された文章（現在では、友愛会の活動家・平沢計七が書いたものであることが判明しています）は、「今の世の中は吾々《われわれ》貧乏人には浮かばれない様に出来てゐる」と考えていたところ、ロシア革命の報を聞き、躍り上がって、子どもにいいます。

「オイ小僧共、心配するな、お前達でも天下は取れるむだ！　総理大臣にもなれるのだ！」謂《い》はゞ、露西亜の革命は吾々に生きる希望を与へてくれたのだ。

ロシア革命に期待を託し、共感を最大限に表明していますが、これは（三月革命ではなく）一一月革命による専制権力の倒壊、すなわちレーニンを軸にした革命像に基づいています。革命が総力戦という過程から生み出され、システムＡⅡの外部をつくり出すという把握——期待がうかがえます。

そのため、世界の帝国主義国は、こぞってロシア革命とボリシェヴィキ政権に干渉します。シベリア出兵です。国際的な、ロシア革命への対抗ですが、政治過程は込み入っています。

イギリス、フランスから出兵の要請があるなか、日本政府（寺内正毅内閣）のなかではシベリア出兵をめぐって、対立が生じます。政策に基づく対立ですが、臨時外交調査委員会において、出兵に積極的な本野一郎・外相に対し、立憲政友会の原敬や（それに近い）牧野伸顕が当初、反対しています（ちなみに、この時期は「臨時」の委員会で重要な決定がなされることが目立ちます）。しかし、陸海軍は先行して行動を起こしてしまいます。こうしたなか、アメリカからの要請が加わり、日本は一九一八年八月に正式に出兵に踏み切りますが、七カ国の共同出兵となるなか、日本の派兵数は突出していました。実際に出兵するとなると、多くの派兵を行ったのです（細谷千博『シベリア出兵の史的研究』一九五五年、麻田雅文『シベリア出兵』二〇一六年）。

出兵の目的とされたのは、大戦における東部戦線の再建であり、（シベリアでボリシェヴィキ政権と交戦していた）チェコ兵の救出です。しかし、第一次世界大戦の終結後にも駐留が続き、ソヴィエト赤軍の攻勢のもとで、各国はようやく撤退を始めます。

しかし、ここでも日本はもたつき、ニコラエフスクで日本人が虐殺されたこと（尼港事件）をきっかけに、（撤退に逆行して）北樺太にも出兵しました。撤兵のかたわら、あらたな出兵もなされたうえ、政府と参謀本部とのあいだの対立がことをさらに長引かせ、日本のシベリアからの撤兵が完了したのは一九二五年のこととなります。

出兵は七年にも及び、最大時には七万人を超える兵士が動員され、戦病死者は三三〇〇人を数え、そのかんは、誕生したソ連との国交も実現せず、シベリア出兵は一筋縄ではいかぬ事態でした（麻田『シベリア出兵』）。

この第一次世界大戦のさなかに、米騒動が起こります。

はじまりは、一九一八年夏、富山県西水橋町《にしみずはしまち》、東水橋町、滑川町《なめりかわまち》、魚津町など、日本海沿岸の都市の漁民の主婦たちによる行動です。

この年、米の値段がじりじり上がり、夏先には暴騰し、人びとは困り果てていました。神戸市の米価を例にとれば、一升が三六銭八厘（七月一六日）から六〇銭八厘（八月八日）へと、大きくはねあがるありさまです（井上清・渡部徹編『米騒動の研究』第三巻、一九六〇年）。当時の人びとは、米を円単位で買うため、一円で二升も買えない状況となり、米が主食であったため、事態は死活問題となっていきます。

米の端境期であることに加え、シベリア出兵を見越しての米の買い占め・売り惜しみが、主要な原因でした。騒動の発端となった富山県の町は、米の積み出し港です。女性たちは、船で積み出される米の阻止を図り、集団で役所や米を船に積み込む「仲仕」の詰所に押し掛けます（男性たちは、遠洋漁業に出かけていました）。

この七月上旬からの動きを、地元の新聞『高岡新報』が「女一揆」「女房一揆」と報道し、それを『大阪朝日新聞』『大阪毎日新聞』（八月五日付）が広め、騒動が一挙に全国化しました。

ときの内閣は、（大隈内閣のあとを受けた）寺内正毅内閣でした。立憲政友会も、憲政会（内閣誕生の翌日、一九一六年一〇月一〇日に、立憲同志会を中心に結成。総裁は加藤高明）も、寺内内閣とは手を結ばなかったため、「超然内閣」として、ふるまっていました。

その寺内内閣は、米騒動を報じた新聞――一六五紙を発売禁止にします。しかし、報道規制にもかかわらず、こののち一カ月にわたり、全国の人びとが米価の高騰に反対し抗議する運動が展開されました。

米騒動は、これまでの大正デモクラシー期の人びとの運動の集合体であり、いくつかの運動の型が集まってなされた出来事といえるでしょう。第一の型は、都市民衆騒擾――市民大会開催型で、東京、大阪、神戸、名古屋、京都といった大都市では市民大会が開かれます。

地方都市では、地域中心都市（松山、大津、金沢、静岡、和歌山、呉、福島、会津若松、福井、仙台、新潟、長岡など）で市民大会が開かれました。

第二の型は労働争議で、神戸三菱造船所や宇部炭鉱、門司港・若松港の仲仕争議などが代表的です。労働争議といったとき、あらたに米価騰貴のための争議も起こっています。横須賀、広島などの軍都でも、労働争議が起こり、市民大会も開催されました。また、筑豊・三池（福岡県）、三井炭鉱・万田坑《まんだこう》（熊本県・荒尾）、北海道や佐賀県の炭鉱での争議も加わります。都市部では、工業都市が中心で、八幡、尼崎で労働争議が起こり、さらに、東京、神奈川、埼玉などでも動きが見られました。

第三の型は農村での騒擾です。小作人が地主や村長の家を襲撃するなどの動きです。大阪府、京都府、山口県、埼玉県、山形県などで起こっています。また奈良県では小作争議が見られます。漁村でも、和歌山県、兵庫県（赤穂《あこう》＝塩田）、香川県、千葉県（安房）などで動きがありました。

そして、第四の型は、水平運動（奈良、三重など）でした。また、第五の型として、朝鮮人が参加する運動を挙げることができます。神戸、尼崎、門司、宇部炭鉱などで、その姿があったとされています。

さらに、第六の型として日本本土を越えて、植民地であった朝鮮で米騒動が見られました。京城で大きな運動があり、八月二八日には最大規模の運動が行われました。その他の地域、とくに東南アジアでも米騒動が起こります。

日本が国内の騒擾を抑えるため、米を急遽輸入したため、これらの地で米が不足し、騒擾が起きたのです。

米騒動は地域から始まり全国化し、各地でさまざまな形態の運動が見られました。最大規模となるのは、八月一三日のことです。現在までのところ、米騒動の動きが確認されていないのは、青森、秋田、岩手、栃木、沖縄（岩手と栃木は、動きがあったとする論者もいます）で、四九市二一七町二三一村と二九の炭鉱での騒擾が報告されています。

政府は、警官隊と軍隊の出動によって、ことに当たりました。兵士の派遣は、八月一一日以降、一二二カ所、一〇万一七一八人といわれます。

二万五〇〇〇人以上が検挙され、七七八六人が起訴されるという大事件でした（死刑二人〈和歌山〉、無期懲役一二人）。起訴されたものには「職人」、「職工」といった「都市雑業層」が多く、これまでの都市騒擾と同様の様相を見せますが、被差別部落の人びとや朝鮮人の参加があり、アジアの米騒動へと広がっていく様相も見せており、かつての運動との差異も見られました（井本三夫編『図説　米騒動と民主主義の発展』二〇〇四年）。

対策として、緊急輸入した「外米」と白米の廉売が行われました。このあと一九一九年も米価高であったため、日本は中国、朝鮮、東南アジアから「外米」の輸入を図っています。また、恩賜金三〇〇万円と財閥・富豪の寄付もなされています。

米騒動では、人びとが米屋に押し掛けますが、高騰前の値段で売るように、と交渉し、それに応じないときに打ち壊しや強奪を行っており、米屋の襲撃に関していえば、むやみな乱暴は働いていません。そのため、米騒動をモラル・エコノミーの運動と考える論者もいます。ただ、組織的な動きではなく、指導者がいたわけでもありません。

第一次世界大戦は民衆参加を推し進め、社会主義を現実化しましたが、こうしたなかでの米騒動は、民衆運動を先行させつつ、（次節で論ずる）「「改造」の時代」の幕開けを告げるものとなりました。

第一には、社会的な主体――担い手としての「民衆」を決定づけました。また、第二に、政治の世界においては、本格的な政党内閣（外相と陸海相を除く大臣をすべて政党から出す）である、原敬内閣を誕生させました。大正デモクラシーの動きが結実化していきます。

寺内正毅内閣は、米騒動によって九月二一日に総辞職しました。寺内内閣は、政党政治の流れがつくられているなか、それに逆行するような内閣でした。「挙国一致」を掲げ、政党と提携しようとしましたが、うまくいきませんでした。憲政会は、さきの立憲同志会を中軸としていますが、その他の諸政党も加わり結党し、寺内内閣との対決姿勢を示していました。

後継内閣は、立憲政友会総裁の原敬となりました。原は岩手県盛岡市の出身。ということは藩閥に属さず、爵位も有していませんでした。一九一八年九月二九日に組閣しますが、平民宰相として人気を博しました。

吉野作造も、原内閣の誕生を「時勢の進運」であり「国民の輿望」であると歓迎しています（「原首相に呈する書」『中央公論』一九一八年一一月）。第一次世界大戦が収束に向かう時期での政権誕生で（一一月一一日に連合諸国とドイツの休戦協定が締結）、大正デモクラシーの画期となりました。このあとも紆余《うよ》曲折がありますが、ゆっくりと政党内閣が定着していきます。

原内閣は、①教育の改善・充実、②交通の整備、③産業・貿易の振興、④国防の充実を「四大政綱」とします。大学令・（第二次）高等学校令を公布し（一九一八年一二月）、公立・私立の大学や高等学校を認可しました。また、中高等教育に力を入れ、鉄道院を鉄道省に昇格させ、鉄道建設を推し進めようとします。

他方、八・八艦隊の建造など、軍備の拡張と近代化を推進しました。第一次世界大戦下の好景気を背景にシステムAⅡの基盤となる施設――社会資本を拡充していきます。実業の発展と教育の拡大、そして国防の強化が一体となっており、原内閣がシステムAⅡを推進したことがうかがえます。

原の基本的姿勢は、立憲政友会の方針に基づく積極政策です。連動して、地域の有力者を支持基盤とするため、選挙法を改正し、納税資格を「三円以上」に引き下げ（一九〇〇年に衆議院議員選挙法改正で、「帝国臣民」直接国税一〇円以上。また、被選挙権者の財産制限はなくなっています）、あわせて小選挙区制を導入しました。

もっとも、原は普通選挙の導入には消極的です。藩閥との関係では、妥協的な姿勢を見せています。米騒動によって成立したとはいえ、騒動に参加する人びと（＝「雑業層」）の方を向いていたわけではありません。地域の名望家＝「旦那衆」に頼り、そのための政策を行っているといえます。

ことばを換えれば、原の登場と政策は、まだまだ融和的・調和的です。人びと（＝「雑業層」）の登場に目を向けますが、その主体性を取り込むまでには至りません。原は「雑業層」に関わっては、かれらが抱え込む社会問題に目を向けながら、かれらの要求を取り込む体制をつくり出そうとしました。社会政策を展開し、内務省に社会局が設けられます。「調停法」を定め、陪審法も検討しますが（公布は一九二三年、実施は一九二八年）、原が頼りにするのは、「旦那衆」です。

こうした姿勢は、一九一九年一二月二二日に協調会を生み出します。協調会は、床次《とこなみ》竹二郎・内相と実業界の渋沢栄一らが発起した半官半民の性格を持つ団体ですが、資本と労働の協調——対立する関係の協調を謳います。

米騒動を契機とする動きは、よりひろい視野でいえば、第一次世界大戦が日本にもたらした影響ということになります。第一次世界大戦は、世界に多大な影響を与え、戦後には講和会議により、あらたな世界秩序――国際関係がつくり出されました。さらに、ワシントン会議（一九二一―二二年）による「ワシントン体制」も、世界的な規模でのあらたな秩序をもたらします。

アメリカ大統領・ハーディングによって、ワシントン会議が開かれ、アジアに関する問題が議論されます。日本を含む五大国（イギリス、フランス、イタリア、アメリカ）に、ベルギー、オランダ、ポルトガル、中国が加わりました。日本の全権は、加藤友三郎（海軍大臣）、幣原《しではら》喜重郎（駐米大使）らでした。

四カ国条約（アメリカ、フランス、イギリス、日本）では、太平洋における現状維持がいわれ、日英同盟が破棄されました。

また、九カ国条約によって、中国の主権尊重と領土保全を承認しました。日本は、対華二一カ条要求の一部を撤回し、また、膠州湾など山東省における権益を、中国に返還することになります。あわせて、(日本・アメリカが中国分割を相互に承認した)石井・ランシング協定が破棄されます。第一次世界大戦の惨禍をふまえ、中国問題を軸とした太平洋における列強の力の均衡が議論されましたが、本書のいい方ではシステムAⅡ内部での取り決めということになります。旧外交から新外交への移行――帝国主義の横行から国際協調路線というシステムAⅡの修正(変容)をうかがうことができます。おりしも結成されるソ連の動きを見ながらの帝国主義国間での調整ということも背景にあるでしょう。

焦点は軍縮で、ワシントン海軍軍縮条約(一九二二年)では、イギリス・アメリカ・日本・フランス・イタリアの主力艦の保有比が、五：五：三：一・六七：一・六七とされます。日本は、大戦不況のさなかでもあり、この比率を受け入れます。

なお、陸軍も軍縮を行いました。山梨半造・陸相が、一九二二年に六万人の人員と大量の軍馬を整理し、一九二五年には、宇垣一成《かずしげ》・陸相により、四個師団の廃止などがなされます。

この軍縮は同時に、兵器の充実や、飛行機、戦車の導入など、陸軍装備の近代化と対になっています。また、軍縮によって余剰となった将校の温存のため、学校で軍事教育を行う軍事教練（学校教練）にも連なりました。

ワシントン体制は、列強による日本の大陸進出の抑制ですが、日本は一九二〇年代には、協調外交によって、このあらたな国際関係のなかに参画しています。（ソヴィエト社会主義共和国連邦の宣言をした）ソ連との関係では、シベリアからの撤兵を行い、日ソ国交樹立交渉も開始されます。

3　「改造」の時代

（1）社会運動の展開

第一次世界大戦後——米騒動後には、当然、国内の様相も変わります。日本は距離を置きながらの参戦でしたが、第一次世界大戦から大きな影響を受け、戦後のデモクラシーはナショナリズムと絡み合いつつ、急進的に進展していきます。

大正デモクラシーの後期ということになりますが、最近は、おりから刊行された雑誌『改造』（一九一九年四月に創刊）にちなみ、「『改造』の時代」と呼ばれるようになってきています。社会、政治、文化と、それぞれの領域でこれまでの動きが加速され、さまざまな「改造」が、さまざまに唱えられるようになります。


社会の領域では、多様な団体＝主体により、それぞれの改革が志向され、社会が流動化します。『改造』は、山本実彦《さねひこ》によって創刊され労働者の心性や社会運動のあらたな動向をつかみ、さかんに唱えられていた「改造」の語を雑誌のタイトルとし、そうした動きをひろく伝えていました。キリスト者で社会運動家の賀川豊彦の半自伝的な小説「死線を越えて」（一九二〇年一月―五月）を連載し評判を呼ぶなど、社会運動と社会思想のあらたな展開が見られました。

競うように、運動団体のマニフェストが出されます。運動主体がいくつも立ちあげられ、社会運動のための多くの組織・団体が結成されました。システムAⅡが世界的な潮流となったことに加え、さまざまな社会層をつくり出したことに対応し、さまざまな主体による運動が展開することになります。

「女性」や「被差別部落民」「労働者」「農民」「学生」、あるいは「社会主義者」や「国粋主義者」、さらには、「借家人」や「消費者」まで、さまざまな主体によって組織化――団結がなされ、社会運動が展開していきます。

女性たちは一九二〇年三月に、新婦人協会を結成します。平塚らいてう、奥むめお、市川房枝がその中心となりました。「男女の機会均等」「男女の価値同等観」の立場に立ち、男女の性差を認め、相互の協力を図ること、「家庭の社会的意義を闡明《せんめい》」にし、「婦人、母、子供の権利を擁護」すること、そしてこれらに反する一切を排除することを綱領とします。

女性の政治活動を禁止した、治安警察法第五条の改正、婦人参政権、そして「花柳病」（性病）男子の結婚制限を要求して、行動しました。会員数は三〇〇人を超え、機関誌として『女性同盟』を刊行。一九二二年四月に、治安警察法第五条の改正に成功し、女性は政談演説会に参加することが可能となりました。女性の権利（女権）と女性の立場の双方を主張し、これまで別々になされてきた要求を合流させます。女性たちの運動がより豊かな要求を汲みあげる展開となり、成果をあげていきます。

また、一九二一年四月には、女性による社会主義の運動組織として、赤瀾会《せきらんかい》が結成されます。山川菊栄《きくえ》、伊藤野枝《のえ》、堺真柄《まがら》らが主要なメンバーでした。第二回メーデー（一九二一年五月一日）に、女性としてはじめて参加しています。（社会思想からするとき）自由主義がもっぱらであった女性の運動に社会主義が加わり、保守主義をあわせると三様の立場からの女性運動が顔をそろえることとなりました。

被差別部落の解放を目的として、一九二二年三月に、京都で、全国水平社創立大会が開かれます。西光《さいこう》万吉、阪本《さかもと》清一郎、駒井喜作らが中心となり、差別を受ける自らの力と団結による解放をいい、経済と職業の自由を要求し、そのことを主張する「綱領」と「宣言」「決議」を採択しました。「兄弟よ、吾々の祖先は自由、平等の渇仰者であり、実行者であつた」といい、「人の世に熱あれ、人間に光あれ」と呼びかけました（「宣言」）。

被差別部落改良・改善という名のもとで融和が図られてきたことへの（当事者の立場か

らの）批判であり、主体的な解放が目指されました。全国水平社連盟本部を置き、そのもとに府県水平社、部落水平社が置かれます。こうして、被差別部落民に対する差別と偏見を打ち破ろうとする運動は、全国に広がっていきます（朝治武『水平社の原像』二〇〇一年）。

全国水平社の結成と宣言は、「改造」の時代のなかで、大きな位置を占めています。綱領は、

一、特殊部落民は部落民自身の行動によって絶対の解放を期す
一、吾々特殊部落民は絶対に経済の自由と職業の自由を社会に要求し以て獲得を期す
一、吾等は人間性の原理に覚醒し人類最高の完成に向って突進す

とされています。現在では用いられない「特殊部落民」という語が使用されていますが、（差別用語であった）この語を、誇りを持つことばに転換し、当事者による、当事者の解放の運動を開始するのです。「宣言」の冒頭も、「全国に散在する吾が特殊部落民よ団結せよ」との呼びかけとなっています。

民本主義者も、一九一八年一二月に、黎明会《れいめいかい》を結成します。「世界の大勢に逆行する危険なる頑冥思想を撲滅すること」（「大綱三則」）を図り、吉野作造、福田徳三、麻生《あそう》久、今井嘉幸《よしゆき》らが参加します。システムＡⅡに批判的に対応する団体であるとともに、「日本の国本を学理的に闡明」することもいい（「大綱三則」）、ナショナリズムもあわせもちました。三宅雄二郎（雪嶺）も加わっています。パンフレットを刊行するほか、講演会などで直接、人びとに接し啓蒙の立場から活動しました。

また、学生たちも動き、東京帝国大学の学生を中心に、同じく一九一八年一二月に新人会が結成されます。「世界の文化的大勢たる人類解放の新気運」（「綱領」）に「協調」し、活動します。当初は、黎明会と軌を一にし民本主義的でしたが（前期新人会）、しだいに労働運動家が参加します。機関誌もそれにあわせ当初の『デモクラシイ』（一九一九年三月）から『先駆』『同胞』を経て、『ナロオド』（一九二一年七月）へと至ります。かつてロシアで、「ヴ・ナロード」（民衆のなかへ）といわれたことを誌名としました。新人会はあらためて一九二一年に改組され、在学生のみの団体として急進化します（後期新人会）。後期新人会では、マルクス主義の影響が強まり、社会科学研究会などのサークル活動とあわせ、セツルメントの運動も活発となります（ヘンリー・スミス『新人会の研究』、松尾尊兊ほか訳、一九七八年）。

このほか、早稲田大学の学生を中心に、建設者同盟も結成されました。

労働運動と農民運動の活性化も見逃せません。労働運動は、講和会議で国際労働機関（ＩＬＯ）が設置され、国際的な影響も大きいのですが、労働者の変化も重なっています。第一次世界大戦による重工業の発展のなかで、（日清戦争後から進行していた）熟練労働者の親方の支配からの脱却が本格化し、労働組合運動がさかんになるのです（兵藤釗《つとむ》『日本における労資関係の展開』一九七一年）。

他方、農民運動も、小作人を中心につくられていた組合が、地主との協調から対抗へと推移するとともに、農民組合として組織化されるようになります。第一次世界大戦の好況にあずかれない農民たちが、「改造」の影響を受けたといわれます。

一九二二年四月に、日本農民組合が結成されました。賀川豊彦、杉山元治郎らが創立に関わり、各地の小作争議を組織し、指導していきます。

こうした社会運動の活性化の背景には、（大逆事件後に逼塞《ひっそく》していた）社会主義が復活し、マルクス主義が日本に持ち込まれたということがあります。売文社を結成し『へちまの花』（のち『新社会』）を刊行して、社会主義の「冬の時代」をしのいできた堺利彦は、一九二〇年に日本社会主義同盟を結成します。また、一九二二年には、秘密裏に結成された日本共産党の初代委員長となります。

三つのことを、指摘しておきましょう。第一は、社会主義の再出発は、老壮会（一九一八年一〇月結成）が大きく関わっているということです。国粋主義者の満川《みつかわ》亀太郎が世話役となり、嶋中雄三、大川周明らとともに、社会主義陣営に位置する堺や大杉栄、高畠《たかばたけ》素之《もとゆき》らが参加します。現在の目から見ると互いに対立するように見えますが、社会主義者と国粋主義者とが一緒になって運動を再興していきました。ナショナリズムとデモクラシーは、（「改造」の思想家のひとりである賀川豊彦がいうところの）「改造の十字路」の様相でもあり、当初は、社会主義者と国粋主義者とが混在しています。いくらか強引ないい方をすれば、システムAⅡがつくり出す秩序に対し、ナショナリズムとソシアリズムの双方の立場から批判が出され、まずはその一致点からの共闘がなされたということです。しかし、互いにそれぞれの旗幟《きし》を鮮明にしていきます。こののち、国粋主義者たちの内部でも老壮会を、猶存社《ゆうぞんしゃ》（一九一九年八月、大川周明、北一輝《きたいっき》ら）とし、他方、経綸学盟（上杉慎吉、高畠素之ら）が結成されるように、独自の団体を結成するに至ります。

第二には、社会主義者たちのなかで左派―中間派―右派という立場が存在することです。運動内部の分極化ということで、（原則に基づき左派としての立場を貫く）原理派と（実を取ることを求め、柔軟に状況に対応し右派に位置する）状況派、そしてその中間派に分かれます。互いの共通性よりは、差異を競い合い、それが組織を異なったものにしていきました。これは、社会主義団体だけではなく、その他の運動組織も同様でした。

第三に、あらたな世代の動きがこれに重なるということです。社会主義陣営には、古参の社会主義者に対抗するようにして、若い世代によってマルクス主義が持ち込まれ、運動の様相を大きく変えていきます。あらたな世代は、マルクス主義の理論的な学習に力を注ぎ、福本和夫（一八九四年生まれ）らが活躍します。そして、それに連動して、社会運動が急進化していきます。

「改造」の時代は、かくして、①当初は、さまざまな主体が動き出しますが、やがて、②諸団体＝諸主体が分離していきました。目指すべき社会のありよう、そしてその手段や方策に応じて分かれていったのです。

この動きは、政府内に社会運動への対応と、社会問題への対策を呼び起こします。前者は、内務省社会課が、社会局に格上げされること（一九二〇年八月）と、さらに一九二二年には、外局となる動きに現れます。

また、後者は、社会政策――社会事業として展開されます。はじめはいくつかの自治体で実施され、大阪市の助役、のち市長となる関一はとくに熱心でした。『労働調査報告』を刊行し、「不良住宅地区」や「要保護世帯」などさまざまな社会調査を行い、それに基づき、職業紹介所や公設市場、公益質屋や簡易食堂などの施設を設けました。これまでもっぱら民間・在野の団体が行っていた貧困者への対策を、地方団体がするようになります。

方面委員は、そうしたなかで設けられた社会政策制度の一つです。低所得層の人びとの救済を目的とする名誉職委員として、一九一八年に大阪府に設けられました。地域の事情に詳しい、中小商工業者＝「旦那衆」が委嘱され、地区（方面）を担当する委員として困窮する「雑業層」の生計・生活調査を行い生活相談や金品の給与などを行います。一面から見れば、「旦那衆」＝役職名望家による「雑業層」の監視の体制にも連なります。これまで都市民衆騒擾の担い手であった「雑業層」を、かれらを知悉する「旦那衆」が細かに把握し、ばあいによっては金品を媒介して指導――統制を行うのです。

こうしたさなか、一九二三年九月一日に、関東地方を突如、大きな地震が襲います（関東大震災）。マグニチュード七・九の大地震で、建物の崩壊とともに、その後の火災が大きな被害をもたらしました。火災は地震直後から発生し、九月三日まで燃え続け、東京のばあい、下町の大半を焼き尽くしてしまいます。東京・日本橋区内の建物家屋は全焼し、神田区や浅草区、本所区の家屋がほとんど焼失します（図2―5）。地震という自然災害

図2―5　関東大震災における東京の焼失地域

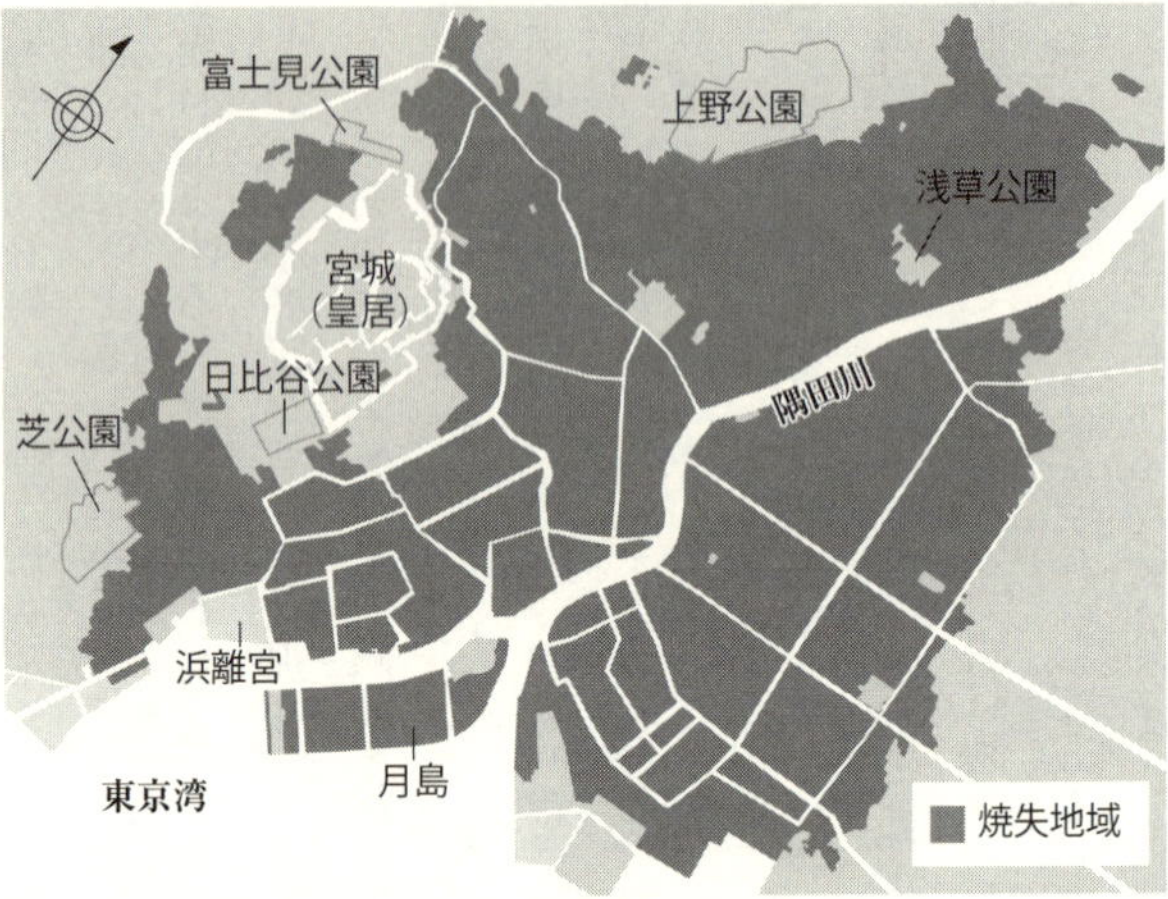

（「帝都大震火災系統地図」〈1923年〉をもとに作成）

――天災であるのですが、それが引き金となった大きな災害でした。関東大震災といういい方は大規模な震災という意味ですが、大地震―大火災との含意もあります。木造家屋が密集していたことに加え、道路が狭く曲がりくねっており避難が混乱したこと、空地が少なかったことなどによって、火災が広がり被害を大きくしました。

新聞社も焼け落ち、新聞の発行がかなわなかったため情報が混乱し、罹災者に対する支援の情報をはじめ、被害状況や復旧の様相などは徐々に伝わっていくというありさまでした。震災後、多くの雑誌が震災特集を組み、「美談」や「哀話」を記し、国民の災害として関東大震災を意識させることになりました。

大震災のさなかに、虐殺事件が起こされたことは見逃せません。たくさんの不確かな情報が飛び交うなか、「不逞《ふてい》鮮人ノ来襲アルベシ」「社会主義者及ビ鮮人ノ放火多シ」などというデマが広がり（警視庁『大正大震火災誌』一九二五年）、地域ごとに自警団が結成されました。

そして、行きかう人びとを詰問し、朝鮮人とみなすや持っていた竹槍や鳶口《とびぐち》で、かれらを虐殺しました。その数は、六〇〇〇人を超えると推定されています。

この事態は、①「旦那衆」により自警団が組織され、②動員された地域の「雑業層」が手を下した、ということです。日比谷焼打ち事件から米騒動と、都市の民衆騒擾を行ってきた人びとが、関東大震災のときには、植民地の人びとへの攻撃を行ったということになります。

帝国主義国――宗主国の人びとは、植民地の人びととの不満がいつ爆発するかを恐れています。三・一独立運動は、大震災があった年の四年前、一九一九年のことでした。また、朝鮮人はしばしば「日雇い」「人足」として働き、「雑業層」と職域が重なっていたため、(「雑業層」たちは)日ごろから自分たちの仕事を奪われるのではないかという不安がありました。こうした憤懣《ふんまん》や恐怖が、大震災のときに暴力として暴発したとも考えられるでしょう。システムAⅡのもとで引き起こされた虐殺事件でした。

このほか、社会運動家の王希天を含めた中国人や障害者も虐殺されました。また、無政府主義者の大杉栄・伊藤野枝とその甥《おい》が憲兵隊に殺害され、東京・亀戸で労働運動を行っていた平沢計七ら一〇人の活動家も亀戸警察署内で虐殺されました。社会のなかでの「改造」の動きを、軍隊や警察は警戒していました。帝国主義のもとでのデモクラシーが展開され進展していくのですが、それへの警戒も、まだまだ強いものでした。

(2) 政治をめぐる動き

政治の領域では、原敬がひとりの青年によって東京駅で暗殺されます(一九二一年一一月四日)。大きな衝撃をもたらしましたが、そのあと一九二二年一月一〇日に大隈重信が、二月一日には山県有朋が死去しました。維新に功のあった人物が姿を消していき、システムの推移を印象づけます。松方正義も、一九二四年七月二日に没しました。元老であった山県と松方が死去したことは、システムAIをつくりあげ、さらにシステムAIIへと舵《かじ》をとったものたちの退場を意味するとともに、残る元老は西園寺公望ひとりとなるということです。当面は、西園寺が総理大臣の推挙を行うことになりました。

大隈の葬儀に多くの人びとが訪れた一方で、山県に対しては「死も亦《また》社会奉仕」（石橋湛山、『東洋経済新報』一九二二年二月一一日）ということばが投げつけられました。システムAIIのかたちも、また国民の意向を無視しては立ちいかなくなっていることを示しています。

この過程で、野党として、革新倶楽部が結成されます（一九二二年一一月）。政党が力をつけてくるなか、立憲政友会／憲政会に対する第三極の政党の登場です。革新倶楽部は、立憲国民党と憲政会から脱党したものたちが中心となって結成し、犬養毅《いぬかいつよし》、尾崎行雄らが名を連ねました。普通選挙に基づく政党内閣制を主張し、軍縮も唱えます。

しかし、まだまだ藩閥の重しは存在します。（暗殺された原敬のあと）高橋是清が立憲政友会内閣を引き継ぎますが、その後は、加藤友三郎（海軍）―山本権兵衛（海軍）―清浦奎吾《けいご》（枢密院）が首相となります。加藤内閣こそ立憲政友会と提携しましたが、そのあとは、政党と距離を取る内閣が続きます。むろん、かつての超然内閣とは異なり、（首相を選定する元老からすれば）政党がいまだ内閣を担当する力を有していない、という認識でした。これらの内閣を「中間内閣の擁立」と呼ぶ論者もいます（村井良太『政党内閣制の成立一九一八～二七年』二〇〇五年）。

しかし、清浦内閣は外相と陸海相以外は、すべて貴族院議員が大臣となっていたため、護憲三派（立憲政友会、革新倶楽部、憲政会）と呼ばれる政党を中心に、反対運動が起こります。一九二四年一月のことで、清浦内閣への批判、政党内閣の確立、貴族院の改革を主張した、第二次護憲運動です（村井良太は、清浦内閣は選挙管理内閣を自認していたという見解を示します）。

もっとも、政党の動きを見るときに、立憲政友会でも憲政会でも方針が対立し、政党内での派閥の争いが顕著となってきています。とくに立憲政友会は、総裁・高橋是清の総裁派と、それに反対する反総裁派の対立が厳しく、清浦内閣への対応をめぐり分裂します（一九二四年一月）。

清浦内閣への批判を打ち出した総裁派に反発し、床次竹二郎、鳩山一郎、元田肇《はじめ》ら、議員一四九人が離党し、政友本党を結成します。政党も理念以上に、政局絡みで動くのです。

それでも憲政擁護という旗印が人心を捉え、人びとの結集の軸となっていました。立憲政友会員のひとりは、第二次護憲運動に対し「政党主義が勝つか官僚主義が敗るるか、専制主義が勝つか立憲主義が敗るゝか」と述べています（『東京朝日新聞』一九二四年二月三日）。憲政擁護派の集会には、多くの人びとが集まりました。

政局のなかの運動に見える第二次護憲運動ですが、背景には地域における「改造」の潮流も見られます。各地に青年同志会や立憲青年党などを名乗る若い世代による、多くは憲政会系の動きがありました（伊藤之雄『大正デモクラシーと政党政治』一九八七年）。システムAⅡの展開のなかに、第二次護憲運動もあります。

総選挙の結果、護憲三派が絶対多数を占め、第一党となった憲政会総裁の加藤高明を首班とする内閣が誕生します（一九二四年六月）。外務大臣と軍部大臣のほか、閣僚はひとりを除き政党員となっています。これ以後、政党政治が、政権交代を伴いながら展開していくことになります。

加藤内閣では、行政整理が行われ、また陸相・宇垣一成のもと、陸軍・四個師団の廃止がなされました。宇垣軍縮の名で呼ばれますが、装備の近代化を図っていることは、すでに指摘しました。

また、外交政策も、外相・幣原喜重郎によって国際協調外交がなされることになります。英米との協調、中国への内政不干渉＝非侵略の外交です。日ソ基本条約も調印し、ソ連と国交を結びます（一九二五年一月）。

この時期の重要なことのひとつは、アメリカで排日移民法が成立したことです（一九二四年七月施行）。日本人移民のみを対象としたのではありませんが、アジア出身者の移住を全面的に禁止する条項が設けられ、（アジアからの移民の大半を占めていた）日本人が結果的に排除されることになりました。

政策面で憲政会と対立する立憲政友会が、陸軍大将だった田中義一を総裁とし、さらに革新倶楽部（犬養毅）と合同するなど、まだまだ政党を軸とする政治もスムーズではありません。護憲三派内閣も、閣内の不統一で崩壊します。

しかし、政党内閣の方向への流れは決定的です。このあと、第二次の加藤高明内閣が続きます（一九二五年八月）。こうして、一九二〇年代半ばに政党内閣が定着し、民意が一定程度は反映される制度が運営されることとなります。四つのことを指摘しておきましょう。

第一は、政党が積極政策を推進するために、あらたな利権をつくり出し、藩閥とつながる業者とは異なるパイプがつくられたことです。これは、しばしば汚職として摘発されていきます。原敬の暗殺のときも、このことが理由に挙げられていました。政党内閣期には、こうした汚職（「瀆職《とくしょく》」「疑獄」と呼ばれました）が相次ぎました。

第二の点は、あらたなパイプづくりは、（従来の社会秩序の担い手とは異なる）あらたな名望家＝役職名望家の登場を意味します。「旦那衆」といったとき、（かつての）経済的な名望家から、（あらたに）方面委員、青年団長などの役職名望家に推移しつつありましたが、こののち、いっそう本格化していきます。町村の青年団の指導者には、町村長や小学校長がなります。

第三には、社会運動との関係で、体制が動き出したことです。民意を取り込もうという支配体制の動きは、社会運動にも向けられます。その一環が小作調停法と労働争議調停法の制定であり、あらたな労働政策（内務省社会局）と農業政策が試みられます。この点は、のちに補足しましょう。

そして第四に、もっとも重要なことですが、普通選挙の制定がなされたことです。一九二五年三月二九日に衆議院議員選挙法が改正され、男性普通選挙が実現します。ここに至るまでには、普通選挙を要求する運動の長い歴史がありました（松尾尊兊『普通選挙制度成立史の研究』一九八九年）。そして国民国家のもっとも重要な要件――「国民」の育成が、二五歳以上の「帝国臣民タル男子」に選挙権、三〇歳以上のものに被選挙権を与えるところにまで行き着きます。

納税額に関する要件を廃止するのですが、「救助」を受けるものの扱いをめぐっては、議論がなされました。その結果、貧困者で「救助」を受けているもの、および同一市町村内での居住が一年に満たないもの（すなわち貧窮などの理由によって、住所が一定しないものを想定しています）には、「欠格条項」として選挙権を与えないこととしました。

『東京朝日新聞』（一九二五年三月三〇日）は、選挙法の改正（一般的に、「普通選挙法」といい習わしています）に対し、「国民の宿望」が実現し「新らしい時代への通路を開く国民の忘る可からざる日」と最大の賛辞を送っています。財産による選挙権の制限が撤廃されたことは、人びとが選挙を通じて国政に参加することとなり、制度的に「国民」が誕生したことを意味します。

選挙権の行使は、主体的に、自らを「国民」と任じ行動する人びとが生み出されるということであり、システムＡⅠ・ＡⅡが実現したということになります。

もっとも、二つの問題点があります。一つは、男性のみが国民として認知され、女性は正式の国民とされなかったことです。女性は、政治参加が認められない「準国民」とされました。すでに女性たちは女性参政権を要求しており、市川房枝や久布白落実《くぶしろおちみ》らによって婦人参政権獲得期成同盟会が一九二四年一二月に結成されていましたが（一九二五年に婦選獲得同盟と改称）、実現には至りませんでした。女性参政権の要求はこののちも続けられていきます。女性の政治参加が実現するのはアジア・太平洋戦争後まで持ち越されました。

また、植民地には憲法が適用されていないため、植民地の人びとも同様に低位に置かれました（植民地には議会はなく、日本人男性も選挙権を有していません）。選挙法改正にあたり、議論されたのは「内地」に居住する植民地の男性です。内地にいる朝鮮人、台湾人は、居住条件さえ満たしていれば、参政権を認められました（松田利彦『戦前期の在日朝鮮人と参政権』一九九五年）。朝鮮人男性や台湾人男性が選挙権を有し、のちには朝鮮人の代議士も誕生しています。

いまひとつは、普通選挙法が、治安維持法とセットにして出されたことです。治安維持法は一九二五年四月二二日に公布されましたが、成立は三月一九日で、普通選挙法案の通過の前でした。治安維持法の制定は、日ソ基本条約による、ソ連との国交樹立も関係しています。司法省が提案した「朝憲紊乱《びんらん》」は外され、内務省が提案した「国体」が採用されました（中澤俊輔『治安維持法』二〇一二年）。

治安維持法は、「国体ヲ変革シ又ハ私有財産制度ヲ否認スルコトヲ目的トシテ」結社を組織したり、加入したりすることを禁じます（第一条）。勅令によって、朝鮮、台湾、樺太にも治安維持法が施行されました。

治安維持法のさいしょの適用は、一九二五年八月の満州の間島とされ（荻野富士夫『外務省警察史』二〇〇五年）、国内では一九二六年一月の京都学連事件とされています。

治安維持法は「結社」の取締法ですが、一九二八年に拡大適用（厳罰化、および目的遂行罪の追加）がなされ、最高刑は死刑となりました。一九四一年には、さらに大きく変更されます（罰則の強化とともに、予防拘禁制度が適用され、刑期が終わっても拘留されることとなります。奥平康弘『治安維持法小史』一九七七年）。

一九二〇年代後半に現れたのは、さまざまに動き出した人びとを、あらためて政治への参加を通じて「国民」として自覚させ、逸脱を処断するという体制です。「普選＝治安維持法体制」（渡辺治）であり、この体制はシステムＡⅠ・ＡⅡの帰結でもあります。一九二一年から始まった第四五帝国議会（高橋是清内閣）にも、普通選挙法案とあわせ過激社会運動取締法案が出されましたが、このときには両案とも否決されました（ただし、後者は貴族院は通過）。国民国家への国民としての参加と背中あわせの逸脱への厳罰――包摂と排除は、システムＡⅡにおける国民化の両輪となっています。この体制が政党内閣のもとでつくりあげられました。

こうして、デモクラシーと「改造」の動きは、普選と治安維持法（治安維持法の公布は、一三日先行していました）に行き着きます。国民化のあらたな段階といえますが、社会権がいまだ流動的なもとで男性普選がなされたともいえます。

このことは、弾圧の法規が前面に出てくることでもあります。社会運動を取り締まる目的で一九一一年八月に警視庁に設置された特別高等課は、一九一二年には大阪府、一九二二年から一九二六年にかけては北海道、京都、神奈川などの道府県にも置かれるようになり、一九二八年七月には全府県に拡大します。治安維持法が制定されてからはそれを法的根拠として、社会主義思想と社会運動を取り締まりました（荻野富士夫『特高警察』二〇一二年）。また、『社会運動の状況』という報告書も、一九二六年から刊行されます。

　ことは、一九二五年四月に陸軍現役将校学校配属令が出され、中等以上の官立・公立学校に陸軍の現役将校が配属され、軍事教練を行うことと連動しています。また、一九二六年七月に、中等学校に進学しない男性を対象とした青年訓練所が設けられ、一九三五年四月に、青年学校に再編されます。国民化は、身体の矯正とも結びついています。

　しかしシステムAⅡは決して単純ではありません。この「普選＝治安維持法体制」には、調停法が加わります。「参加」（普選）―「弾圧」（治安維持法）に、「調停」が加わるのです。協調会（一九一九年）、小作調停法（一九二四年）、救護法（一九二九年）、さらに、のちの浜口雄幸《おさち》内閣で検討された労働組合法、小作法（この二つは未成立）などが、その具体的な内容です。

たとえば、熟練労働者――基幹工を軸とする労働組合が力を有したがゆえに、政府は労働争議調停法（一九二六年）を公布し、労働者の団結権と争議権を認めます。

他方、小作争議も、日本農民組合のもと、伏石争議（香川県太田村）、強戸《ごうど》争議（群馬県強戸村）、木崎争議（新潟県木崎村）のいわゆる三大小作争議をはじめ、一九二〇年代には多く見られるようになります。そのため、政府は小作調停法を施行し、各府県に小作官を置き、調停を図り「地主制の制限」を行います（安達三季生「小作調停法」『講座 日本近代法発達史』第七巻、一九五九年）。

ともに、労働者や小作人たちの人格的自立の要求に対し、①根本的な点を拒否しながら、しかし、②要求としては承認するのです。

このことは、労働運動・農民運動を規制した、治安警察法第一七条の廃止（一九二六年）と即応しています。第一七条は、団結権や争議行為そのものは禁止していませんが、「他人ヲ誘惑若《もしく》ハ煽動《せんどう》スルコト」を処罰の対象とし、これまで争議行為を事実上、制約してきていました。「改造」の動きのなかで、政府は人びとの第一七条撤廃の要求を取り入れ、

「参加」を許容する一方、労働組合法や小作人の耕作権を公認する小作法は、検討しながらも成立させません。社会権が流動的であるというのは、こうした事態を指しています。

これらの法は、「調和」を旨とする、協調体制の推進でもあります。運動と統合の相互規定のなかで、人びとに「参加」を促しつつ、逸脱を諌める姿勢がいっそう強まります。日本では、多く村落の秩序が地主小作関係の調停機能を担っており、村落を基礎にした協調体制を自覚的に追求しようとするのです。労働組合法・小作法など社会法の未成立を示す一方、システムAⅡが人びとの要求を取り込みつつ、より強化されていったといえるでしょう。（労働争議調停法・小作調停法を含む）「普選＝治安維持法体制」は、参加―調停―弾圧というトリアーデのなかで国民化を図っており、人びとの主体性――主体化を軸にシステムAⅡを完成させていきます。

（3）人びとの心性

一九二〇年代の動きは、人びと（大衆――民衆）が、政治的、文化的、社会的に主体となるということであり、システムＡⅡが定着したということができます。帝国主義化が進行するなかでの、デモクラシーの定着――文明化の進展ということであり、背景には、モダニズムの社会空間の加速がありました。文明化が、矛盾を抱え込みながらも、人びとの心性にまで、着実に浸透していく過程でした。

こうした動きが端的に現れるのは、都市空間です。モダニズムの動きと共振しながら、文明化の拠点である都市社会が活性化します。

都市では、先端的な文化としてモダニズムが展開し、一九二〇年代には、断髪で洋装のモダンガール（モガ）がさっそうと盛り場を歩く光景が注目されました。消費のありかたが変わり、盛り場を歩くこと自体が享楽となっていきます。メディアの発達が加わり、映画を観《み》たり、蓄音機からの歌声に耳を傾けたりします。日本では一九二五年にラジオ放送も開始されます。大衆社会が登場したということができます。

これは、東京だけではなく、日本各地の大都市、さらには東アジアの大都市でも共通して見られた現象でした。

もっとも、モガに代表される現象のみをモダニズムとすることへの批判もあるでしょう。実際、『新青年』の編集者であり探偵小説を書く横溝正史は、「我が国のモダーニストは未《いま》だ前期の抒情《じょじょう》詩人のやうにセンチメンタルである」といい、その目にはシネマやダンス・ホール、カフェやバーなど「フラッパア・モダニズム」「モダーニズムの末梢《まっしょう》」しか映らないと批判します。さらに、

　これのみを見て、モダーニズムを単に無内容な、頽廃《たいはい》的な、華美な享楽的な消費文化だと考へるのは皮相な観察である。

と喝破しました（「探偵・猟奇・ナンセンス」、内外社編『綜合ヂャーナリズム講座』第一〇巻、一九三一年）。モダニズムが、そもそも時代の根拠であるとするのです。現象としてみなが論じているのは「末梢」にすぎないと、論者の目線こそを問題としています。

『キング』は、そうしたモダニズムの流れのなかで創刊されます（一九二五年新年号が、前

図2−6　『キング』創刊号の広告

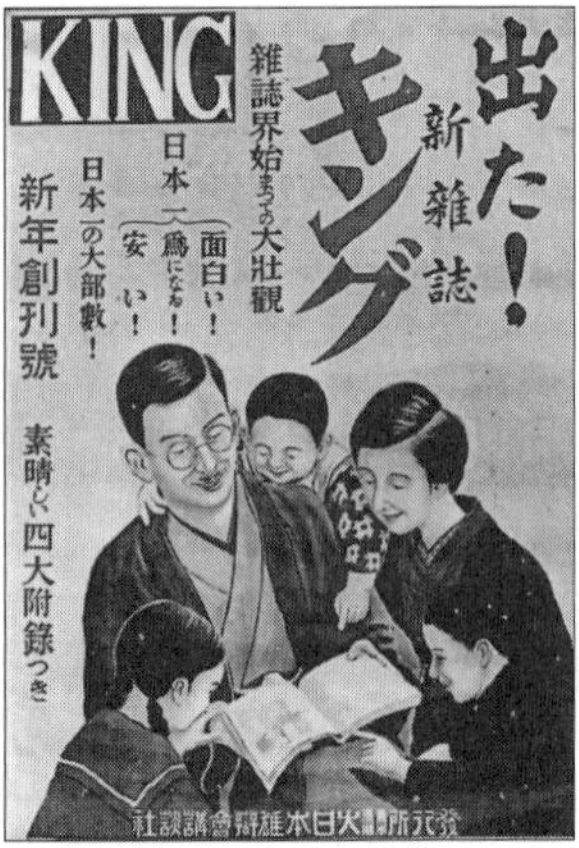

（出典／『講談社の80年』1990年）

年一二月に発売されました。佐藤卓己『「キング」の時代』二〇〇二年）。図2—6はその広告ですが、「日本一」ということを大々的に宣伝し、「面白い」「為になる」「安い」ということを標榜します。システムAⅡのもとで人びとが持つ上昇志向や知識欲、合理性の追求や娯楽の希求といった心性が、的確に把握され表現されているでしょう。

また、父親を中心に、母親と子どもが雑誌を取り囲み、家族の姿が強調されています。中流家庭の理想像が示されるとともに、雑誌をその中心にしようという試みがなされています。

『キング』に示されるようにメディアは自己の修養—友達との友愛とともに、日本と世界の情報を知識として与えていきます。もっとも、実際に雑誌を毎月発売日に購入するのは中流の階層に限られ、多くの人びとは回し読みをしていました。また、夜店で、月遅れの雑誌を買って読むということも普通のことでした。

「婦人」を対象とした雑誌は、『婦人画報』（一九〇五年）、『婦人公論』（一九一六年）、『婦人くらぶ』（一九二〇年、のち『婦人倶楽部』）などがありましたが、『主婦之友』（一九一七年、のち『主婦の友』）は、ずばり「主婦」を読者対象として掲げていました。一九〇〇年代に入ってから本格化してきた動きですが、文字文化の全面的な展開であり、文字から知識を得て、文字によって自省的・内省的な読書をする人びとが定着します。これまでの音読が、すっかり黙読に取って代わられます。メディアを介した「読者公衆」が根付くのです（前田愛『近代読者の成立』一九七三年）。

ちなみに、女性雑誌もモガに対し批判的です。モガに、男性のセクシュアルなまなざしが向けられていることを感知しているのでしょう。このとき、評論家の清沢洌《きよし》は、

モダーン・ガールに注意を払ふのは、この出現が、い丶意味でも悪い意味でも、時代

の先駆であるからである。積極的の意味からいへば、それは旧来の習慣に対する反抗運動の出現であり、消極的な意味からいへば、新時代の男子の趣味に応ずるために出来あがつた流行である。

と述べます（『モダンガール』一九二六年）。清沢は、女性の社会進出を資本主義――文明化のもとでの進展と捉え、しかもそれを当然のこととしていました。あわせて清沢は、「モダーン・ガール」は「婦人反逆の第一声」といい、『青鞜』の「新しい女」の議論、そして社会運動家の議論を「捨て石」として起こってきた「新しい婦人の傾向」としました。「新しい女」とモガとが、しばしば切り離されて論じられるなか、清沢の議論は卓越しているといえるでしょう。

加えて、「改造」の時代には、レコードや映画など「複製技術」（ヴァルター・ベンヤミン）によって、これまでにはなかった、あらたなものの見方、感じ方がもたらされるようになります。

たとえば、映画によるクローズ・アップやモンタージュ、フラッシュバック、スローモーションは、あらたな空間や時間の把握をもたらしたことでしょう。また、多くの人びとが一挙に作品に接することができ、「大衆」を浮上させます。「複製技術」は「大衆」の浮上の原因であり、結果でもあります。また、それは作品のアウラの喪失を意味し、「散漫な大衆」を生み出すことともなりました。

システムAⅡが定着し、それゆえにあらたなシステムBⅠの姿が見えてきています。

一九二〇年代のいくつかの局面を挙げておきましょう。第一は、民衆を文化の主体として把握する議論が出てきたことです。民衆芸術論として、多くの論客が論陣を張りますが、さきの平沢計七は、労働劇団をつくり、自ら執筆した戯曲を労働者に上演させ、かれらの「自立自治の精神」を育成しようとします。

柳田國男の民俗学は、こうした都市空間での動きと相同しているといえます。柳田は文明化によって旧来の地域秩序――農村の様相が大きく変化することに着目します。社会の基盤をかたちづくり、地域の習慣や「伝統」を担う人びとを「常民」とし、その人びとに目を向けました。柳田は「国民自身」の判断を重視し、普通選挙にも言及します。

柳田は、「常民」によって、日本の古層に位置する時間と空間の考察を行います。日本の「原郷」への関心ということができますが、常民への着目は柳田の持つナショナリズムと重なっていました（村井紀『南島イデオロギーの発生』一九九二年）。モダニズムとナショナリズムの重なりのあらたな展開が生じていました。


そのことの別の表現として、第二には、植民地に対する言及があります。多くの人びとは日本が植民地を領有していることを当然のように考えていましたが、一九世紀後半から二〇世紀にかけては、民族主義の時代でした。

朝鮮で一九一九年三月一日から始まった三・一独立運動は、そうした動きの一つです。民族独立という大きな射程でいえば、システムAⅡへの、システムAⅠからの異議申し立てです。民族独立（AⅠ）が、帝国主義国の支配（AⅡ）によって抑圧されていることに対する、抗議の行動です。

三・一独立運動は、一九一九年一月に急死した（前国王）高宗の死を悼み、三月一日に京城中心にあるパゴダ公園に集った人びとが（事前に準備をしていた）宣言書を読みあげ、独立を主張し万歳を唱えたところから始まりました。その後、運動は二カ月にわたって展開され、朝鮮半島のみならず、満州の間島、沿海州、上海、アメリカでも動きが見られました。上海には「大韓民国臨時政府」がつくられました。

都市部以上に農村部で運動が活発で、農民たちは役場を襲い、土地の登記簿などを破棄しました。憲兵・警官のほか、朝鮮軍や日本から派遣された軍隊が鎮圧に当たりました。在郷軍人や消防組員らも加わっています（朴慶植『朝鮮三・一独立運動』一九七六年）。

また、京畿道水原《スウオン》郡堤岩里では、日本の軍隊が住民を教会に集め、銃撃し放火して、二〇人以上を虐殺した水原事件（堤岩里事件）も起こりました。『東京日日新聞』（一九一九年四月一九日）は「教徒多数騒擾」のため「発砲解散」させたと報じています。

三・一独立運動に関して、日本の新聞は当初記事が規制されますが、解禁後も「暴動」とし、「鮮人」という蔑視語を使用します。運動を誘発したのは「誤れる民族自決主義」（『東京日日新聞』四月一〇日）であると報じて、はばかりませんでした。

三・一独立運動は、民族自決——民族主義に基づく運動です。朝鮮人が独立を求めて立ちあがり、宣言を出し、示威行為を行いました。しかし、いや、そうであるがゆえに、三・一独立運動に日本の人びとは、猛然と反発しました。たとえば、『東京朝日新聞』の元記者で、朝鮮に関する書籍を刊行する出版社を設立した細井肇は、

自決の能力なく、自から内より崩壊滅落したる衰亡の民族に自決を迫るが如きは、至難と云はんより寧《むし》ろ不能を強うるものにして、非道理も甚だし

（『内鮮人の本務』一九二〇年）

と口を極めて批判しています（引用は高崎宗司『「妄言」の原形』一九九〇年）。民族独立の動きへの反発は、システムAⅡの根深さが見て取れます。

しかし、三・一独立運動に共感を寄せる論者も、少数ながらいました。たとえば、柳宗悦です。柳は「朝鮮の友に贈る書」（『改造』一九二〇年六月）を記し、朝鮮人と日本人の

「二つの心」が触れ合うことを求めます。そのために、柳は「力の日本」を否定し、「情の日本」を押し出します。朝鮮を「内から理解」しようとし、朝鮮の美を「民族芸術」と評価しました。

さらに、柳は民衆の工芸にも関心を示し、「民芸」を再評価する姿勢を見せます。宗主国―植民地という非対称性には認識が及ばず、この点から柳に対する批判もありますが、三・一独立運動後にこうした主張を行ったことは重要でしょう。柳は、このほかにも「朝鮮人を想ふ」(『読売新聞』一九一九年五月二〇日―二四日)を記しています。一九二四年四月には、柳は(これまで収集してきた)朝鮮の美術工芸品を展覧するために、朝鮮民族美術館を開館しました。吉野作造も、また、三・一独立運動への批判を斥けています。

あるいは、エスペランチストの大山時雄は、「内地人の反省を促す為」に正道社を結成します(一九二六年)。さらに、「現実を直視せる朝鮮問題の批判」「朝鮮問題に無理解なるものの徹底糾弾」などの綱領を掲げる朝鮮時論社を立ちあげ、『朝鮮時論』を創刊しました。京城に五〇〇人ほどの読者がいたといいます(高崎『植民地朝鮮の日本人』)。

議論は、植民地所有への批判に及びます。石橋湛山は「一切を棄つるの覚悟」(『東洋経済新報』一九二一年七月二三日)、「大日本主義の幻想」(『東洋経済新報』一九二一年七月三〇日―八月一三日)を発表し、日本が植民地を持つことに対し、反対しました。システムAⅠを根拠とし、システムAⅡの暴挙を諫めたのです。

東京帝国大学で植民政策学を講じていた矢内原忠雄は、植民地の「内地化」、すなわち同化主義を批判します。専制性と結合した日本の朝鮮・台湾統治への批判です。その限りでは、京都帝国大学で植民政策学を講じる山本美越乃《みおの》と同様に、自治主義を説くということになります。

他方、同化主義に立つ植原悦二郎は、朝鮮と台湾に大日本帝国憲法を施行し、同化によって、差別をなくすようにいいます。実際、台湾においては議会設置運動が、朝鮮においては衆議院議員選挙法施行の請願が、繰り返し行われていました。

同化と自治の観点は、議論を徹底していくことによって、総督府政治への批判となっていきます。とくに、総督府が同化政策を基調とする状況では、自治主義は批判的な意味合いが強く出されることになり、改良の臨界の議論となるでしょう。しかし、統治される側からいえば、あらかじめ独立の道はふさがれています。その制約のもとで「(日本)国民」としての権利か、「植民地」における自治か、が突き付けられるということになります。

日本政府(原敬内閣)も朝鮮総督府の官制改革を行い、これまでの「武断統治」から「文化統治」へと植民地政策を変えていきます。朝鮮総督府の総督に文官任用の道を開き、他方、憲兵警察制度を廃止し、教師の帯剣をやめさせます。朝鮮人の発行する新聞も認め、朝鮮美術展覧会も主催しました。

しかし、三・一独立運動終息後の一九一九年八月、あらたに朝鮮総督となったのは海軍予備役大将・斎藤実《まこと》であり、以後も、文官が就任することはありませんでした。また、警察官は増員されています。

産米増殖計画が実施され、競争に敗れた朝鮮人は、日本や満州に移住しました。このころから在日朝鮮人の数も在朝日本人の数も、大きく増えていきます。

台湾総督府は、明石元二郎が総督のとき(一九一九年)、台湾軍の指揮権を台湾軍司令官に移譲し、文官が総督になることが可能となりました。「軍政」から「民政」への移行です。一〇月に田健治郎が文官総督となり、以後、一三人の総督のうち、九人が文官となります。

また、中国では、五・四運動が起こります。（一九一七年八月に北京政府〈段祺瑞《だんきずい》〉が宣戦布告を行った）中国は、北京政府と広東政府（孫文）とが、戦勝国として五二人の合同代表を講和会議に送り込み、不平等条約の撤廃、山東省の旧ドイツ権益の返還、そして対華二一カ条要求の無効を訴えます。しかし、その主張が斥けられたため抗議して、一九一九年五月四日に、北京大学などの学生が天安門前で集会を行いデモをしました。このことを皮切りに、抗日運動が開始されます。

学生たちは授業を放棄し、旧ドイツ権益の返還や日本製品の不買を訴えました。ヴェルサイユ条約の調印拒否も唱えます。動きは中国全土に拡大し、上海では商店が店じまいして学生や労働者のストライキがなされました。曹汝霖《そうじょりん》の家を襲撃するなど、政府要人への批判も行われます（川島『近代国家への模索』）。

朝鮮での三・一独立運動と、中国での五・四運動とは、このように背景を異にし、要求もまた異なります。しかし、ともに、民族主義によるナショナリズムによって、帝国主義を批判する運動となっています。

双方の運動が交錯する焦点は、大日本帝国です。したがって、日本で、三・一独立運動と五・四運動とが並べて理解されていることには、理由があります。いい方を換えれば、システムＡⅡが二つの運動を並列させるとともに、日本に照準を定めさせた、ということになります。

南洋の島々にも変化が見られます。第一次世界大戦は、日本の「南洋」の領域をさらに拡大することになりました。ドイツが統治していたミクロネシア（マリアナ諸島、マーシャル諸島、カロリン諸島。ただし、グアム島はアメリカ領）を、日本海軍が奪取します。

戦時中の密約に基づき、ヴェルサイユ条約で、日本は赤道以北の旧ドイツ領（小笠原諸島、硫黄諸島の南方に位置）を、国際連盟のＣ式委任統治領として統治します。「南洋群島」です（等松春夫『日本帝国と委任統治』二〇一一年）。

このことは、北太平洋の島々が、アメリカと日本によって分割されたことを意味します。アメリカは併合したハワイ諸島・オアフ島のパール・ハーバー（真珠湾）に海軍基地を建設したほか、グアム島を軍事拠点としました。

他方、日本は南洋群島を海軍の軍事拠点として位置づけ、硫黄諸島に海軍の硫黄島飛行場を建設します（一九三二年着工）。とくに、小笠原諸島は重視され、一九二三年に陸軍父島要塞司令部を開設しました（石原『〈群島〉の歴史社会学』）。

先住者の子孫たちが、日本軍政当局によって管理と監視の対象とされたのです。のち、一九四一年には、戸籍名を日本風に変更するように要塞司令部から命令が下されたともいいます。

また、本土と小笠原諸島、サイパン島、トラック島、テニアン島を結ぶ「南洋航路」が大いに発展していきました。太平洋上の「海上権」が意識されています。これも後年のことになりますが、日本が一九三三年に国際連盟を脱したのちも、（「連盟に協力する非加盟国」として）「南洋群島」への委任統治を継続し、一九四〇年に、ドイツから日本に正式に

「譲渡」されています。これらの地は、アジア・太平洋戦争の激戦地となります。

移動する民の存在にも言及しておきましょう。歴史家の岡部牧夫は「移住先の三類型」を指摘しています。第一は「独立の主権国家やその自治領」、第二は「独立の主権国家の植民地・勢力圏」、そして第三は「日本自身が植民地・勢力圏としている地域」です（『海を渡った日本人』二〇〇二年）。

岡部は、一八八五年から、日露戦争期くらいまでを「移民活動の成立期」とします。そして、続く一九〇五―二四年を「移民活動の社会化の時期」としました（ちなみに、このあと日本がアジア・太平洋戦争に敗北する一九四五年までを「移民活動の国策化と戦時化の時期」としています）。

ハワイから始まり、ハワイとアメリカに向かっていた移民が、カナダ、メキシコ、ペルーなどへと広がり、社会化していったと把握しています。

一九〇八年四月二八日、神戸から、ブラジルへの第一回契約移民七八一人を乗せた笠戸丸が、ブラジルのサントスに向けて出航しました。パナマ運河は開通しておらず、シンガポールや南アフリカ（ケープタウン）を経由しての航路です。皇国殖民合資会社（社長・水野龍）は、ブラジル・サンパウロ州とのあいだに、コーヒー農場の農業労働者を送り込むことを契約していました。

移民のなかには、土地を借り、あるいは購入し、自営で農業を行うものたちも出てきます。自営農を目指して入植することが、主流となっていきます。

かれらは集団で住むことが多く、コロニーを形成し、そこでは日本人会が組織され、子弟のために日本語学校が設けられました。

日本政府も、一九二〇年代には移民政策を推し進めます。一九二五年に、貸与であった渡航費および移民会社への手数料を、全額支給としました。また、一九二七年に海外移住組合法を制定し、ブラジル移民の宣伝・奨励・補助を行い、ブラジル移民の数は増えていきます。

しかし、一九三〇年代半ばごろから、ブラジルで、移民の制限、日本人移民の排斥が始まり、人数は落ち込みます。さらに、一九三七年以降は、ヴァルガス大統領の独裁体制のもとで、移民の同化政策が始まり、教育・文化活動が制限されます。そのため、満州移民が浮上するのですが、このことは次章で見ることにしましょう。

海外への移民が多かったのは、広島県、山口県、熊本県、福岡県、そして沖縄県です。しかし、職業形態はほぼ同じで、圧倒的多数は農業労働者として移住しています（岡部牧夫）。

一九二〇年代に現れた局面として、大正デモクラシー――「改造」の運動には「底流」があり、はなばなしく見える成果に浴せない人びとの鬱積が露呈してきたことも見逃せません。

江戸川乱歩「屋根裏の散歩者」（『新青年』一九二五年八月）の主人公は、都市に出てきた独りもの（単身者）で、「どんな遊びも、どんな職業も、何をやって見ても、一向この世が面白くない」という青年です。

この主人公の青年は、定職を持たず、都市のあちこちを歩き回り、何をしても刺激がないなか、他人の部屋をのぞき見る「快楽」を覚え、天井裏から熟睡する男の口に毒薬をたらしこみ殺人に至ります。主人公は、文明化の恩恵を享受しつつ、それゆえの倦怠《けんたい》を感じ「理由なき殺人」にはしりました。乱歩の推理小説に登場する名探偵・明智小五郎もこのときには定職も家族も持たず、同様の存在でした。

ほかにも、文明化のもとでモダニズムが進行するなか、そこに同調できず、反発を持つ人びとが存在します。

中里介山『大菩薩峠《だいぼさつとうげ》』（一九一三―四一年、未完）が、こうした底流に根差しながら「理由なき殺人」を描いたことが知られていますが（鹿野政直『大正デモクラシーの底流』一九七三年）、その反発――怨念は分厚い層として存在していました。近代――国民国家のもとで、その抑圧を訴える人びとが現れるのです。

その一つの例は、この時期のテロリストの青年たちに見られます。佐賀県に生まれた朝日平吾は、満州に渡り満蒙独立運動に関わりますが、そののち貧民救済をはじめ、社会問題の解決を志しながら果たせず、職を転々とし、株で大損もします。

このとき、財閥総帥の安田善次郎が株で多額の利益を得たという話を聞き、寄付を迫ったものの断られたため、殺害してしまいます（一九二一年）。大戦の好況の恩恵を受けず、社会問題に目を向けるのですが、それを解決できない煩悶が、朝日に生じています（橋川文三「昭和超国家主義の諸相」一九六四年。『近代日本政治思想の諸相』〈一九六八年〉所収）。

吉野作造は、朝日の行動に対し「普通の殺人でない」と感想をもらし、「時代の産んだ一畸形児《マヽ》」と捉えました（「宮島資夫君の「金」を読む」『中央公論』一九二一年七月）。また、朝日の行動に刺激を受けた中岡艮一《こんいち》は、首相・原敬を刺殺します（一九二一年）。

大正デモクラシーと「改造」思想の影響を受けながら、そこに同調できない怨念（ルサンチマン）が、テロリズムという行動になっていきます。

あるいは、農村の青年たちです。「純粋な百姓青年」と自己を規定する埼玉県南畑《なんばた》村の貧農の長男に生まれた渋谷定輔は、小作争議に参加し、農民運動に没入します。一九二六年には、詩集『野良に叫ぶ』を刊行し、「来るべき健全なる新社会を生む力こそ／今　聡明なる文明人等の足下に蹂躙されてる」と憤懣をぶつけます。そして「野良から　土から大地から／出発することを知らないのか！」と文字通り叫ぶのです。

都市で、恵まれた文化生活を行う「文明人」に対する怨念ともいうべき心性が見られます。システムAⅡを抑圧とみなす心性があちこちで生じていました。かれらはしばしば近代そのもの（システムA）に矛先を向けるのでした。

「普選＝治安維持法体制」と呼ばれる体制――システムAⅡは、こうして人びとの心性にまで入り込んでいます。国内における帝国主義体制であり、システムAⅡの完成ということになります。国民国家のプロセスは、（男性に限られたものの）国民化が制度化され、かれらの参加による政党政治をもたらし、社会運動の認知も行われました。

しかし、そこからはみ出すものたちには、非国民化――厳しい処罰が伴っていました。また、こうした体制下にうずまく怨念が、ひろく生成されていたのです。

「改造」の時代まで行き着いた一九二〇年代には、かくして二つの動きが露呈してきます。一つは「都市」と「農村」が対比的に語られるということです。近代化の動きは、都市文化を爛熟《らんじゆく》させるとともに、農村を都市化させ、都市への憧れと反発を生み出していきます。底流にある怨念は、江戸川乱歩にせよ、渋谷定輔にせよ、あるいはテロリストたちもまた、金権と欲望が渦まく場所として都市を捉え、都市に批判の照準をあわせています。

いまひとつは、その都市のなかに、統制と統合の動きがあらわになってきたことです。運動に参加していた「旦那衆」は、役職名望家となり都市の貧窮者（「雑業層」）に対しては方面委員として、さらに防空演習の実働部隊として、かれらの統制に向かいます。

さきに触れた調停法体制も見逃すことができません。デモクラシーの成果をふまえた、あらたな統合政策――対抗がかたちづくられます。跛行《はこう》的ながら、つくり出されたシステムＡＩ――一九世紀半ばからの動きが、システムＡⅡとしてかたちを整えました。

しかし、システムの完成は、ただちにあらたなシステム――システムＢＩへの移行をもたらします。システムＡⅡからシステムＢＩへの移行――主体を媒介とした統合という動きをつくり出していくことになります。

第三部

恐慌と戦争

出征前の兵士たちを見送る姉弟。
林唯一・画、池田宣政・作「誉の日章旗」（『少女倶楽部』1934年2月号）より。

第一章　恐慌と事変（一九三〇年前後）

1　転換期としての一九三〇年前後

(1)「大衆」と「メディア」の共振

「現代」と「近代」の違いは何か。またいつから「現代」が始まるか、ということについてはたくさんの議論があります。一九三〇年前後は、その「現代」の始まりとされる時期の一つです。代表的な総合雑誌『中央公論』は、「現代日本の再認識」（一九二九年二月）や「現代日本の再検討」（一九三二年一月）といったテーマを掲げ、この時期を「現代日本」として把握しようとしています。「モダーン・ライフ再吟味」（一九二九年二月）も行っています。

本書も、この一九三〇年前後に着目し、「はじめに」で触れたシステムＢⅠおよびＢⅡの開始を「現代」として考えてみましょう。国民国家、そしてその帝国主義への推移という動きが、あらたな国際関係のなかで転換し、経済をはじめ政治や社会において、あらたなシステムＢⅠ・ＢⅡが始動します。


まずは、大日本帝国の岐路として事態が出現しました。それまでの日本が目指してきた「近代」という目的が達成された、という意識のもとで、動きが見られます。憲法と議会を備え、男性普通選挙によって国民国家がかたちを整えできあがり、人びとの権利意識も高まりました。人びとはリテラシーを持ち、文明的な身体の作法を有するようになります。資本主義が発達するとともに、植民地に対しては優越的な意識を示し、世界のなかに地歩を占めるに至りました。

「近代」の制度ができあがり、その内実をつくり出す動きがひとまわり、まわり終わるということです。それゆえに、一九三〇年前後には、政党―軍部―官僚という統治の集団が、互いの内部にそれぞれ異なった構想を持つグループ（閥）を生じさせ、その対抗が前面に出て、複雑な動きをつくり出します。社会運動の主導者たちも、これまでのように政府に対抗するのみではなく、支配の機構と癒着したり政策を補完する動きを見せるようになります。

システムＢＩの始動は、「普選」と「恐慌」によっており、これに「事変」（＝戦争）が続き、システムＢＩへの推移を決定的にします。システムＢＩには、二つの要因があります。第一は「大衆」、第二は「メディア」で、国際的な環境の変化がこれらの要因を強く押し出します。ことばを換えれば、システムＢＩの背後に「大衆」と「メディア」があり、それらによって歴史が規定され、一九三〇年代以降の大きな転換がなされる時代となった、ということです。「大衆」とは、個々バラバラで規範を持たない集団ですが、国民化の過程で主体化されたかれらがふたたび動き出し、「メディア」がその動向と共振していきます。

前章までとの関連でいえば、「国民」としてまとめあげられた人びとが、一九三〇年前後にはさまざまに流動化し、「大衆」として認識されるに至ったということです。なかでも都市化の進展が、人びとの紐帯《ちゅうたい》をつくり直すことを要請します。「国民」が再定義され、「大衆の国民化」を課題とする時期が到来している、といってもよいでしょう。①旧来の共同体の解体があり、②都市に典型的に、しかし農村でも、あらたな二次的な共同体の形成が模索されるということです。旧来の共同体の規範から離れ、バラバラになった人びと（「群化した大衆」）を統御し、メディアを介在させながら、あらたなつながりをつくり出す動きのもと、「大衆」がさまざまに影響力を持ちます。

同時に、「大衆」はマスとして認識されるとともに、一人ひとりが主体的な営為を要請され、その主体化を通じて統制がなされます。統制は、思想面はむろんのこと、身体にもおよび、感情や感覚までもがコントロールされていきます。

政治の領域でシステムＢＩの様相を垣間見れば、二〇世紀の初頭に、都市のなかで騒擾によって自己主張していた人びとは、「普選」による政治参加を実現します。しかしかれらは、その瞬間から、メディアの台頭――マスメディアの登場のもとで、あらたな動きを見せます。雑誌・新聞、そして一九二五年三月に東京放送局が開局されて始まったラジオ放送が、人びとのあらたな動きをつくり出します。

政治の世界では、普通選挙が大きな意味を持ちます。普選が実施され、あらたに選挙権を手にし「国民」となった男性たちによって、政党政治が行われていくことになります。

第一回の男子普通選挙の実施は、一九二八年二月二〇日。月曜日でしたが、それでも投票率は八〇・三六パーセントでした。有権者が三〇〇万人ほどから、一挙に一二四〇万人に増え、これまでとは異なる環境のなかで、選挙がなされます。小選挙区制が中選挙区制となり、足で歩く選挙から「言論戦、文書戦」の選挙運動となります。ポスターが貼られ、演説会が開催され、候補者の周知がなされ、印刷技術やポスターを貼る空間の拡大が見られます（玉井清『第一回普選と選挙ポスター』二〇一三年）。かつての利益誘導と投票買収による選挙戦とは、様相を異にします。

弁論の術が取りざたされ、立憲政友会の政治講習会では「主義政綱」や政策の解説とともに「雄弁術」（高橋熊次郎）が論じられました。会員で代議士でもあった高橋熊次郎はいくつもの例を出しながら、「民衆の理解力の程度」を見極め、「問題の範囲を狭くして」論ずるとともに、さいしょは低い声で始め、語尾は上げることなど技術面にも言及していま

す（立憲政友会編『政治講座　続編』一九二八年）。

さらに、政党がらみのスキャンダルがいくつも表面化します。普選実施を目前にした時期、松島遊郭移転をめぐる疑惑、陸軍機密費問題、あるいは朴烈《ヨル》怪写真事件などが政治問題化します。

大阪の松島遊郭の移転に際し、憲政会や立憲政友会、政友本党の幹部とのあいだに金銭の授受があったという疑惑、田中義一・陸軍大将らが陸軍機密費を横領したという疑惑で、さらにそれらを調査していた検事が変死体として発見されるなど、たしかに不可解な出来事が続いた時期でした。

また、その検事は、朝鮮人の社会運動家・朴烈とその妻・金子ふみ子が、関東大震災のさなか、天皇や皇太子の殺害を試み、爆弾を投げつけようとした事件についても、大逆罪として調査していました（朴烈事件）。裁判で、死刑（無期懲役に減刑。ただし、金子は自死）の判決が出たあと、朴に金子がもたれかかっている取り調べ中の写真が新聞に掲載され、騒ぎとなりました。

これらの事件は、のちに作家・松本清張『昭和史発掘』（一九六四―七一年連載）によって特記されることになりますが、たとえば、朴烈怪写真事件は立憲政友会や政友本党が取りあげ、内閣への攻撃材料としています。普選が「大衆」の意向による制度であるため、その流れのなかで、スキャンダルが大々的に報じられたということでしょう。システムBIは、「大衆」を政治の要素として組み込み、その動向を無視しえないものとします。

この時期、次期の首相候補者は慣例として元老が推薦することになっていましたが、一九二〇年代後半からは、生き残った最後の元老である西園寺公望が衆議院第一党の政党党首に内閣を担当させる「憲政の常道」の方針をとります〈こののち、一九四〇年代には西園寺が首相候補者の協議を拒否し、内大臣が重臣〈首相経験者と枢密院議長〉を集め、その重臣会議の結果を天皇に報告し選定することになりました〉。

おりしも首相・加藤高明が病気によって急死したため〈一九二六年一月二八日〉、西園寺は、同じ憲政会の若槻礼次郎を後継に推挙しました。若槻は、原敬に次ぐ「平民宰相」となり、多くの期待を集めることとなりました。

このとき、立憲政友会と憲政会は、互いの政策がはっきりと異なっています。立憲政友

図3−1　【年表】政党内閣の推移

内閣	期間	政党
第一次・第二次 加藤高明内閣	1924年6月11日 —25年8月2日 —26年1月28日	第一次＝憲政会＋立憲政友会 ＋革新倶楽部 第二次＝憲政会
第一次 若槻礼次郎内閣	1926年1月30日 —27年4月17日	憲政会
田中義一内閣	1927年4月20日 —29年7月2日	立憲政友会
浜口雄幸内閣	1929年7月2日 —31年4月13日	立憲民政党
第二次 若槻礼次郎内閣	1931年4月14日 —12月11日	立憲民政党
犬養毅内閣	1931年12月13日 —32年5月16日	立憲政友会

会は積極財政で、公共政策などにより財政規模を拡大し、経済を刺激することにより、産業の発展を期していました。これに対し、憲政会（のち、一九二七年六月に政友本党と合同して、立憲民政党となります）は、浜口雄幸が総裁となり、緊縮財政をとり、産業の合理化を推進して日本経済の国際的競争力を高めることを図っています。

両党は、経済を軸とする内政とともに、中国との関係を核とする外交も政策が異なります。基本的には、それぞれ欧米との協調をとろうとしますが、温度差が見られるのです。大正デモクラシー——「改造」思想の延長にあり、ヴェルサイユ—ワシントン体制の枠内で

図3−2　政党、官僚、軍部における対立の構図

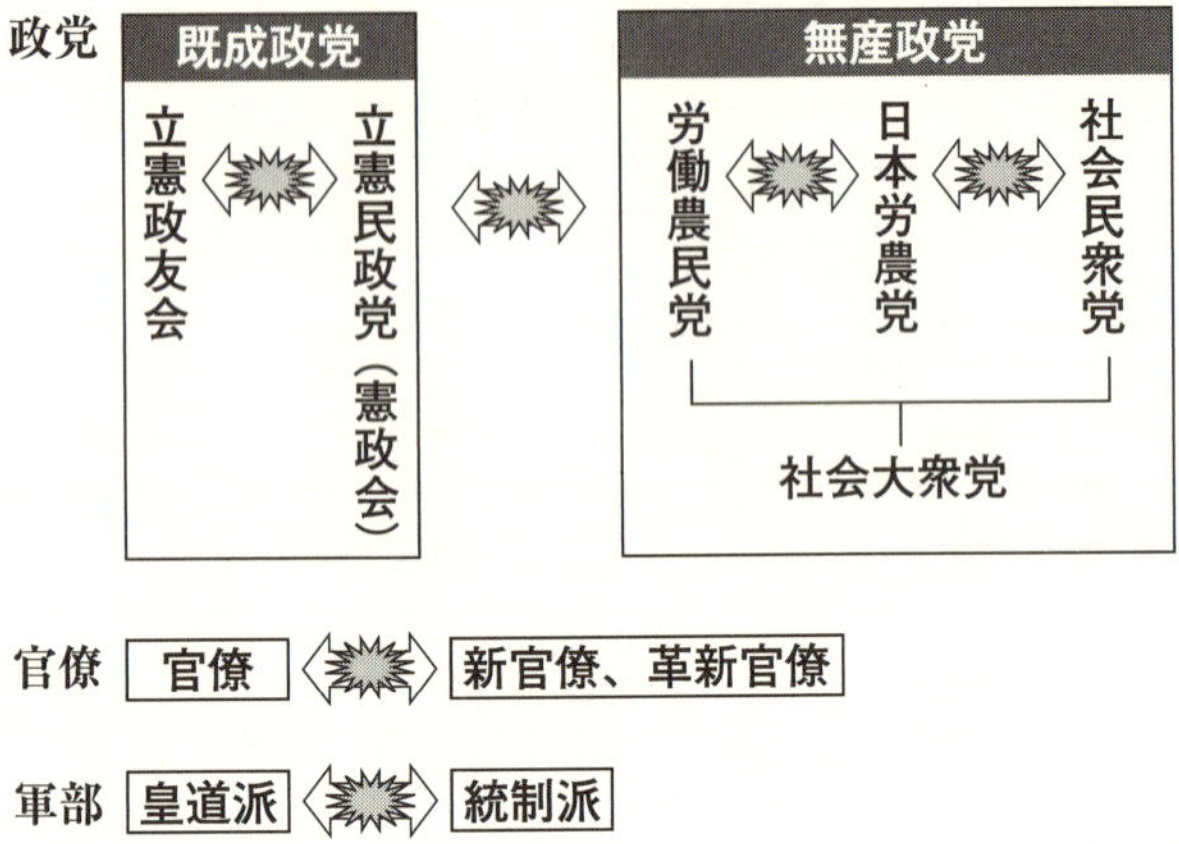

すが、「協調外交」（憲政会―立憲民政党）とそれへの対抗など政策の差異を有していました。

　この時期の政党政治は、政権の交代を伴いながら行われることになり（図3―1）、加えて（おいおい述べるように）官僚や軍部においても、一九三〇年代には路線の違いが際立つ勢力の登場と対抗が見られます。対抗する二つの勢力によって、それぞれの方針が出され、大日本帝国の岐路をつくり出していきます（図3―2）。

　カギの一つは、中国情勢です。中国はいまだ統一の途上にあり、北京政権（袁世凱のあと、段祺瑞vs.馮国璋《ふうこくしょう》vs.張作霖《ちょうさくりん》）と国民党によ

図3—3　中国における対立の構図

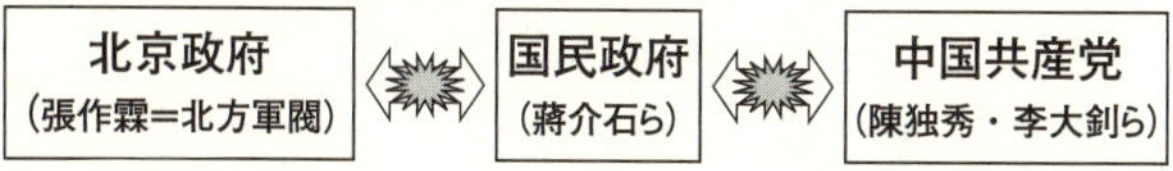

る広東政権（孫文）との対抗が見られます。さらに上海で、中国共産党（陳《ちん》独秀《どくしゅう》、李大釗《りたいしょう》）が結成され（一九二一年）、対抗が複雑になります。一九二四年に、中国国民党と中国共産党が、第一次国共合作により協力関係をつくりあげていましたが、一九二五年三月に孫文が死去すると、反共産主義派の蔣介石《しょうかいせき》、汪兆銘《おうちょうめい》らが実権を握り、国民政府（南京）となっていました（図3—3）。そして、国民政府による北方の張作霖らに対する「北伐」が開始されます（石川禎治『革命とナショナリズム』二〇一〇年）。

対中国をめぐっては、四つの構想があったと整理されています。第一は「満蒙特殊地域論」（田中義一、立憲政友会）、第二は「国民政府全土統一容認論」（浜口雄幸、立憲民政党）、第三は「満蒙分離論」（関東軍）であり、そして第四は「満蒙領有論」（永田鉄山、一夕会《いっせきかい》＝陸軍中堅幕僚）です（川田稔『満州事変と政党政治』二〇一〇年）。

中国の主権をどのように考え、中国統一の動きにどのように対応するか、またその担い手をどこに見出すかの相違ですが、その背後には日本の領土的野心がうごめいています。どの範囲を日本の勢力下に置くかも、連動しています。「満蒙」が一つの焦点です。

国民政府による中国の統一をいい、満蒙は中国の領土とする第二の構想に対し、第一と第四の構想は、満蒙を日本の「特殊権益」の地とし（第一）、あるいは領有しよう（第四）というものです。そして、第三の構想は日本の影響下に満蒙を置きつつ、新政権を打ちたてようとし、満州事変の動きに連なるものでした。政党の対外政策の相違とともに、軍部のなかでも中国への向き合い方の違いが見られます。軍部のなかでの差異には、軍部の派閥が絡み合っています。いくらか回り道となり、のちに言及することにもなりますが、軍部の様相を陸軍の派閥によって概観しておきましょう。

長州閥が力を持っていた陸軍に、一九二〇年代中葉から（岡山出身の）宇垣一成が台頭し陸軍大臣となり、陸軍の中心として力をふるいます。まずはこの宇垣派と対抗するグループが結成されます。永田鉄山・小畑敏四郎・岡村寧次という陸軍士官学校同期生が軸となり結束しました（ドイツのバーデン・バーデンでの結束であったことが強調されます）。（二葉会・木曜会を経て）一九二九年五月に一夕会を発足させ、東條英機、板垣征四郎、山下奉文らの陸軍の中堅幕僚たちが加わりました。いずれも非長州の荒木貞夫、真崎甚三郎、林銑十郎《せんじゅうろう》を前面に押し立て、宇垣派と対抗します。

いまひとつここに青年将校たちが動き出し、皇道派を形成します。一夕会が（陸軍士官学校を出て）陸軍大学校を卒業したエリートである幕僚たちのグループであるのに対し、青年将校たちは陸軍士官学校の卒業でした。しかし当面、青年将校たちは、幕僚たちの一夕会と結合し皇道派を形成します。こうして本項で扱う満州事変までは、皇道派が大きな力を有していました。

ここに二つの動きが加わります。ひとつは桜会の結成です。（青年将校に近い）橋本欣五《きんご》郎《ろう》らが参加し、一九三〇年に結成されます。「本会は国家改造を以て終局の目的とし之が為め要すれば武力を行使するも辞せず」と主張しました。主流派（国際秩序・政党政治に調和的）へ対抗し、左翼思想、政党政治、協調外交に反対します。後述するように、桜会は、（「宇垣内閣」「荒木内閣」を目指す）「三月事件」「一〇月事件」と二度にわたるクーデターを計画しますが、未発に終わります。

いまひとつは、満州事変後に顕現する統制派の動きです。一夕会の事実上の中心であっ

図3―4　陸軍の派閥

派閥	主なメンバー
皇道派	荒木貞夫　真崎甚三郎　小畑敏四郎 山下奉文　牟田口廉也
統制派	永田鉄山　東條英機　今村均　武藤章　池田純久
満州派（石原派）	石原莞爾　板垣征四郎　花谷正

（川田稔『昭和陸軍全史』〈全3巻、2014―15年〉などをもとに作成）

た永田鉄山は（荒木貞夫、真崎甚三郎を見限り）皇道派から離れ、東條英機、武藤章らも永田に続きあらたに統制派として行動します（筒井清忠『昭和期日本の構造』一九八四年、川田稔『昭和陸軍全史』全三巻、二〇一四―一五年）。いくらか先走って述べておくと、皇道派と統制派の対抗がこのあとの陸軍軍閥の対抗の機軸となります（図3―4）。統制派の中心となった永田は、重臣層（木戸幸一、近衛文麿《このえふみまろ》、原田熊雄）・国策研究会（国家総動員体制を研究。池田純久、田中清、影佐禎昭）・革新官僚（岸信介、和田博雄、唐沢俊樹、奥村喜和男、迫水《さこみず》久常ら）と人脈を有していました。

（2）「恐慌」の影響

「恐慌」が若槻礼次郎内閣を襲います。一九二〇年代後半から、恐慌が相次ぎますが、一九二七年に金融恐慌が起こったのは、おりから（地租を地方税に移すとする）地租移譲問題をめぐり、立憲政友会と憲政会が対抗している時期でした。

（換金が困難な）震災手形の救済のため、政府は勅令を出し対処していましたが、片岡直《なお》温《はる》・蔵相の失言により、銀行の取り付け騒ぎが起こります。さらに、台湾銀行が保有する震災手形の多くが、鈴木商店への不良貸し付けであることが判明します。若槻内閣は、台湾銀行の経営危機の救済のため、日本銀行の支援を要請し、緊急勅令案を取りまとめます。しかし、その案を枢密院が拒否したため、金融恐慌が起こりました。政争による恐慌でした。

若槻内閣は総辞職し、立憲政友会に政権が移り、田中義一による内閣が誕生します。内閣の交代が与党政党の交代を伴うことが、この時期の「憲政の常道」でした。田中義一内閣は、緊急勅令により、三週間の支払猶予令（モラトリアム）を出す提案をし、臨時議会でその緊急勅令案が承認され（緊急勅令は、公布直後に召集される議会での承認が必要）、台湾銀行救済の資金融資も決定されました。

田中内閣に対する国民の信を問うため、（さきに記した）普選による総選挙が実施されます（一九二八年二月二〇日）。結果は、立憲政友会、立憲民政党がともに過半数をとれず、無産政党が八人を当選させています。

システムBIの始動ですが、この選挙結果をどのように考えるかが、この時期の歴史認識の一つの焦点となるでしょう。まず注目すべきは、依然として既成政党が票を集め、立憲政友会（二一七議席）がわずか一議席ですが、立憲民政党（二一六議席）を上回ったことです。有権者が増えたにもかかわらず、政治意識と政治構造が大きな変化を見せていません。新有権者の多くは小作農であるのですが、旧来の意識と慣行で投票がなされたことが考えられます。

次に、しかしながら、無産政党と呼ばれる社会民主主義政党が議席を獲得したことにも留意しなければなりません。まったくあたらしい政治勢力が、議会に入ることになります。八議席を多いと見るか、少ないと見るかも、判断が分かれるところでしょう。日本共産党もひそかに活動を行っていました。

選挙妨害は、そうとうなものでした。道府県知事と警察部長を含む部長職の異動が、政権政党の交代ごとになされることが恒例で、政権政党は自党の官僚を配置し、選挙に備えるという方策をとります。このため、政府による選挙干渉は厳しいことが普通でしたが、そのなかでも無産政党への干渉は過酷なものでした。見逃せないのは、「新聞の応援」（藤森成吉ほか『我等斯く戦へり』一九二八年）があったことです。新聞は、無産政党に対する選挙妨害を記し、無産政党候補の主張を書き留め、読者に伝えようとしています。

しかし、第三の点ですが、なにより無産政党は政策の小さな差異によって分裂していきます。一九二六年三月に労働農民党ができますが、党内で対立が起こり、一二月に右派が社会民衆党（安部磯雄ら）、中間派が日本労農党（三輪寿壮ら）を結成しています。左派の労働農民党は大山郁夫を委員長に再編し、一九二九年一一月にあたらしい労農党が結成され、他方、中間派と右派の一部によって一九三〇年七月に全国大衆党（議長・麻生久）がつくられます。さらに、一九三一年七月に、全国労農大衆党（労農党＋全国大衆党＋社会民衆党の一部）がつくられるなど、動きは複雑で、政党同士は互いに差異を強調します。これでは、新有権者たちの支持を取り付けることはできません。

これまで民本主義を唱えていた吉野作造は、社会民主主義へと接近していきます（吉野の死後は、女婿の赤松克麿がその役割を果たします）。あらためて、社会民主主義の台頭を考えることが必要でしょう。憲政の常道は、三つの勢力の鼎立《ていりつ》（保守党、自由党、労働党）の絵柄となって映ります。

そして、のちの選挙となりますが、第四に、朝鮮人の立候補者から当選するものも出てきたことを付け加えておきましょう。朴春琴《チユングム》は、一九三二年から四回の衆議院議員選挙に立候補し、二回当選しています。大日本帝国の男性普通選挙のもとで、植民地出身の代議士が誕生するのです。

一方で、この普選の枠を逸脱する動きに対しては、厳しい態度がとられました。田中内閣は、選挙後の三月一五日に、治安維持法を適用し、日本共産党員、および同党の支持者の一斉検挙を行います。逮捕者は野坂参三、志賀義雄ら一五〇〇人に及び、四八〇人を超える人びとが起訴されました（三・一五事件）。逮捕者には激しい拷問が加えられましたが、小林多喜二『一九二八年三月十五日』はこの事態を取材した小説となっています。また、日本労働組合評議会、労働農民党、全日本無産青年同盟は解散させられます。

さらに、田中内閣は六月二九日に治安維持法の改正（緊急勅令）を行い、「国体ヲ変革」することと「私有財産制度ヲ否認」することとを区別し、前者の最高刑を死刑にしました。この改正に反対する代議士・山本宣治は、右翼に暗殺されました（一九二九年三月）。国民参加を実現させながら、その過程で「国民」と「非国民」を分断していき、「普選＝治安維持法体制」に従うものを国民として統合する体制を固めていきます。システムBIは、こうして包含と排除を行い、主体的参加と国民としての義務の遂行を身体化させていきます。大日本帝国の秩序――システムBIからの逸脱は、容赦なく排除しました。

他方、田中内閣（田中が外務大臣を兼務）は、中国に対し強硬姿勢をとります。再開された第二次北伐のさなか、日本人居留民保護を口実とし、三度にわたって山東半島・青島に出兵し、済南にまで兵を進めます（一九二七年五月―九月、一九二八年四月―五月）。とくに、第二次の出兵では、国民政府の軍隊（国民革命軍）と衝突し、済南城を占領しています（済南事件。このあと一九二八年五月にさらに出兵をしました）。また、田中内閣では、森恪《つとむ》・外務政務次官ら対中国強硬論者を中心に、外務大臣、駐支公使、奉天総領事、関東長官、関東軍司令官らを招集して東方会議を開き（一九二七年六月―七月）、満州・東三省（奉天省・吉林省・黒竜江省）における日本の「特殊地位」を確認しました。

田中内閣は、満州権益の保護を第一とし、①北京と南京の政府に対し、東三省に「戦乱」を持ち込まないようにいい（石川『革命とナショナリズム』）、あわせて②（北方の軍閥）張作霖に奉天（現在の瀋陽）に戻るように勧告します。しかし、張作霖は鉄道で北京を離れたところを、関東軍参謀・河本大作の策略によって爆殺されてしまいます（一九二八年六月。「満州某重大事件」と呼ばれました）。張作霖を利用し、侵略の足掛かりとしようとする田中内閣に対し、関東軍は直接の侵略のために張作霖を邪魔としました。加えて河本らは爆破事件を契機に局面打開を図ろうとしました。大日本帝国内部でも動きが異なり、とくに「内地」の政府と、「外地」の出先の軍部とは考え――戦略の違いが際立ちます。

田中内閣は、こうした内政・外交における強圧的な姿勢のため、悪評を買いました。「満州某重大事件」を昭和天皇に咎められ、退陣します。

代わって登場した、立憲民政党による浜口雄幸内閣は、軍縮と金解禁という大きな政策を遂行します。浜口内閣こそが、大日本帝国の岐路に当たり、重要な位置を占める内閣であったといえるでしょう。システムＢＩに移行する方針を、はっきりと打ち出しました。

浜口内閣は、一九二九年七月に一〇大政綱（『報知新聞』〈一九三〇年一二月三〇日〉によれば、「政治の公明」「国民精神作興」「綱紀の粛正」「日支国交刷新」「軍備縮小完成」「整理緊縮断行」「国債逓減努力」「近く金解禁」「社会政策確立」「教育機能の更新その他」と整理されている）を出し、内政は、蔵相・井上準之助によって緊縮財政と減税を行いながら、民間活力の活性化を促します。外交は、外相・幣原喜重郎による、欧米との協調外交がなされます。ともに世界の流れに対応する政策ですが、これが浜口を苦境に立たせました。

まずは、軍縮――ロンドン海軍軍縮会議です（一九三〇年一月―四月）。すでに、ワシントン海軍軍縮条約（一九二二年二月）により主力艦の保有総トン数は決定しており、ロンドンでは補助艦（巡洋艦・駆逐艦・潜水艦など）の総トン数が討議されます。政府は目標を対米七割として交渉に臨みます。緊縮財政のためにも、軍縮は必要でした。

首席全権は若槻礼次郎でしたが、対米六・九七五割の数字が示されたため、四月に閣議決定し、条約締結を行いました。これに対し、海軍の一部と立憲政友会が反対します。海軍内部の対立――条約に賛成する条約派（軍事参議官・岡田啓介ら）と、反対する軍令部長・加藤寛治ら艦隊派の対立が背後にありました。艦隊派の加藤が統帥部として直接に天皇に上奏――帷幄《いあく》上奏したために論点が拡大します。さらに条約調印の翌日から始まった特別議会で、立憲政友会の犬養毅、鳩山一郎が「統帥権干犯」であると浜口内閣を攻撃し、問題が広がっていきます。艦隊派と立憲政友会が結びつき、政争としたのです（伊藤隆『昭和初期政治史研究』一九六九年）。

対立点は、統帥部（軍令部）が合意しない条約締結が、大日本帝国憲法の規定に抵触するかどうか――編制大権を補佐するのは統帥部であり、国務と統帥の関係をめぐる統帥権干犯問題として議論されました。システムの観点からこの事態を見るとき、争点はシステムBⅠの具体的内実をめぐる争いですが、条約派と艦隊派のそれぞれのふるまいはシステムAⅡの過程で生じた矛盾を持ち出してのものであることが目を惹《ひ》きます。システムAⅡにおける裂け目が、一九三〇年前後のあらたな文脈（英米への対応にソ連が加わり、政党政治との距離が肝要となる）のなかで、あらたな対抗をつくり出すのです。また、西田税《みつぎ》や大川周明らの海軍軍縮国民同志会が「大権干犯」を抗議しました。

メディア――新聞論調は、立憲政友会と艦隊派に対し批判的で、浜口内閣と軍縮政策に好意的でした。なにより、人びとが軍縮を望んでいたことが背後にあります。

金解禁も、重要な政策でした。第一次世界大戦のさなかに（一九一七年九月）、日本は金本位制から離脱していましたが、戦後恐慌（一九二〇年）、震災恐慌（一九二三年）、そして金融恐慌（一九二七年）と経済恐慌が相次ぐなか、浜口は金本位制への復帰を図ります。為替相場への影響を抑えることが可能となるという、金本位制の「自動調節機能」を期待するのです。

その際、実情に基づく新平価解禁（石橋湛山らの主張）をするのか、あるいは法定平価による旧平価解禁（井上準之助らの主張）かをめぐって論争があるなか、浜口内閣は、財政緊縮・国債整理を行い、さらに一九三〇年一月一一日に金解禁を行うことを決定します。金解禁の実行を前提に、それに耐えうるような経済環境をつくり出すことをあわせて行うとしました（官吏給与の一割削減を計画しましたが、反対の声が大きくこれは撤回しました）。

おりしもこのさなか、一九二九年一〇月二四日にアメリカの株式市場が大暴落するのですが、浜口内閣は予定通り金解禁を行います。世界恐慌のさなかに金解禁＝金本位制への復帰を実施してしまったのです。そのため、日本経済は金解禁と恐慌との双方の過剰な影響を、直接受けることになりました。

アメリカの株価暴落――世界恐慌は、①自動車産業などの生産過剰、②所得格差の拡大、③株式投資の過熱などによるものと指摘されていますが（中村政則『昭和の恐慌』一九八二年）、それに（金解禁による）正貨の流出と景気の冷え込みが加わり、株価と物価が暴落して日本経済は大きく落ち込みました。輸出入も不振を極め、生糸のアメリカ輸出が打撃を受けるかたわら、綿織物のアジア向け輸出も減少します。生糸価格が暴落し、繭の生産をしていた農村に大きな損害をもたらします。

一九三〇年に始まる昭和恐慌です。雑誌『中央公論』（一九三〇年五月）は川西実三「現在我国に於ける失業状況」を掲げ、失業者数を「適確」に知ることは難しいとの慎重ないい方ながら、「毎月失業の度合が深刻になつて行きつゝある状況」を統計調査によって示します。

昭和恐慌をめぐっては、たくさんのルポルタージュが書かれています。猪俣《いのまた》津南雄《つなお》『窮乏の農村』（一九三四年）はその一つです。農業経済学者でマルクス主義者でもあった猪俣が、「現在の農村は窮乏の農村である」という認識のもと、二府一六県・四三カ所の農村を踏査した報告書です。恐慌の影響を探るため、猪俣は真っ先に群馬県や長野県の養蚕地帯に入り、繭価の下落を記します——「農産物の値下りがひどいといつて、繭のやうにひどいのはさう見当らぬ」。

借金すると際限がなくなりますが、それでも抵当に入れる土地があり借金ができるうちはまだよく、しだいに貸し手がいなくなります。「僅《わず》かばかりの養蚕」と二、三反の田を持つだけの「養蚕貧農の大衆は、今年の繭の暴落で、いきなり、飢餓の問題に当面する」と猪俣は記しました。猪俣は、このほか米作農村、多角形農村（畑作農村）、工場や家内工業のある農村、山村、漁村へと足を向けました。追い打ちをかけるように、北海道や東北地方には冷害が襲います。

都市部でも、恐慌の影響が見られます。失業者となったサラリーマンは、「女給」に出ている妻の帰りを待ちながら考えます。

……《ママ》不景気、破産、産業合理化、馘首、ストライキ、小作争議、巡査、失業者、首つり、一家心中、資本家、女、西洋料理、酒、自動車、泥棒、監獄、妻、米、煙草、算盤、金、地震、金、火事、紙幣、海、……《ママ》しまひには真闇な網膜が燃える様にピクついた。

（和田隆二「光のない世界で」『中央公論』一九三〇年一二月）

米びつはからで、筆者の男性は空腹を満たすために水をがぶがぶと飲みます。商業学校を出て外資系の会社「××モータース」に勤めていたことが記され、筆者はプライドを持ちつつも、貧困にあえいでいます。

恐慌下ゆえの争議も起こります。『中央公論』（一九三〇年六月）には、一九二九年末から三〇年にかけての東京市電のゼネストの様相が報告され、「産業合理化による解雇、賃銀値下、歩合の低下、職制改革による従業員の大量馘首、苛酷なる不当処罰」を告発しています（篠田八十八「市電大罷業実戦記」）。

こうしたなか、浜口は東京駅で、愛国社の佐郷屋留雄《とめお》に狙撃され重傷を負います（一九三〇年一一月一四日）。佐郷屋はロンドン軍縮条約問題と金解禁を、その理由としています。幣原喜重郎・外相が臨時首相代理となりますが、結局、浜口内閣は退陣しました（浜口は退陣の四カ月後に死去します）。

世界恐慌に対し、イギリスは、イギリス連邦を基盤に関税による経済圏（ブロック）で対抗します。植民地や勢力圏内の国に高い関税をかけ、他国からの権益を守るブロック経済です。そして貿易はポンドで決済させました（スターリング・ブロック）。フランス・ドイツやソ連、アメリカも、それぞれの通貨によってこうした経済圏による自衛の政策をとり、日本も円に基づき日満経済ブロックをつくり出そうとします。自由貿易を排除し保護貿易によって、それぞれ経済圏をつくりあげ、帝国主義国としての利益を守ろうとしたのです。

同時に、恐慌対策として、政府が市場に介入します。アメリカでは、ローズヴェルト大統領が積極的な公共投資を行い、雇用をつくり出します。「ニューディール型」（公共投資）

の介入です。そのほか、「ソヴィエト型」（計画経済）、「ファシズム型」（戦争と領土獲得）などがありました。日本は、「ファシズム型」を探っていくことになります。

恐慌にどのように対応するか――世界的に模索がなされ、経済圏の設定と国家による市場介入の型がつくり出されます。国内においても、構想をぶつけ合いながら打開策が図られます。

大日本帝国の岐路がこうして昭和恐慌への対策を契機に、あらたに具体化します。統制――計画経済への志向が見られ、のちにナチスをモデルとした、中野正剛らによる東方会も現れます。（これからかたちを整える）陸軍統制派、革新官僚らもまた、格差解消を訴え、既得権益への批判を行うことによる対策を打ち出しました。政党政治＝自由主義の潮流とともに、政党政治を批判し、代わって統制経済を主張する動きが姿を現すのです。

あらたな勢力の浮上は、しばしば政党内閣が決定力を持たず、内紛にあけくれ、汚職がはびこっているという批判を伴っていました。既成政党vs.無産政党という二極の対抗に、あらたに第三極が登場してきたといえます。

人びと（「大衆」）の周りでは、岐路の選択という以上に、不安が蔓延していました。ジャーナリストの大宅壮一は、一九三〇年を「不景気と失業の洪水」とし、「今日の民衆が到る処で疲労し、厭怠《えんたい》し、困憊《こんぱい》し、絶望し、苦悶してゐるといふ事実」に目を向けます。そして、印刷会社職長の話として、「女」と「階」の二つの活字が常に足りないという話を続けます（「一九三〇年の顔」『中央公論』一九三〇年一二月）。いうまでもなく「女性」と「階級」――享楽と闘争とを指摘し、「エロ・グロ・ナンセンス（センス）」の時代風潮に言及します。

同時に、その「大衆」が経済での打撃を受け、排外主義的な思潮を持ち始めます。恐慌と事変が「現代」の入り口をつくり出し、（日比谷焼打ち―米騒動―自警団の結成と推移してきた）「都市雑業層」は「大衆」として、この時期には東京音頭を乱舞するに至ります。

他方、フランス文学者で評論家の小林秀雄は、（一九二〇年代後半から三〇年代にかけて）都市生まれの第二世代が成長し、「東京に生れた東京人」として、「第一の故郷も第二の故郷も、いやそもそも故郷といふ意味がわからぬ」と「故郷のない精神」について述べます

（「故郷を失った文学」『文藝春秋』一九三三年五月）。あらたな背景を持つ人間類型が登場したこと、その人びとがあらたな根拠を希求することを、小林は書き留めました。知識人にも不安が萌《きざ》し、そこからの打開が模索され始めています。

こうしたなか、原理主義的な議論と運動が可能性を持ち、有効であるように映ります。マルクス主義が人びとの支持を集めていく要因としては、社会変革の希求とともに、一直線に論理を展開し、原理的な主張をするという議論のスタイルも大きかったでしょう。ただ、マルクス主義は、政府によって厳しく弾圧されます。そのため、しばしばマルクス主義に基づく論文やプロレタリア小説を発表するときには、自主的な防衛として伏字を用います。「……」で省略したり、活字を削り空白にすることによって、文章を読めないようにしてしまいます。「××」や「〇〇」を用いるばあいもあります。検閲は、書かれたものの削除という以上に、あらかじめ書く側が自己規制をしてしまうということであり、この行為はシステムＢＩに対応する主体的な規制です。

しかし、弾圧と自己規制に対抗するようにして、マルクス主義を指針とする活動家たちは、文学、美術や演劇の領域で人びとに訴える作品を提供します。文学のばあい、プロレタリア文学運動として、実践活動と共振しながら展開し、それを担うための団体がつくられます。また、『文芸戦線』や『戦旗』といった機関誌が発行されます。

上位の団体が政治的な統制をするため、政治的路線が優先され、団体相互の対立がもたらされたり、肝心の作品における人物造型や構成が図式的になったりもしますが、それでも葉山嘉樹《よしき》『海に生くる人々』（一九二六年）、黒島伝治「渦巻ける烏《からす》の群」（一九二八年）や窪川いね子（佐多稲子）「キャラメル工場から」（一九二八年）などの傑作が生み出されました。小林多喜二「蟹《かに》工船」が『戦旗』に掲載されたのは、一九二九年のことでした。プロレタリア文学は、文壇のなかでも大きな地歩を占め、多くの読者を獲得していました。そこには知識人たちが持つ社会不安や、運動に参加しえない引け目としての想いが、胚胎《はいたい》していたことでしょう。

この時期、一九三〇年前後には「国家改造」の立場からの原理主義もまた、せり出してきます。いわば右からの原理主義であり、天皇を核とし、ナショナリズムを強く打ち出します。かれらが主要な敵とするのは、状況に是々非々で批判的に対応する自由主義者でした。民本主義の流れをくむ勢力や論調を、こののち論難していきます。

こうして一九三〇年前後には、諸領域においてマルクス主義を含む原理主義の実践が活発です。原理主義は、しばしば闘争的で暴力を伴います。これを取り締まる政府の側も、言論外での強制力を発動し、原理主義は暴力を浮上させます。

一九三〇年前後にはこれまでつくりあげられてきた社会構造も変容を見せます。都市部のばあい、分厚い層をなし地域秩序を担っているのは、(生産手段を持つ)旧中間層に振り分けられる、中小商工業者です。小工場や商店を経営し数人の雇い人を使用する「旦那衆」です(のちに政治学者・丸山眞男は、かれらを「旧中間層第一類型」としました)。①かれら「旦那衆」が軸となり、②「大衆」(=「都市雑業層」)を主体的に、社会秩序のなかに取り込む試みがなされます。

システムBIの試みということになりますが、その一つとして、一九二八年七月五日から三日間、大阪市で都市防空演習が実施されました(翌年には名古屋でも実施)。まだ空襲の緊張感のないときですが、役割分担をして防毒、消防、救護、灯火管制の訓練がなされました。

こうしたなか、都市構造に沿うかたちで、動員の体制をつくりあげたのが防護団でした（一九三二年。のち一九三九年に警防団）。防空演習は夜間の訓練もあり、勤め人には不向きで、自営業者――「旦那衆」がうってつけでした。「旦那衆」による「都市雑業層」の抱え込みと指導の体制が、あらたなシステムＢＩの入り口に位置します。

また、「旦那衆」による「都市雑業層」の監視もなされます。すでに触れた方面委員はそうした制度で、一九一八年に大阪市で始められていた制度が一九二八年に全国化されました。

政党政治という「大衆」参加の政治体制の進展とともに、社会の次元でもシステムＢＩが作動していきます。「あたらしい政治」――「あたらしい社会」が動き出します。

2 「満州事変」というはじまり

(1) 事変をめぐる動き

一九三一年九月一八日、柳条湖で南満州鉄道が爆破されます。これを張学良軍によるものとして発表する一方、日本は、中国にいた関東軍を出動させます。実際には、(満蒙領有を唱える) 板垣征四郎と石原莞爾《かんじ》(ともに一夕会) による計画で、関東軍出動を意図したものでした (敗戦後の一九五六年、事件の首謀者のひとりであった花谷正は、河本末守中尉が「レールに騎兵用の小型爆弾を装置して点火した」と証言しています〈「満州事変はこうして計画された」『別冊知性』一九五六年一二月〉。歴史にはこのように、後世になって明らかにされる詳細がしばしばあります)。

石原莞爾は、すでに一九三一年五月に「満蒙問題私見」を出し、まずは「対外発展ニ突進」し、途中その状況によって「国内ノ改造」の断行を唱えていました。

ときの内閣は、（浜口内閣を継いだ）立憲民政党の若槻礼次郎内閣でした。若槻と外相の幣原喜重郎は不拡大方針をとりますが、関東軍と朝鮮軍は進攻を続けます。出先の現地の軍隊は、中央の陸軍の命令を無視し、若槻もこれを追認してしまいます。一〇月八日に、関東軍は張学良の本拠地である錦州を爆撃するなど、激しさを増していきます。満州事変の開始です。

すでに、この時期、一九三一年七月の万宝山事件（朝鮮人農民の土地開墾をめぐり、日中両国が衝突して発砲）をはじめ、満州では日本軍と中国軍との衝突が見られます。この柳条湖事件に始まる満州事変が、このあと続く戦争の発端となります。

さらに、一九三二年一月には、上海の共同租界で、日本人の僧侶が襲撃されたことを理由として、日本軍（海軍陸戦隊）が中国軍と衝突します（第一次上海事変）。上海公使館付武官補の田中隆吉が起こした謀略であり、満州事変から国際社会の目をそらすための行動でした。

メディアは、事変を煽り立てました。これまでの新聞の論調からすれば、大きな転回となります。新聞は連日、戦況を報道し、慰問金や慰問袋を送るように読者に呼びかけます。また、軍への飛行機の献納運動も見られ、メディアを介して、社会に排外主義が一挙に広まります（江口圭一『日本帝国主義史論』一九七五年）。

上海事変では、爆弾を抱えて中国軍の陣地に突入して爆死した日本兵が「爆弾三勇士」としてさかんに話題にされました。新聞が連日取りあげるのみならず、競うようにして映画がつくられ、劇場でも演じられ、さらには軍歌にもなりました。なお、海軍陸戦隊の部隊は「慰安所」を上海に開設させました（これがさいしょの「慰安所」とされています）。

こうしたなか、事変――戦争への批判は乏しいものでした。労働運動でも、日本労働総同盟は「出征者の救援闘争」（一九三二年三月）をいうものの、事変への批判的な対応はなしえません。無産政党においても同様で、社会民衆党は現地視察団を派遣し、軍部を支持する「満蒙問題に関する指令」を発表します。「支那軍閥」による「満蒙権益」の侵害を不当とし、「日本国民大衆の生存権確保」を主張しました。

なかでも、赤松克麿ら、事変の賛成派は党を脱退し、さらに主張を貫きます。赤松は国家社会主義を標榜し、日本が「満蒙権益」を「放棄」すれば「支那軍閥の餌食」となり、「赤色帝国主義の魔手」にかすめ取られると述べました（「満蒙問題に関する松谷代議士の意見書を読む」『日本社会主義』一九三二年一月）。軍部の独断と人びとの排外主義が一つの流れをつくり出し、事変を決定的にしました。

さらに軍部の青年将校たちも、動きを見せます。さきの橋本欣五郎ら桜会は、一九三一年三月には、民間右翼の大川周明らとともに宇垣一成をかつぎ、国家改造のためのクーデターを計画し（三月事件、未遂）、さらに一〇月にも、桜会と民間右翼の西田税らが、荒木貞夫をかつぎクーデターを引き起こそうとしましたが、失敗しました（一〇月事件）。しかし、これまでの国際協調――政党政治とは異なる流れが噴出したのです。

こうして、満州事変を一つの契機として、あらたな歴史の段階が始まります。一九二〇年代のデモクラシーから、一九三〇年代の戦争の時代へ。この推移は、しばしばデモクラシーの敗退――すなわち、デモクラシーにもかかわらず、戦争の時代を招いてしまったと考えられてきました。しかし、「大衆」の意向に沿うということをデモクラシーの内容としたとき、満州事変以降は「大衆」による排外主義の動きが大きくせりあがってきており、デモクラシーであるがゆえに、戦争の時代に入り込んだということになるでしょう。男性たちの多くは、すでに選挙権を有するに至っています。

システムBIの観点からは、メディアと共振しながら、人びと（大衆）が満州事変を支持していったことを、このように解釈することになります。

あわせて、本書では、この戦争を総力戦として規定する立場をとっています。あらためて三点を挙げておきましょう。総力戦とは、まず第一に、国力と資源のすべてを戦争に向けて総動員する戦争であるということ。ここでは、人間も「人的資源」として物質化されます。

しかし、物質化されるにもかかわらず、第二には、総動員に当たり、自発性、主体性が重視されるということ。積極的に自ら進んで動員の対象となり、動員体制を支えることを要請する戦争――体制です。無理やりの動員ではなく、主体的な戦争参加が求められます。

そのために、総力戦のもとでは合理性が訴えられ、第三に、しばしば非合理的であった既成の秩序の変革を伴います。いや、いい直せば、総力戦の体制によって、これまでの体制の非合理性が見えてきたということになるでしょう。既成勢力の解体がなされ、これまで鬱屈していた人びとにとっては、解放の幻想が与えられる戦争——体制でした。既成の体制——社会によって抑圧されていた人びとが、総力戦のもとで、あらたに機会を得ることができるとの希望／幻想を有します。

むろん、総力戦といったとき、あわせて非合理的で声高、かつ精神的な面を強く持つことも疑いのないことです。そのことを見過ごすことはできません。しかし、人びとの自発的な動員を核としていたことが、これまでの戦争と異なる点でした。合理的な呼びかけも、このことによっています。このあらたな点が、総力戦を特徴づけます。

自発的な参加、そのことを通じての戦時体制の構築であり、あらたな統制が総力戦のもとで開始されます。そして、この総力戦のもとでの総動員体制こそが、システムＢＩということになります。ヨーロッパやアメリカの人びとがすでに第一次世界大戦で経験した総力戦を、遅れてきた帝国主義国・日本はここに実践するのです。

中国は満州事変の事態を国際連盟に訴えます。国際連盟は、イギリス、アメリカ、フランス、イタリア、ドイツからなる調査団（リットン調査団）の派遣と、戦闘の停止を勧告し、事態は世界の視線にさらされることになります。しかし、日本のメディアは冷静な判断を示さず、人びと（大衆）の排外主義に追随してしまいます。このことは、第一次世界大戦後の国際秩序（ヴェルサイユ―ワシントン体制）への対抗を意味しました。（第一次世界大戦に次ぐ）いま一度の総力戦への動きを、満州事変ははらんでいます。

事変を追認した若槻内閣は、立憲政友会の犬養毅内閣へと、政権交代を行います。誕生した犬養内閣は、金輸出の再禁止を行い、恐慌克服の施策を実行します。また、軍部との関係では、（青年将校たちが支持する）荒木貞夫が入閣しました。

中国では、（さきに記した）第一次上海事変が起こります。この軍事衝突によって、犬養内閣の日中交渉は挫折します。さらに、一九三二年三月一日には、「満州国」の建国宣言がなされ、首都が「新京」（現在の長春）に置かれ、（清朝の皇帝であった）溥儀《ふぎ》が執政（一九三四年に皇帝）となりました。満州国は（「日」「漢」「満」「蒙」「鮮」という）「五族協和の王道楽土」を謳いますが、国籍法が実施されないなど、国民国家とは異なる原理を持つ、あらたな国家建設を標榜しました。

関東軍参謀・石原莞爾（一九二八年一〇月に赴任。満州派。東亜連盟論者）らが背後におり、関東軍司令部が実質的な支配を行います（関東軍司令官が関東長官と駐満特命全権大使を兼任）。役人も、多くが日本人でした。満州国では革新官僚と軍部が実権を握り、国家主導型の資本主義育成を図りますが、成功とはいい難い状況でした。ここでの「人脈」が、（アジア・太平洋戦争の）戦後にも継続していることは見逃せません（姜尚中《カンサンジュン》・玄武岩《ヒョンムアン》『大日本・満州帝国の遺産』二〇一〇年）。

満州国は独立国家とされていますが、日本の傀儡《かいらい》政権であったことは明らかです。これまたワシントン体制（九カ国条約、四カ国条約）への挑戦であり、国際社会からの介入を招く出来事です。日本政府は、リットン調査団の調査報告書が出る前に、満州国承認を強行しました。しかし、犬養首相はそれを渋りました。そのこともあり、青年将校たちは犬養を攻撃します。五・一五事件です。

一九三二年五月一五日、海軍青年将校、陸軍士官候補生、および橘孝三郎の愛郷塾のメンバーらが、首相官邸、日本銀行、立憲政友会本部、内大臣邸を襲うという計画が立てられました。そして、犬養を殺害してしまいます。「国民の敵たる既成政党と財閥を殺せ！横暴極まる官権を膺懲《ようちょう》せよ！　奸賊《かんぞく》、特権階級を抹殺せよ！　農民よ、労働者よ、全国民よ！　祖国日本を守れ」との檄文《げきぶん》が書かれたビラを撒《ま》きますが（引用は今井清一・高橋正衛編『現代史資料』第四巻、一九六三年）、国家改造の動きに他なりません。五・一五事件の記事が解禁され、その詳細が明らかにされたのは翌年のことですが（一九三三年五月一七日）、新聞は軍法会議や公判のようすを青年将校らに同調しながら報道します。軍人たちには禁固刑がいい渡され、橘は無期懲役に処せられました。

事件の前日には映画俳優・監督のチャップリンが来日していましたが、大人気で、犬養首相との面会も予定されていました。そのチャップリンの暗殺も画策されていたといいます。

さきの三月事件、一〇月事件を含め、国家改造を標榜する暴力的な動きが目立ってきています。一九三二年には、血盟団（井上日召《にっしょう》が主宰）による「一人一殺主義」のテロが行われ、井上準之助、団琢磨《たくま》が射殺されています。既成政党への批判、そしてそのもとでの秩序――政党政治への批判がなされます。原理主義的な批判、直接行動による批判であり、マルクス主義に基づく、左派による原理主義的な運動と対応していました。

加えて、五・一五事件のときには減刑の嘆願書が一〇万通を超えるだろうと予測されるなか（角岡和良「非常時の非常時犯」『文藝春秋』一九三三年一〇月）、実際には一〇〇万通を超えたとされます。角岡は「一箇の国民運動」とまで述べますが、新聞、そしてラジオのニュースの影響の大きいことが特徴的です。システムBIの浸透がうかがわれます。

この一九三二年から翌一九三三年にかけて、「非常時」という語がさかんに用いられます。危機意識を煽ることばで、時代の転換がことばの流行に投影されています。

犬養毅首相の後継は、海軍大将の斎藤実となりました。政党内閣がここで途切れます。斎藤内閣は、立憲政友会と立憲民政党という既成政党、そして軍部という勢力をどのように関係づけるかが課題となり、結局「挙国一致内閣」となりました。穏健派による連立内

図3−5　斎藤実内閣の主な入閣者（組閣時）

【政友会】	高橋是清（大蔵大臣／留任）、 鳩山一郎（文部大臣／留任）、三土忠造（鉄道大臣）
【民政党】	山本達雄（内務大臣）、永井柳太郎（拓務大臣）
【軍部】	荒木貞夫（陸軍大臣／留任）、岡田啓介（海軍大臣）

閣——立憲政友会＋立憲民政党＋官界・財界です（図3—5）。

まずは、高橋是清・蔵相による財政（高橋財政）で、恐慌からの脱却が目指されます。円安による輸出増が見られ、日本は主要国ではもっとも早い恐慌からの回復がいわれますが、農村での回復は遅れます。一九三〇年の豊作は米価の低下を招き、一九三一年は冷害による凶作となり、飢餓人口が増加し、「欠食児童」ということばがはやります。娘の「身売り」も報じられました。

沖縄でも、ソテツ地獄と呼ばれる事態となります。第一次世界大戦のもとで砂糖成金などを生み出した沖縄経済も恐慌に見舞われ、食糧の確保に苦労します。一歩間違えれば、中毒を引き起こすソテツさえも食べなければならないほどの困窮という意味が、この語に込められています。沖縄では、海外への移民や本土への出稼ぎが増えていきました。

本土での農村対策は、農山漁村経済更生運動としてなされます。一九三二年ごろから本格化した農村救済の請願を受け、「時局匡救《きようきゆう》議会」と呼ばれる第六三臨時帝国議会（八月二三日―九月四日）によって、経済更生運動が開始されます。農林省が中心で、とくに農林次官の石黒忠篤《ただあつ》、経済更生部長・小平権一が中軸となり、「隣保共助の精神」を活用した、産業・経済の「刷新」をもくろみます。経済更生委員会によって「経済更生指定町村」（あるいは「特別指定」）を選定し、補助金を出すというやり方です（一九四一年度まで）。

指定を受けた町村は、経済更生計画を策定しますが、精神の教化とあわせ、生産から流通に至るすべての領域の合理化によって、農民生活の改革を図ります。救農土木事業の実施とあわせて「自力更生」をいい、経済更生中央委員会のもとで各地域に委員会を組織し、産業組合をその中核にすえます。

町村経済更生委員会メンバーは、①町村長と町村吏員、区長、②町村会議員のほか、③産業組合や農会、④在郷軍人会、青年団あるいは小学校などの長です。旧来の農村支配者層を担い手とした動きから外れ、役場や農業団体、教化団体といった地域を担う組織の長が「中心人物」となります（河島真『戦争とファシズムの時代へ』二〇一七年、大門正克『近代日本と農村社会』一九九四年）。

これまで、地域の名望家秩序を形成していたのは、地主たちであり、かれらは官僚的統制下に組み込まれていました。それに対し、自力更生をいう運動は「役職名望家層」とでもいうべき人びとで、運動の担い手に広がりと転換が出てきます（森武麿『戦時日本農村社会の研究』一九九九年）。地域によって様相が異なるものの、旧来の地主に取って代わる、あらたな役職名望家による秩序の再編がこうして政策としてなされます。農村における役職名望家による統制が自力更生運動として実施されたということになります。

このとき、経済更生運動の担い手が「若手の自小作層」「小作争議の指導者」であったことは重要でしょう（雨宮昭一『総力戦体制と地域自治』一九九九年）。雨宮は、かれらを「改造青年」といいますが、かつてのデモクラシーの担い手たちもまた、総動員体制に主体的に参加していくのです。

恐慌を引き金にした地域の再編が、こうして始まります。「自力」による更生として、人びとの主体性を組織するというシステムＢＩがかたちを見せ始めます。

さらに、一九三三年からは「農村中堅人物」の育成が始められました。「農村中堅人物」には地主ではなく、若手の自小作層、小作争議の指導者、青年団幹部経験者たち——中農の若手農民が多く選ばれました（森『戦時日本農村社会の研究』）。旧来の村落秩序を逸脱しても、改革を推し進める若者たち——「改造青年」（雨宮『総力戦体制と地域自治』）でもあります。かれらもまた、総動員体制に主体的に参加していくのです。人物育成のために、全国的に農民道場もつくられました。

(2)「満州国」の論点

事変をきっかけとする動きは、満州が軸になります。ここまで満州について、直接に言及してきませんでした。中国の東北地域を、そこに居住していた女真族が自らを呼ぶ名称（満州族）に由来し、当時、満州と呼んでいました。ロシアと日本がこの地を競うように勢力下に置こうとし、日露戦争の原因の一つとなりました。日露戦争後に、日本は満州に領事館を置き（奉天、ハルビン、長春など）、遼東半島の租借地を関東州とし、関東都督府を設置しました（一九〇六年）。その後、一九一九年には（関東都督府を）関東庁に改組し、あわせて関東軍を配置しています。また、一九〇六年に南満州鉄道株式会社を設立し（初代の総裁は後藤新平）、満州経営の拠点としました。満鉄は半官半民の企業として、鉄道事業のほか、炭鉱や製鉄所など幅広く事業を営んでいました。

システムＢＩは、軍事的、経済的、社会的に、「外地」を軸にするシステムということでもあります。斎藤内閣の外務大臣は、斎藤の兼任から内田康哉（満鉄総裁、関東軍と親密）に交代し、一九三二年九月一五日に「日満議定書」により、日本は満州国を承認しました。満州国では、日本人の総務長官を任用し、関東軍司令官が任免権を掌握します。日本人官吏も関東軍司令官が任免、指揮し、関東軍が、満州国を掌握するということになりました（陸軍 vs.外務省 vs.拓務省）。

この時期に、リットン調査団の報告がなされます（一九三二年一〇月一日提出）。日本の軍事行動は「不当」だが、日本の「特殊権益」を中国は承認しなければならないという報告内容で、日本に大きく譲歩し、宥和《ゆうわ》的なものでした。国際連盟では、リットン報告書を承認し、日本の行動に対する勧告案を採択します（賛成四二、棄権一、反対一）。

しかし、一九三三年三月に、日本は国際連盟を脱退してしまいます。リットン報告書の内容からすれば、脱退には及ばないと思われます。脱退に踏み切ったのは、すでに満州国を強固にするための作戦——熱河作戦を決定していたからである、といわれています（酒井哲哉『大正デモクラシー体制の崩壊』一九九二年）。

いずれにせよ、国際連盟からの脱退は国際協調路線の放棄を意味し、ヴェルサイユ―ワシントン体制からの離脱です。ジュネーブに派遣された全権は松岡洋右《ようすけ》でしたが、①連盟規約は調停手続きであり、勧告に法的拘束力はない、したがって②連盟を脱退するには及ばないという「連盟非脱退論」があるなか、松岡は大見得を切って議場から退場しました。

松岡が帰国したときには、多くの人びとが出迎え、ラジオでもその様相が伝えられました。新聞は、リットン報告書に批判的で、報告書の受諾拒否を主張する「共同宣言」が東京・大阪朝日新聞社、報知新聞社、東京日日新聞社、大阪毎日新聞社、読売新聞社、中外商業新報社など一三二社の連名で出され、「断じて受諾すべきものに非《あら》ざること」を「日本言論機関の名に於て」声明すると主張していました（『読売新聞』〈一九三二年一二月一九日〉など各紙に掲載）。ここでも「大衆」と「メディア」が、排外主義に赴くのです。

評論家の清沢洌は、『中央公論』（一九三三年五月）に「松岡全権に与ふ」を寄稿し、①松岡は「輿論」に恐怖し誤った意向に従ってしまい、②世界の動向に反したと、手厳しく批判します。知識人と「大衆」、メディアと輿論《パブリック・オピニオン》、感情と政治といったシステムＢＩに関わる問題点が指摘されました。また、「共同宣言」に名を連ねた時事新報社が、『時事新報』では一貫して国際連盟脱退に反対していたことも見逃せません（前坂俊之『太平洋戦争と新聞』二〇〇七年）。

満州国（図3—6）を論ずるとき、「満州移民」の構想があわせて議論されたことが見逃せません。さきに記したように、満州国は「五族協和」をいいますが、日本人の数が圧倒的に少数であり、人口の増加が要請されていました。ここに、①農村問題の解決という農林省の農村救済と、②満州国の治安対策（これは、対ソ戦略という関東軍による軍事的要請に連なります）という観点から、「満州移民」が求められることとなります。移民政策は、拓務省が担当しました（加藤聖文『満蒙開拓団』二〇一七年）。

①の観点は、さきの経済更生運動と接点を有します。その具体的な推進者のひとりは、

図3—6　満州国の範囲

日本国民高等学校を主宰する加藤完治です。また、関東軍では、東宮鉄男《とうみやかねお》が屯田兵型の移民（武装移民）――屯墾軍計画を立てます。満州には、ゲリラや馬賊など、さまざまな武装集団がいるとして、武装移民を考えたといいます。帝国在郷軍人会が、移民を募集することになり、満蒙調査課が設置されます（一九三二年三月）。

そして一九三二年一〇月に、第一次試験移民として四二三人が満州に渡りました。武器を手渡し、実際には武装移民となり、満州の地に「弥栄村《いやさか》」をつくりあげます。一九三三年より、朝鮮人たちの満州国への集団移住もなされます。満州は、たとえば朴正熙《チョンヒ》のような立身出世を目指す青年たちに、「差別からの脱却」の幻想を提供した面を有していました（姜・玄『大日本・満州帝国の遺産』）。

しかし、この事態は移民という名のもとでの侵略であり、現地の人びととの衝突が見られます。土竜山事件（一九三四年三月）はその一つで、中国人たちが蜂起し、移民団や警察署を襲いますが、郷村のリーダー、すなわち土着の勢力が人びとを率いていました。満州国によって、あらたな土地制度が導入されることへの抵抗であり、日本からの移民が矛盾を顕現させ、対立をあらわにしました（加藤『満蒙開拓団』）。

それにもかかわらず、集団移民が開始されます。しかし、武装はいったん見送られることになり、普通移民の送り出しが検討され、自作農の集団移民として実施されました。満州国は、一九三四年から帝政となります。

一九三四年三月一日の夜明け、新京の街路は車も人も一切通行止めになっていた。まるで大きな穴倉か、征服者の入城前に放棄された町のように、奇妙なことに新京には人影が見えなかった。だが数千の満州国人（前は中国人とよばれていた）は固く閉ざされた扉や窓のうしろから外を覗《のぞ》いていた。

（エドガー・スノー、一九三四年記、引用は『極東戦線』、梶谷善久訳、一九七三年）

という状況下での帝政への移行です。溥儀の皇帝即位式のこの日、新京では外を出歩くことは禁止されていました。

(3) 既得権益への対抗

一九三三年秋ごろから、政党政治を復活させようと、(立憲政友会と立憲民政党との連携を図る)政民連携の交渉がなされ始めます。斎藤内閣も協力的でした。立憲政友会は久原房之助、床次竹二郎らが加わり、立憲民政党は挙党体制で参加します。陸軍が反対するなか、推進されますが、閣僚の「不祥事」が取りざたされ(中島久万吉《くまきち》・商工大臣、鳩山一郎・文部大臣)、さらに「帝人事件」(台湾銀行が所有する帝国人造絹糸〈帝人〉株売買の許認可権に関わる汚職問題)により、頓挫してしまいます。

帝人事件は、財界や政府高官までをも巻き込む大きな事件となり、このときも、新聞が連日にわたり、政府批判を行いました。政党内閣制復活の道は遠のき、斎藤内閣もまた総辞職に追い込まれます。

政党は、二つの既成政党のほか、無産政党である社会大衆党が存在していました(一九三二年に結成)。また、国家社会主義政党がつくられるほか、公的な活動を封じられている日本共産党も、地下に存在しています。勢力比こそ偏っていますが、イデオロギー的には多様な政党が顔をそろえていました。

（斎藤内閣の後継である）岡田啓介内閣もまた、挙国一致内閣として誕生します。元老・西園寺公望は、はじめて重臣会議（首相経験者と内大臣、枢密院議長）——牧野伸顕（内大臣）、一木喜徳郎（枢密院議長）、高橋是清・清浦奎吾・若槻礼次郎・斎藤実（首相経験者）で、後任首相を選びました。

海軍大将である岡田は、政党と連携しようとし、立憲民政党を与党としますが、立憲政友会（とくに鈴木喜三郎）との関係には難渋します。大臣を政党から入閣させるときにも、立憲政友会からの三人（農林大臣、鉄道大臣、逓信大臣）は党を離れての入閣となりました。

岡田はこうした事態を勘案し、内閣審議会を設置します（一九三五年五月）。また、内閣調査局（のち、企画庁→企画院）を、統合的な国策立案のために設けましたが、これがきっかけとなり、新官僚、革新官僚が出てくることになります。

岡田内閣は、天皇機関説問題の対応に苦慮します。天皇制のイデオロギー問題が、この時期に浮上するのです。一九三五年二月一八日、貴族院本会議で、菊池武夫（男爵、陸軍予備役）が「天皇機関説」を批判したことが、大きな動きをもたらします。この学説を唱えた美濃部達吉は、二月二五日の貴族院で弁明しましたが、貴族院、衆議院で決議し、四月には美濃部の主要著書『憲法撮要』などが発売禁止となりました。

天皇機関説は、ドイツ国法学（イエリネックの国家法人説）に基づいており、「天皇主権の建前」をとりつつも、天皇を「無答責」とすることが可能となる学説でした。これまで長らく通説的な位置を占め、高等文官試験（官吏採用の試験）でも出題されていた学説ですが、天皇機関説の立場の講義が休講になるなど、ここから憲法解釈の基調が変わってきます。

陸軍教育総監・真崎甚三郎による「国体明徴の訓示」がなされ、在郷軍人会による国体明徴運動が展開されます。国体明徴運動の主体としての在郷軍人会の動きは、地域の統合――再編が日本固有のものとして国体――天皇を強調し、それを認めないものたちを攻撃し排他的に扱うことを示しています。地域の草の根の保守主義が動き出し、大会が開かれ、全国的な運動も行われます。

国体明徴の議論の背後には、「重臣」グループへの攻撃と排除が意図されていたといいますが（茶谷誠一『昭和戦前期の宮中勢力と政治』二〇〇九年）、あわせて自由主義者たち（リベラル）への批判の側面が色濃く見られます。『大阪毎日新聞』（一九三五年五月八日）は、美濃部に対して「自由の名をかりて国体破壊、祖国侮辱日本精神否定の言論を公許せよと要求するもの」とまで論難しました。ことばを換えれば、「国体」の強調が声高になされるようになり、メディアもそれに追随し、自由主義者たちを擁護しませんでした。

岡田内閣もまた、第一次、第二次にわたって「国体明徴声明」を出し（八月三日、一〇月一五日）、天皇機関説は国体にそぐわないとします（第二次）。そうしたなか、美濃部は九月に貴族院議員を辞職するに至りました。民間の右翼である蓑田胸喜《みのだむねき》の攻撃的な姿勢もあり、自由な言論、議論がますます行いにくい状況になっていきます。

こうしたなかで行われた一九三六年二月二〇日の衆議院議員選挙は、既成政党が凋落しました。自由主義——リベラル派が退潮していくのです。

この選挙で、既成政党の基盤を崩すような動き——内務省主導による選挙粛正運動も展開されました。選挙粛正運動は、一九三五年九月—一〇月の府県会議員選挙で始まりますが、道府県ごとに選挙粛正委員会を設け（会長は知事、地域の有力者が委員となる）、地域団体や教化団体などさまざまな団体が加わり、選挙浄化を唱える運動です。官製の選挙粛正中央連盟が、「選挙違反の撲滅」（＝投票買収の根絶）「優良議員の選出」「棄権防止」などをいいます。

この選挙粛正運動もあって、一九三六年二月の総選挙では、立憲政友会・立憲民政党は過半数に届かず、かわって無産政党である社会大衆党が躍進します。社会大衆党の躍進もまた、政府への批判という以上に、既成政党批判の現れでしょう。

一九三七年四月三〇日の選挙でも、社会大衆党は三七議席とさらに躍進します。この選挙では、（同じく既成政党を批判する）東方会も一一議席を獲得しています。東方会は、当初は中野正剛の私的な会でしたが、一九三六年に政治結社とされ、「全体主義に則《のっと》り、階級的特権と階級闘争とを排除すべし」という綱領を持ちます。中野正剛は、「改造」時代に代議士となりますが（一九二〇年に初当選）、政党を渡り歩き、このときにはブロック経済と国家による統制経済を主張し、既成政党を批判する主張を行っていました。

既成政党は、既得権益を擁護するものであるという認識のもと、あらたな改革を目指すべく、人心が動き始めています。自由主義＝既成政党が現状を維持する姿勢に見え、現状に不満を持つ人びとが、左派（社会民主主義）と右派（国民社会主義）の方向からの批判に共感を示しました。自由主義――リベラリズムが、既成の利益と権力の代表（エスタブリッシュメント）として、排斥される状況となるのです。

軍部と官僚にも、動きが現れます。すでに記したように軍部では、陸軍内で皇道派と統制派の対抗が見られました。皇道派は荒木貞夫・真崎甚三郎らが、青年将校の支持を受けながら国体論による強い軍隊の創出を目指します。自由経済にも統制経済にも反発していきます。

これに対抗するのが、永田鉄山ら一夕会に集った革新派たちです。政党政治に対抗的で、永田のほか、東條英機、今村均《ひとし》、武藤章らが顔を見せます。合法的な軍拡を図り、統制経済を画策していきます。双方の対抗は熾烈で、一九三三年一一月の会合で統制派の幕僚と皇道派の青年将校が決裂しました。そして一九三四年一一月の士官学校事件などにより真崎が教育総監を更迭されたことを恨み、（皇道派に共感する）陸軍中佐・相沢三郎が、陸軍省内で永田鉄山を斬殺するまでに至ります。一九三五年八月のことで、相沢事件と呼ばれます（筒井『昭和期日本の構造』）。

他方、官僚のなかにも新官僚（および、革新官僚）と呼ばれるものが現れてきます。新官僚の登場は五・一五事件、革新官僚は二・二六事件のあとから注目されたといわれますが、「戦争経済の計画的必要」を意図する新手の官僚たちです（橋川文三「新官僚の政治思想」一九六五年。『近代日本政治思想の諸相』所収）。

デモクラシーとマルクス主義の「洗礼」を受けた世代の官僚で、後藤文夫（内務省、選挙粛正運動に関与）、吉野信次（農商務省）、鈴木貞一（陸軍）、飯沼一省（内務省）、松本学（内務省）らです。さらに内閣調査局（→企画庁→企画院）を根城とする革新官僚として、星野直樹、迫水久常、美濃部洋次、岸信介、奥村喜和男らが挙げられます。

たとえば奥村喜和男（逓信省）は、「軍事的思考＝危機の意識」を持ち、軍部とともに動き、「経営・管理を国家の手に」委ねようとして、電力国家管理案を構想するなど、「所有権の古典的概念」に対し「攻撃」を行い、自由主義に対して批判的です。このように、新官僚、革新官僚は、これまでの官僚―既成政党―財閥を既成の秩序・既得の権益を持つものとして強く反発し、その革新を図ります。

革新官僚が集まる企画院は、かくして「ファシズム的社会改造をめざす官僚群」と「社会主義的革命を指向する官僚群」との「奇妙な結集体」となり、高度国防国家を主張し、自由主義経済体制を批判する軍部幕僚層と接近することとなりゆくのです（橋川「新官僚の政治思想」）。同時代には、「ファッショ的統制」（大森義太郎）という批判を受けることになります。

しかし興味深いのは、このうちの吉野信次、美濃部洋次が、それぞれ吉野作造（兄）、美濃部達吉（叔父）と関係を有し、民本主義者と近しい関係にあることです。作造や達吉が、「大衆」の登場とその政治への参画を政治学、法学として理論化するとき、信次や洋次は官僚として、統治と政策の観点から向き合ったということになります。作造・達吉にとどまらず、信次・洋次も、「大衆」に目を向けるがゆえに、①旧来の秩序（システムＡⅠ・ＡⅡ）に対する改革的な対応となり、②システムＢⅠを運用し、「大衆」参加を統制的な方向へと向けることを図るのです。

新官僚、革新官僚は、改革を織り込んだ統合を行い、「大衆」の主体的参加による統制を試みたといえるでしょう。このことは、吉野作造が晩年に社会民主主義へ接近したこと、吉野の女婿・赤松克麿が国家社会主義に至ったこととも相似形をなしています。

一九三〇年代半ばのこうした動き――システムＢＩへの傾斜は、軍部によって拍車がかかります。一九三四年一〇月一日に刊行された、いわゆる「陸軍パンフレット」(『国防の本義と其強化の提唱』)は、国防強化のために統制経済を主張します。このパンフレットは、

> たたかひは創造の父、文化の母である。
> 試練の個人に於ける、競争の国家に於ける、斉《ひと》しく夫々《それぞれ》の生命の生成発展、文化創造の動機であり刺戟《しげき》である。

という、よく知られた文章から書き起こされます。世界恐慌が世界経済のブロック化を

推し進めるなか、日本への批判が強まっているという認識のもと、「国防観念」の再検討とその強化、「国民の覚悟」を促します。

経済、社会、思想などの総動員という総力戦の考え方に基づき、「人的要素」（精神力の涵養《かんよう》を強調）、「自然要素」（領土と資源）、「混合要素」（経済、技術、武力、通信・情報・宣伝）を指摘しました。国防問題を、軍事力の問題であるとともに、組織、生活、思想、経済の問題とするのです。

陸軍パンフレットは軍部の立場からのシステムＢＩの絵柄であり、総力戦の構想を有していますが、統制派の池田純久少佐らによって練られ、永田鉄山の点検と承認を受けたもので、国策研究会の協力が背景にあったと推測されています（川田『昭和陸軍全史』第一巻）。

統制派の考え方により、国家による統制経済を説く陸軍パンフレットに、中野正剛、赤松克麿、麻生久ら無産政党の面々も賛成、麻生は「資本主義的機構を変革して社会国家的ならしむる」との解釈を示しました。陸軍パンフレットにおいて、（軍事力とあわせ）労働者大衆の生活保障を含めて「広義国防」とすることを評価したのです（源川真希『総力戦のなかの日本政治』二〇一七年）。

自由の統制が、自由主義を挟んで、社会変革を目的として主張されました。

こうしたなか一九三六年に起こったのが、二・二六事件です。皇道派の青年将校・磯部浅一、村中孝次らに率いられた一五〇〇人が、高橋是清（大蔵大臣）、斎藤実（内大臣）、渡辺錠太郎《じょうたろう》（教育総監）を殺害し、鈴木貫太郎（侍従長）、牧野伸顕（前内大臣）、岡田啓介（首相）らを襲いました。

さらに、朝日新聞社を襲い、陸軍大臣官邸、警視庁、陸軍省・参謀本部付近を占拠します。二七日以降は、部隊は三宅坂を撤退し、国会議事堂付近に移り、東京の中心部を占拠し、山王ホテル、料亭、官邸などに分宿しました。青年将校たちは、「君側の奸」の排除を訴えます。川島義之・陸軍大臣と面会し、「蹶起《けっき》趣意書」を読みあげ、あわせて宇垣一成の逮捕や荒木貞夫の関東軍司令官転任などの要求を突き付けました。

当初、陸軍中枢部の対応は定まりませんでしたが、二七日に東京市に戒厳令が布かれ、（青年将校たちに対する）昭和天皇の怒りが強調されます。「奉勅命令」（二八日）により、青年将校たち決起部隊は「占拠部隊」となり「反乱部隊」とされ、武力鎮圧の対象となりました。この結果、二九日に部隊は投降しました。

二・二六事件では元老、重臣、財閥、政党が標的とされ、新聞社も襲われました。既成の勢力・権力とともに、メディアに照準があわされています。他方、政府の側も、部隊の原隊への復帰を説得するために、ビラ、アドバルーン、ラジオ放送などを利用します。二・二六事件は軍事クーデターに他ならないのですが、それゆえにメディアの力が見逃せない動きとなりました。

むろん軍閥の争いでもあり、統制派の石原莞爾は鎮圧に積極的で、クーデターを利用して、別の改革運動を推し進めようとします。実際、以後、寺内寿一、梅津美治郎、石原莞爾、武藤章ら統制派が主導権を握り、なによりも軍部の発言権が増していきます。

実行者は、東京陸軍軍法会議にかけられ（四月二八日に開廷）、七月五日に、一七人に死刑、五人に無期懲役の判決が出されます。さらに、八月一四日に、民間人である北一輝と西田税にも死刑判決が出され、皇道派幹部や皇道派に近いものは予備役に回されました（高橋正衛『二・二六事件』一九六五年、筒井清忠『二・二六事件と青年将校』二〇一四年）。

北一輝について、言及しておきましょう。北は、『日本改造法案大綱』（一九二三年）を介し、皇道派の青年将校たちに大きな影響力を有していました。そのためもあり、これまで日本の超国家主義者の代表とみなされてきました。（左翼が世代替わりをしたように）右翼も世代替わりをしており、一八八三年生まれの北は、これまでとは異なる新世代の右翼です。北は「改造」の主張を説き、その流れの延長上にあり、「革新右翼」と呼ばれています（中島岳志「日本右翼再考」『思想地図』第一号、二〇〇八年四月）。

『日本改造法案大綱』で、①天皇の大権によって、三年間憲法を停止し国家改造を行うことをいい、②軍閥、吏閥、財閥、党閥を斥け、私有財産や土地の制限、私企業の資本の限度を定め、大資本の国家統一を唱えています。既成勢力を批判し、「国民ノ天皇」を掲げ、クーデターによる改造の主張でした。ここでは天皇は「国論」＝国民の意志に従う一つの機関とされています。

磯部浅一をはじめとする首謀者たちが『日本改造法案大綱』に心酔し、かつ北と人的なつながりがあったことなどから、北は二・二六事件の黒幕であるとみなされました。そして、北は民間人であるにもかかわらず、（西田税とともに）軍法会議で裁かれ処刑されました。

このとき、統制派からすれば、北は「社会民主々義」と見えますが（廣松渉『〈近代の超克〉論』一九八〇年）、北が統制派と結びついても不思議ではないような主張です。しかし、統制派は総動員体制を重視しており、クーデターを手段とすることをしなかったという相違でしょう。

このとき、二・二六事件を起こした青年将校には「改造主義派」と「天皇主義派」がいたという、歴史学者の筒井清忠の議論が参考になります（『昭和期日本の構造』）。かれらが、軍閥に接しながら、総体として改造を図ったという指摘です。単なる精神主義でもなく、そうかといって、改造による体制づくりのためにはクーデターも辞さないのです。

二・二六事件のあと、外交官であった広田弘毅《こうき》が首相となります。広田内閣には、立憲政友会（島田俊雄・農林大臣、前田米蔵・鉄道大臣）、立憲民政党（川崎卓吉・商工大臣、頼母木《たのもぎ》桂吉・逓信大臣）からの入閣がありました。しかし、官僚色が濃いのみならず、陸軍が人事に介入する事態になっています。陸相に内定していた寺内寿一（統制派）が組閣本部に乗り込み、牧野伸顕の女婿である吉田茂を外相の候補にしていることをはじめ、入閣予定者について広田にあれこれ難癖を付けます。そして、寺内は、軍部大臣現役武官制の復活に動きました。

粛軍――改革の実行とともに、馬場鍈一《えいいち》・蔵相は、国防の充実を図るとし、「帝国国防方針」の改訂と「国策の基準」の決定を行い、第一仮想敵国としてソ連とアメリカ、第二仮想敵国として中国とイギリスを想定し、大規模な軍備拡張計画を行います。軍事費は歳出の四五パーセント以上にまで膨れ上がりました（江口圭一『十五年戦争小史』一九八六年）。

また、ドイツに接近し、一九三六年一一月に日独防共協定を結びます（三七年一一月に、イタリアが加わり日独伊防共協定となります）。

しかし、一九三七年一月、立憲政友会の浜田国松が軍部の政治介入を批判したため、寺内陸相との間で「腹切問答」が起こります。広田は、議会を二日間停会したものの総辞職します。二・二六事件後に軍部が急速に台頭しその力を強めてきていることへの政党側からの対抗ということができます。統制派が力を持った軍部はシステムＢＩで動き出しており、システムＡⅡを主流とする政党とはこの点からも対立していました。

西園寺は、後継首相に宇垣一成を推挙しますが、石原莞爾、片倉衷《ただし》らの反対があり、陸軍は陸相を推挙せず、組閣を断念します。こうして既成勢力が、急速に、かつ大きく力を落としていきます。結局、陸軍の林銑十郎が内閣を継ぐことになりますが、政党からの入閣者はおらず（入閣に際し、離党を求めました）、内閣から政党の存在が消えます。政党内閣の時代のあと、挙国一致内閣のもとでも政党は閣僚を送り込んでいましたが、それが途切れます。林内閣は「敬神尊皇」「祭政一致」を唱え復古主義を標榜しました。また、結城豊太郎・蔵相は軍部との対立を避けます（河島『戦争とファシズムの時代へ』）。

これにやや先立つ一九三五年ごろ、日本は華北分離工作を図っています。華北一帯を国民政府から切り離し、日本軍（関東軍、支那駐屯軍）の勢力下に置こうとします。しかし中国側からの抗日の動きが活発となります。このなか中国では、共産党軍討伐の前線にいた張学良が戦闘を中止し、一九三六年一二月一二日に西安に乗り込んできた蔣介石を拘束しました。中国共産党は内戦を停止して、抗日戦争を行うことを合意し（西安事件）、第二次国共合作が成立します。一九三七年のことです。

佐藤尚武・外務大臣は、軍部を抑えつつ、中国の統一運動のあらたな動きに臨もうとしますが、林首相は突然に議会を解散し、総選挙を行いました。選挙粛正運動がまた行われ、既成政党に対する批判と取り締まりがなされます。しかし選挙では、（先述のように）社会大衆党が引き続いて躍進するなど、反・林内閣の勢力が勝利しました。

軍部に対する政党の巻き返しでした。けれども既成政党ではない方向からの批判が主流をなします。無産勢力と女性団体の活躍も見られるのですが、大日本帝国の方針をめぐっては、いまだ岐路が続いています。局面はこのあと、後継の近衛文麿内閣によって、さらに大きく転換します。

3　岐路のなかの大衆社会

(1) 問われる知識人のあり方

満州事変後、とくに一九三三年以降は、社会もあらたな局面に移行します。一九三三年に焦点をあわせながら、三派――自由主義、マルクス主義、国家主義のそれぞれの動きを見てみましょう。

　日本の岐路を歴史的に検証するという目的のもと、野呂栄太郎らによって『日本資本主義発達史講座』（全七巻、一九三二年五月―三三年八月）が刊行されます。資本主義に着目し、現状を変革するために「日本近代」に正面から取り組む試みでした。しかしこの講座は、伏字が多いのみならず、発売禁止が相次ぎ、野呂も一九三三年一一月に検挙され、翌年、警察署での拷問がもとで死亡します。

　文学の領域でのプロレタリア文学の活況もまた、小林多喜二の拷問死によって一つの転機を迎えます。地下に潜伏していた小林が、一九三三年二月に特別高等警察のスパイの手引きで警察署に連行され、拷問を受け死亡しました。小林の死は人びとに大きな衝撃を与え、マルクス主義の活動から離脱する「転向」が起こります。まずは、獄中にいた、日本共産党の幹部である佐野学と鍋山貞親によって「共同被告同志に告ぐる書」（一九三三年六月）が出されました。佐野・鍋山は、この転向声明において、日本共産党――コミンテルンが掲げる「君主制廃止のスローガン」「天皇制打倒」を批判し、我々は日本、朝鮮、台湾のみならず、満洲、支那本部をも含んだ一個の巨大な社会主義国家の成立を将来に予想する。

と述べました。天皇のもとでの変革――天皇のもとでの社会主義を、あらためて主張します。同時に、佐野・鍋山は、①戦争一般には反対しないといい、②現在進行している（中国国民党軍との）戦争は「客観的にはむしろ進歩的意義」を持つといいます。そして、③アメリカと戦うとき、互いの「帝国主義戦争」を日本側の「国民的解放戦争」に「急速に転化」しうるとしました。戦争を支える論理を組み立て、社会変革と天皇制を調和させ、このことによって佐野・鍋山は、「転向」したのです。

日本共産党の幹部であった佐野・鍋山が転向することによって、社会運動の状況は大きく変わります。社会運動家は、あくまで主義を貫く（a）不服従―孤立型となり、主義を捨て転向するものは、（b）転向Ⅰ―面従腹背型と、（c）転向Ⅱ―変節型とに分かれ、さらに運動からの（d）離脱―沈黙型があり、複雑な様相を示すことになります。

（b）はなかなか分かりにくく晦渋《かいじゅう》ですが、偽装転向として、マルクス主義の用語を時局のことばに取り換え、戦争と統制――動員の状況に対する抵抗の姿勢を保持する立場です。いったんは（佐野・鍋山と同様に）日本社会秩序の根幹をなすものとして天皇制を捉えたうえで、そのもとでの変革を探るということになります。外側から見たときには、天皇制のもとでの社会編成、さらにはシステムＢＩに抗しているのか、あるいは、それに沿っているのか、判断がつきにくい言動となります。これに対し、（ｃ）は明快です。（ｃ）は林房雄や亀井勝一郎らが、国粋主義・国家主義の立場から発言するように、自らの立場を移行し、もっぱら左派（マルクス主義者）や自由主義者を攻撃するようになります。

（ｄ）として、運動から離脱したものと、信念を持ちつつも沈黙を貫いたものとの区別もまた難しいところです。

中野重治「村の家」（一九三五年）は、主人公の小説家「勉次」が転向して出獄してきたとき、父は「我が身を生かそうと思うたら筆を捨てるこつちや」といいます。それに対し、勉次は「よくわかりますが、やはり書いて行きたいと思います」と答えます。転向の苦渋と、変わりゆく状況に主体的に向き合う姿勢を捨てまいとする決意とが混在するさまが描かれます。

マルクス主義に関わる知識人は、どのようなかたちにせよ、転向という踏み絵を踏むこととなりました。この転向は、ある角度から見たとき、思想の三類型を示し、①（b）、（c）は日本の土着思想に屈し、思考を転換したありようとなります。他方、②（a）は土着思想と切断されることとなり、近代日本の思想をよく把握していないという評価となります。このとき、③（d）は、いったん切断したはずの土着思想に再度直面し、あらたな近代日本思想の可能性を持つものとされます（吉本隆明「転向論」『現代批評』一九五八年一一月）。

いずれにせよ、一筋縄ではいかない状況になっています。マルクス主義の運動と思想は、厳しい弾圧に抗する覚悟を必要とし、参加者たちのヒロイズムと、それに与しえないものたちの後ろめたさを伴っていました。そのもとでの転向は、さらに事態を複雑にしました。戦後になってから、マルクス主義が公然化したとき、一九三〇年代初頭の苦渋は、さまざまな確執となってなおも継続します。

こうしたなか、自由主義は、（左派・右派双方の）原理主義との緊張が生ずるとともに、政府からの標的ともなります。一九三三年五月、京都帝国大学の滝川幸辰《ゆきとき》が休職処分とされたのは、そのはじまりです。滝川が中央大学で行った講演をマルクス主義的であるとし、内務省は滝川の著作『刑法読本』『刑法講義』を発禁にします。

『京都帝国大学新聞』(一九三三年五月二一日)は、滝川の講演のどの点が処分の理由にあたるかを問いますが、鳩山一郎・文部大臣は「全体として滝川さんのもつ思想が、今日の時勢の上大学に止まるに不適当なのだ」と述べるにとどまっています。政府は、滝川に辞職勧告を行い、応じない場合は休職とする、としました。

大学はこの辞職勧告を認めず、総長は辞職、法学部の教員は全員辞表を出し対抗しましたが、文部省に押し切られていきます。

この「滝川事件」に、すでに触れた美濃部達吉の天皇機関説への攻撃が続きます。共産主義とともに、自由主義が統制――排除の対象となっていきました。また、原理日本社を主宰する蓑田胸喜ら国家主義者も自由主義を攻撃します。蓑田らが発行する機関誌は『原理日本』と名付けられていました。

こうしたなか、新居格《にいいたる》、三木清らが加わる、学芸自由同盟(幹事長・徳田秋声、一九三三年）が発足します。同盟は「本同盟ハ学芸ノ自由ヲ擁護シ、ソノ進歩発達ヲ促進センコトヲ期ス」（「学芸自由同盟綱領・規約」第二条）と述べており、さしずめリベラルの再結成・再結集ということになります。しかし、『改造』の特派員として論を立てていた室伏高信が国粋主義に入り込むように、デモクラシーからファシズムへと思想的な立場を移行させるものも現れます。

小説家・直木三十五の「ファシズム宣言」（『読売新聞』一九三二年一月八日）もその一つといえるでしょう。

僕は、光輝ある読売新聞を通じて、僕が一九三二年より、一九三三年まで、ファシストであることを、万国に対して、宣言する。

直木は「大衆文芸」を議論しますが、ここには「現代」の課題と触れ合う論点が混入されています。すなわち、近代の過程で、「文学」や「美術」などもかたちを整えてきて、一九三〇年ごろに「近代文学」「近代美術」などが確立します。それを「現代文学」や「現代美術」へと転回する営みが、この時期にあわせて試みられます。

先駆的には、前衛芸術として提供されますが、詩や絵画でなされていた営みが、より広範な動きとなります。ことばを換えれば、「文学」や「美術」を現代の観点から再定義する営みです。

やっかいなのは、近代の文学や美術が制度化され、既成の勢力（エスタブリッシュメント）となっていることであり、それに対抗するためのあらたな試みが、しばしば軍部と接触し、結びついたことです。文壇も画壇も軍部と結びつき、既成の勢力と対抗しようとしました。のちの横山大観（一九四〇年、軍に飛行機購入資金を献納。また、一九四三年、日本美術報国会会長就任）や藤田嗣治《つぐはる》（一九三八年、海軍嘱託として戦線取材）もそうした例といえるでしょう。

このことは、知識人のあり方にも議論を及ぼします。政治や権力から逃避するのではなく、積極的に政治・政策に関わっていく知識人の姿が浮上してきます。国策に関与するのですが、同時に、システムＢＩに対応する知識人の登場でした。

近衛文麿のもとで、後藤隆之助が企画し、蠟山政道《ろうやままさみち》らが中心になって結成された昭和研究会（一九三三年一二月）が、その代表でしょう。一九三五年に表舞台に姿を現し、「現行憲法の範囲内で国内改革をする」「既成政党を排撃する」「ファシズムに反対する」ことを主張し、一九三六年一一月に「昭和研究会設立趣意」を発表しました。趣意では、現在の日本の「制度並びに政策」が「旧態のまま」であり、朝野の「全知能と全経験とが総動員」されなければならないとしています。

昭和研究会には、矢部貞治、笠信太郎、佐々弘雄ら活躍中の学者やジャーナリスト、官僚や実業家が名を連ね、国際関係から国内の政治問題、経済や文化、さらに中国問題をめぐり議論がなされました。また、問題の指摘にとどまらず、具体的な試案や提案に踏み込んでいます。国策樹立のための本格的なブレーン集団であり、批判的知識人の姿勢を有する、三木清や尾崎秀実も昭和研究会に関与しました（酒井三郎『昭和研究会』一九七九年）。

昭和研究会は、システムＢＩのもとでの知識人のあり方として興味深いものです。第一に、個人ではなく、集団として行動し、第二に、主張として（三木清に代表されますが）

「協同主義」を打ち出し、政治的課題に対し提言的な発言をします。これまでの日本のありようとは異なる、あらたな進路を探るなか、自由主義から統制主義に一歩踏み出し、「あたらしい倫理」を説くとともに、社会の仕組みと運営（システム）に関わっていきました。外部に立ち論評するのではなく、内部からの実践によって、問題解決を志向する知識人集団の出現です。

主張の柱となるのは、かつて一九二〇年代（「改造」の時代）に、社会運動によって要求されていた社会問題や中国問題の解決を、「協同主義」によって、政策を通じて実現しようというものです。体制内においての改革を志し、抵抗と参加、不服従と協力、抑制と統制、変革と翼賛といったあわいに位置し、準戦時体制のもとで微妙な役割を演じます。抵抗、不服従などそれぞれの前者の立場のはずなのですが、参加、協力など後者の機能を果たしていくようになります。

国策研究会も、こうした流れのなかにあります。一九三四年三月に、労働事情調査所の矢次一夫が、国策研究同志会として結成しました。二・二六事件後にいったん解散しますが、一九三七年二月に設立総会を開き、国策研究会として活動します。

(2)「日本」の再考

一九三〇年代には、子どもたちの世界も変わっていきます。たとえば、一九三一年九月の「満州事変」が、メディアを介して、少年たちの世界に大きな影響を与えました。少年向けの雑誌として、大きな人気を博していた『少年倶楽部』は、一九三一年一二月号を「満洲事変特別号」として「満洲事変関係大地図」「満洲事変写真画報」を付します。また、池田宣政「満洲事変はなぜ起つたのでせう?」、坂部護郎「倉本大尉の討死」が掲載されます。

池田の論は、父親と息子の対話のかたちをとりつつ、時事解説を行い、日本の行為の正当性を説きました——「日本では、どうかして支那と仲善しになりたいと考へてゐるのに、支那が意地悪なことばつかりしてゐるのだ」。これまでの日本と中国の関係を、権威と知識を持つ父親が息子に教えるという体裁で、写真と挿絵が入れられ、一三ページという長文で「解説」されました。

そのあとに、扇情的な文章で綴られるのが、「倉本大尉の討死」。タイトルのそばに「壮烈！　南嶺の激戦を彩る」というコピーが添えられ、物語風に記されます。

鉄道はこはす、わが住民には乱暴をする、しまひには、わが守備隊の兵士に向つて銃砲をあびせる——かうした支那兵の無法極まるふるまひに、わが軍も是非なく起つて、これを鎮めねばならなかつた。

挿絵とともに写真が掲げられ、実録風のものとされているところが、あらたな手法となっています。一九三二年二月号もまた「満洲事変記念特大号」とされ、「満洲事変画集」が付され、樺島勝一の画による「北満の荒野を進む我が騎兵連隊」「軍旗のもとに」「日本と支那の兵隊の服装」などが掲載されました。

また、少年団員「少年団の見てきた満洲戦地の話」、「満洲」の小学生たちによる「僕等は目の前に満洲事変を見た」は、同世代の文章によって出来事をより身近に、感覚的に把握させようとします。マンガ仕立ての「満洲の猿蟹合戦」、実録風の物語（久米舷一「忠烈山田一等兵」)、さらには、安達堅造「満洲事変美談集」も掲げられます。

「哀話」とともに「美談」は、出来事と読者との距離を縮め、少年たちの感情を喚起し、そこに没入する回路をつくりあげます。同号でも「恩を忘れぬ支那学生」「死ぬまで機関銃を守る」「戦場で射撃を習ふ」などと、盛りだくさんです。さらに、一九三二年三月号は、三大付録として「満洲事変記念ゑはがき集」「満洲物産早わかり地図」「帝国勲章ゑはがき集」が付され、佐藤保太郎「驚くべき満洲の富」は、地図の解説と位置づけられ、「満洲は日本の生命線」との内容を説き、「満洲の富」を築いたのは「実に我が日本の力であつた」としました。

おりしもこのころは、山中峯太郎「武俠熱血　亜細亜の曙《あけぼの》」、南洋一郎「猛獣征服　密林の王者」、佐々木邦「軽快小説　村の少年団」などの読みもの、田河水泡によるマンガ「のらくろ」などが連載され、大いに人気を博していました。

センセーショナルな語句、それを支えるような挿絵、また物語、時事解説などの柱と、細かな知識を提供する雑多なコラム記事――これらが混ざり合い、併存して、『少年倶楽部』をつくり出していきます。あらたなメディアの環境――現代のシステムに、少年たちが参加していくということになります。

焦点となっているのは「日本」です。マルクス主義者である戸坂潤は、「ニッポン・イデオロギー」（『日本イデオロギー論』一九三五年）において、「日本主義・東洋主義乃至《ないし》アジア主義・其他々々と呼ばれる取り止めのない一つの感情のやうなものが、現在の日本を支配してゐるやうに見える」といい、国粋主義（国粋拡張主義）が事変とともに「津々浦々にまでその作用を丹念に響き渡らせた」といいます。国粋主義の系譜を「幕末の国学運動」以降から記し、現時の状況を歴史的に位置づけ、「日本は最近特に国粋的に煽情的になつた」としました。

同時に、戸坂は、

たゞ一切の本当の思想や文化は、最も広汎な意味に於て世界的に翻訳され得るものでなくてはならぬ。といふのは、どこの国のどこの民族とも、範疇《はんちゆう》の上での移行の可能性を有《も》つてゐる思想や文化でなければ、本物ではない。丁度本物の文学が「世界文学」でなければならぬのと同じに、或る民族や或る国民にしか理解されないやうに出来てゐる哲学や理論は、例外なくニセ物である。

といいます。近代の近代たるゆえんを説き、この観点から、「日本」に拘泥する思潮を批判的に斥けます。また、

今や資本主義そのものが、その経済的自由の精神を保ちながら、而も現実の形に於てはこの自由の社会的制限として、統制経済を導き入れて来た。（略）資本主義そのもの、本質の強調に他ならない

とも述べました（「自由主義・ファッシズム・社会主義」『日本イデオロギー論』増補版、一九三六年）。日本近代を普遍的な文脈に照らし、それを批判する精神がうかがえます。

こうしたとき、一九三五年の光景のなかで、和辻哲郎『風土』（一九三五年）は「人間存在の構造契機としての風土性」を明らかにしようとします。「モンスーン」「沙漠《さばく》」「牧場」

という三つの類型（「風土の型」）を指摘し、世界史を構想しなおしました。歴史の転換期を意識し、日本文化を論じていきます。時間軸を重視するマルクス主義に対し、空間軸を持ち出し日本を位置づけ、また歴史決定論ではなく、「人間」を主体とする思考を標榜するのです。

一九三五年前後には、人間に着目し、日本を考えようとする作品が小説としても提供されます。吉川英治『宮本武蔵』（『東京朝日新聞』『大阪朝日新聞』一九三五年八月二三日―三九年七月一一日）はその代表的なもので、宮本村の武蔵《たけぞう》が、剣聖・宮本武蔵になりゆく姿が描かれます。「煩悩」と戦いながら、「道」を探し求める武蔵像です。一七歳のとき、戦場で命拾いをしたところから書き出されます。

こうした求道的な人間像は、少年少女を対象とする作品に、より多く現れます。たとえば、山本有三『路傍の石』です（『東京朝日新聞』『大阪朝日新聞』一九三七年一月―六月）。この作品は「愛川吾一」少年の成長物語で、近代日本の歩みと重ねられながら展開されます。日清戦争・日露戦争期の国外・国内の不穏な情勢がちりばめられ、一九三〇年代半ばの時代状況と重ね合わされています。

しかし、連載は錯綜《さくそう》した経緯を辿ります。青年・「吾一」は『成功の友』という「成功と健康を目標にした十銭雑誌」を出そうとするのですが、（次章〈【戦中・戦後―現在編】〉で述べる）盧溝橋《ろこうきょう》事件――日中戦争のため、続きの物語「第二部」はいったん断念されます。このあと、一九三八年一一月、『主婦之友』に「新篇《しんぺん》　路傍の石」として連載されました。

このとき、山本はかつての新聞連載分を書きなおし、時勢にあらためて向き合います。けれども、一九四〇年六月には「ペンを折る」という文章をしたため、ふたたび連載を中断してしまいました。一九三〇年代の知識人の生き方の困難を体現しているかのようです。

同じように、少年の修養・克己・成長の物語を描く、下村湖人『次郎物語』も、一九三六年一月から連載を開始します。翌年三月に連載を中止しますが、三八年八月に脱稿、一九四一年に単行本として刊行します。翌一九四二年五月に第二部を、一九四四年一一月には第三部も刊行しました（その後、戦後の一九四八年一月に第四部の連載を開始し、翌年に刊行。

さらに、一九五四年には第五部を刊行しています）。「次郎」の（過去の）「運命」と（彼の）「愛」と（彼の魂の）「永遠」を描く作品ですが、第三部の終わりには「次郎」が耐えていかなければならない「大きな試練」として「〈時代〉の試練」を挙げています。下村は「もはや、時代をぬきにして彼を描くわけにはいかない」といいます。しかし、「友愛塾」での共同生活、あるいは二・二六事件を描く第四部、第五部は、戦後になり、ようやく執筆されます。

一般的に、システムが推移するとき、「人間」や「歴史」など、根幹をなす概念が原理的に問いかけられ、再定義が図られますが、一九三〇年代のシステムBIへの転換においても同様です。しかし、吉川をはじめ、山本や下村の問いは、「人間」も「歴史」も内向きの問いかけになっています。「個人」に収斂《しゅうれん》し、「自国」のありようのみが問われており、他者や他国との関係性の追究には、なかなか向かいません。内省的、反省的ではあるのですが、他者を設定しえず、それゆえに、一挙に無媒介に協同主義へとなだれ込んでしまっています。「吾一」や「次郎」の苦闘にもかかわらず、あらたな人間像に基づく社会構想には辿り着きません。

(3) 植民地へのまなざし

一九三〇年代には、植民地の人びとや南洋群島、満州の人びととの接触が深まり、大日本帝国の領地内での移動も、また活性化します。

すでに一九二〇年代半ばから、植民地に大学が設置されていました。一九二四年、京城帝国大学予科が設立され、二年後の一九二六年に学部が開設されます。安倍能成《よししげ》(哲学)、時枝誠記《もとき》(国語学)、尾高朝雄(法学)らが教鞭《きょうべん》を執りますが、学生のうち、約七〇パーセントは日本人でした。台湾でも、台北帝国大学が、文政学部、理農学部の二学部の体制で開学します(一九二八年)。土俗学、人種学、南洋史学、熱帯圏農業、熱帯医学など、特徴を持つ学問が開講されました。

並行するようにして、植民地朝鮮に居住する日本人、とくにその子弟への教育にも目が向けられます。安岡正篤《まさひろ》と京城帝国大学に勤める津田栄によって結成された天業青年団

（一九二五年）の後身である緑旗同人会は、緑旗連盟（一九三三年二月）と改称するころから、「在朝日本人二世の皇民化教育」に力をつくします。機関誌『緑旗』を発行し、朝鮮総督府の資金援助を受けるようにもなりました。

後年、日中戦争が始まると、緑旗連盟は時局講演会を行い、「内鮮一体」「国語の使用」「創氏改名」「神社参拝」「志願兵」などを喧伝《けんでん》します。また、一九三六年からは、朝鮮人の構成員が加わったこともあり、朝鮮人の皇民化にも携わりました。また、このころには、津田栄の弟の剛《かたし》が連盟主幹となり、その妻・美代子も『新女性』を発刊し、朝鮮人女性を「靖国の母」にしようとします。

緑旗連盟は、いくつもの塾を経営しますが、その一つの清和女塾（一九三三年暮れに設立）は、栄の妻・節子が塾監を務め、剛が社会問題、森田芳夫が朝鮮問題を教えています（高崎『植民地朝鮮の日本人』）。

こうした動きのなか、本土から満州への移民も見逃せません。すでに触れたように、満州への移民はさまざまな要因を持つ政策ですが、軸となるのは、農村救済のための経済更生運動でした。試験的に移民が送られたあと一九三〇年代半ば以降に集団移民が本格化しますが、一九三五年に満州拓殖株式会社（のち、一九三七年に公社化）という受け入れ組織がつくられ、入植地の買収や管理を担当しました。半ば強制的に移民送り出しを各道府県に割り当てるなか、長野県、山形県、宮城県、福島県、熊本県、新潟県からの応募が目立ちました（加藤『満蒙開拓団』）。

二・二六事件のあとに誕生した広田弘毅内閣は、軍備拡張を軸とした財政拡大のもと、その七大国策の一つとして「対満重要策の確立」を挙げ、「満州農業移民二〇カ年百万戸送出計画」をもくろみます。国策として、満州移民政策が位置づけられるとともに、二〇カ年で一〇〇万戸（五〇〇万人）の日本人農民の入植を図る、という計画でした。

土地問題を解決するため、満州に土地を求めて移民するとし、満蒙開拓団と呼ばれることとなりました。この段階になると関東軍が前面に出て、農林省の経済更生部長であった小平権一は関東軍の顧問となり、満州国とのパイプ役になります。集団移民は、訓練を受けた先遣隊が出かけ、現地でも教育訓練を受け、本隊の受け入れを待つという手順で動きます。そのため、指導員の育成が重視されました（加藤『満蒙開拓団』）。ドイツとの共同合作の映画『新しき土』（一九三七年）は、こうした満州への移民団の物語となっています。

また、数え年一六歳から一九歳までの若者たちによる、満蒙開拓青少年義勇軍も結成されます（上笙一郎『満蒙開拓青少年義勇軍』一九七三年）。「義勇軍」を構想し、対ソ連の防衛が意識され、精神訓練が重んじられています。

満州移民は、村ごとに開拓団ができる場合は「分村」としますが（郡単位のばあいは「分郷」）、長野県大日向村《おおひなた》（現在の佐久町）は、その分村移民を送り出した一つです。四〇六戸の大日向村は、耕地面積が少ないうえ水田はわずかで、養蚕と林業で収入を得ていましたが、昭和恐慌で打撃を受けます。そのため、村長・浅川武麿は、一八七戸を吉林省舒蘭県四家房に送り出します。経済更生委員会（役場、農会、産業組合、学校）が軸となり、（残された側も）農家一戸当たりの土地面積が増加し、山林利用も増えると目算しました（満洲開拓史刊行会編『満洲開拓史』一九六六年）。

大日向村からの分村移民は評判を呼び、【戦中・戦後―現在編】で触れますが、小説として描かれ（和田伝『大日向村』一九三九年）、それをもとに劇や映画にもなりました。

このあと、商業や鉱工業の移民たち、さらに転廃業した都市の中小工業者の開拓団など、敗戦までに多くの人びとが満州に渡ります。女性たちの移民も少なくありません。なかでも長野県出身者が多くいました。

満州に渡った開拓団は、九二八団二四万二三〇〇人を数え、満蒙開拓青少年義勇軍二万二八〇〇人、報国農場七四カ所四九〇〇人を加え、総計で二七万人だったといいます（加藤『満蒙開拓団』）。

農民――開拓団のばあい、満州への入植後は、苦力《クーリー》（雇い農民）を使い畑を耕し、水田は朝鮮人の小作によって農業を営みますが、働き手が少ないという問題があります。また「屯墾病」と呼ばれる憂鬱症によって帰国する人も少なくありませんでした。

なによりも、満州の土地をあらたに開墾することは難しく、すでに中国人農民が耕作している土地を強制的に買収し、立ち退きを命じることがしばしば行われました。先住の人びとに対する侵略となります。また、移民に対して土地の相続を認めますが、私有権は制限するなど、土地制度も複雑でした。

開拓団の多くはソ連との国境近くに点在しており、対ソ防衛の役割を担わされます。関

図3―7　『日本地理大系』の巻別構成

【第1巻】総論篇（自然地理）　【第2巻】総論篇（人文地理）
【第3巻】大東京篇　【第4巻】関東篇
【第5巻】奥羽篇　【第6巻】中部篇（上下巻）　【第7巻】近畿篇
【第8巻】中国及四国篇　【第9巻】九州篇
【第10巻】北海道・樺太篇　【第11巻】台湾篇
【第12巻】朝鮮篇　【別巻1】山岳篇　【別巻2】満州及南洋篇
【別巻3・別巻4】海外発展地篇（上下巻）　【別巻5】富士山

東軍への米の強制供出もあり、開拓団も苦労が絶えません。満州は一つの理想郷として構想されましたが、「五族協和」も労働の場では空疎なものでした。

移民に関しては、加藤完治をはじめとする農本主義者が主導しますが、満州には、かつての社会運動家も少なからず渡っています。

空間の拡大が、システムBIのもとでの移動に拍車をかけます。標準的な空間意識を示す、『日本地理大系』（全一二巻＋別巻五巻、一九二九―三一年）の巻別構成は図3―7のようになっています。「大東京」を軸に本土を区分するとともに、朝鮮篇、台湾篇として植民地をしっかりと組み込んでいます。樺太と北海道が一体化され、沖縄は九州篇に収められますが、別巻に、満州及南洋篇、海外発展地篇が置かれています。海外発展地篇では、南北アメリカなどへの移民が扱われました。一九三〇年代における「日本人の世界地図」がうかがわれます。

日本から離れれば離れるほど、文明からの距離が遠くなるという偏見を持つのが、帝国主義――システムBⅠのもとでの意識ということになります。南洋群島は、そうした文明が行き届かない地域と認識されました。東アジアは、いまや文明を実現しつつある地という認識ですが、南洋群島はまだまだ文明を理解しない「異界」とされています。

たとえば、島田啓三「冒険ダン吉」（『少年倶楽部』一九三三年六月―三九年七月）。南洋の島に漂着した「日本」の少年・ダン吉の活躍を描く人気マンガですが、ダン吉は（自分は少年であるにもかかわらず）その島の先住民のために小学校をつくります。また、手には常に腕時計をはめていました（図3―8）。少年ながら文明の使徒であり、使命感を持ち、島の先住民たちを啓蒙するのです。当時の「日本人」が持つ、南洋群島への（差別と教化をあわせた）視線がそのままなぞられています。

南洋群島は、ながくスペインの領土でしたが、一八九九年に（グアム島を除く）マリアナ諸島、カロリン諸島、マーシャル諸島がドイツに売却されていました。そのドイツ領南洋群島の赤道以北の一五〇〇以上の島嶼《とうしょ》を、日本は国際連盟の委任統治領として領有します。

南洋庁をパラオ諸島のコロールに置き、サイパン、パラオ、ヤップ、トラック、ポナペ、ヤルートの六支庁区に分けました（今泉裕美子「太平洋の「地域」形成と日本」『岩波講座　日本歴史』第二〇巻、二〇一四年）。

図3−8　「冒険ダン吉」

（出典／『少年倶楽部』1934年4月号）

日本はこの地に経済進出を図るとともに、アメリカに対する戦略上の要地とし、現地住民たちの教化を行います。公学校を設け、「国語教育」ではカタカナ、ひらがな、さらに漢字まで教えていました。

この南洋群島に渡ったひとりに、

土方久功《ひさかつ》がいます。土方は一九二九年三月に、母の死をきっかけにパラオに渡ります。ゴーギャンに憧れたといいますが、その地で（彫刻も行う）大工・杉浦佐助と出会い、「南」の生活に目を開かれます。土方は南洋庁に嘱託として勤め（いったん退職し、ふたたび勤めます）、彫刻や詩作にふけり、ヤップ島などの民話を採集し民族誌ものします。土方と杉浦はパラオの各地を移動しますが、土方は日記（一九三二年一月一日）に「朝八時頃村中ノ島民ヲ桟橋ニ集メ北ニ向ッテ遥拝サセ、日本帝国、両陛下ノ万歳ヲ唱ヘシメ」と書き留めています。島民たちに対し、日本への馴致をすることも忘れていません。土方は、文明かつ帝国主義の使徒であったのです。

のちに、画家の赤松俊子（丸木俊）が来島しました。また作家の中島敦も南洋庁での国語教科書編集のためにパラオに赴任し、土方はかれらとも交流を持ちます。土方は一九四二年に中島とともに日本に戻り、その後、ボルネオに渡ります（岡谷公二『南海漂泊』一九九〇年、清水久夫『土方久功正伝』二〇一六年）。

さて、こうして大日本帝国は岐路に直面します。この岐路の選択はひとり日本にとってのみならず、世界にも影響を与えます。やや時期はさかのぼりますが、一九二四年一一月に中国の指導者のひとりである孫文は、神戸で「大アジア主義演説」を行いました。そして、そのあと、演説原稿に次のように加筆します。

あなたがた日本民族は、欧米の覇道の文化を取り入れていると同時に、アジアの王道文化の本質ももっています、日本がこれからのち、世界の文化の前途に対して、いったい西洋の覇道の番犬となるのか、東洋の王道の干城となるのか、あなたがた日本国民がよく考え、慎重に選ぶことにかかっているのです。

（伊地智善継・山口一郎監修『孫文選集』第三巻、一九八九年）

日本の岐路の選択は、東アジア、そして世界の岐路のなかで問われていました。

（【戦中・戦後―現在編】へ続く）

索引

さ行

た行

な行

は行

略年表

西暦	将軍／首相	出来事（1872年までは太陰太陽暦を使用。数カ月に及ぶ出来事は、開始月を記載）
江戸（－1868.4.11）		
1853	徳川家慶	5月 三閉伊一揆 6月 アメリカ東インド艦隊司令長官ペリー、浦賀に来航 7月 ロシア使節プチャーチン、長崎に来航
1854	家定	1月 ペリー、再来航. 3月 日米和親条約締結 12月 日露和親条約調印
1855	家定	10月 安政の江戸大地震
1856	家定	7月 米駐日総領事ハリス、下田に来航
1857	家定	5月 幕府、下田条約調印
1858	家定	4月 井伊直弼、大老に就任 6月 コレラ、長崎で発生（以後、江戸・大坂・京都で大流行） 9月 安政の大獄始まる
1859	家茂	9月 梅田雲浜、獄死 10月 橋本左内・吉田松陰、処刑
1860	家茂	1月 勝海舟ら、咸臨丸でアメリカに向かう 3月 桜田門外の変. 同月 五品江戸廻し令
1861	家茂	10月 和宮、江戸に向かう
1862	家茂	4月 寺田屋事件 7月 幕府、一橋慶喜を将軍後見職とする 8月 生麦事件
1863	家茂	6月 高杉晋作ら、奇兵隊編成. 7月 薩英戦争 8月 八月一八日の政変
1864	家茂	7月 禁門の変. 同月 第一次幕長戦争 8月 四国連合艦隊による下関砲撃
1865	家茂	10月 条約勅許
1866	家茂	1月 薩長同盟成立 5月 西宮・大坂・堺・兵庫・江戸で打ちこわし起こる 以降、全国に拡大 6月 武州世直し一揆、起こる 同月 第二次幕長戦争

西暦	将軍／首相	出来事
1867	慶喜	7月「ええじゃないか」起こる. 以降、各地へ拡大 10月 徳川慶喜、大政奉還. 12月 王政復古を宣言
1868		1月 戊辰戦争. 3月 五箇条の誓文. 同月 廃仏毀釈、起こる 4月 江戸城開城. 5月 奥羽越列藩同盟成立 7月 江戸を東京と改称. 8月 新政府軍、会津若松城を囲む 9月 明治と改元. 一世一元の制へ
明治（1868.9.8－1912.7.30）		
1869		5月 戊辰戦争終結. 6月 版籍奉還 同月 招魂社創建（79年6月 靖国神社と改称）
1870		1月 大教宣布の詔. 閏10月 工部省設置 12月『横浜毎日新聞』創刊
1871		7月 廃藩置県. 同月 日清修好条規調印 11月 岩倉使節団出発
1872		2月 福沢諭吉『学問のすゝめ』第一編刊行. 8月 学制発布 9月 新橋・横浜間に鉄道開業
1873		1月 徴兵令定める. 7月 地租改正条例布告 9月 岩倉使節団帰国. 10月 明治六年の政変
1874		3月『明六雑誌』創刊 5月 台湾出兵
1875		5月 ロシアと樺太・千島交換条約調印 9月 江華島事件
1876		2月 日朝修好条規調印 この年、各地で地租改正反対一揆が起こる
1877		2月 西南戦争 8月 第一回内国勧業博覧会開催
1878		5月 パリ万国博覧会に参加. 同月 紀尾井坂の変
1879		3月 コレラ、松山に発生（以後、全国に蔓延） 4月 琉球処分
1880		3月 国会期成同盟結成 4月 集会条例制定

西暦	将軍／首相	出来事
1881		10月 明治一四年の政変. この年、私擬憲法起草が活発化
1882		3月 伊藤博文ら、憲法調査のためヨーロッパへ 7月 壬午事変
1883		11月 鹿鳴館開館
1884		10月 秩父事件 12月 甲申事変
1885		4月 天津条約調印 12月 内閣制度創設
1886	伊藤博文（第一次）	10月 ノルマントン号事件
1887		2月『国民之友』創刊
1888	黒田清隆	4月 枢密院設置. 同月『日本人』創刊
1889		2月 大日本帝国憲法発布. 同月 衆議院議員選挙法公布 7月 東海道線全通
1890	山県有朋（第一次）	7月 第一回衆議院総選挙 10月 教育勅語発布
1891	松方正義（第一次）	12月 田中正造、衆議院に足尾銅山鉱毒事件に関する質問書を提出
1892		11月『万朝報』創刊
1893	伊藤博文（第二次）	10月 文官任用令公布
1894		2月 朝鮮で農民蜂起（のち甲午農民戦争に発展） 8月 清国に宣戦布告（日清戦争）
1895		4月 下関講和条約調印. 同月 三国干渉
1896	松方正義（第二次）	4月 第一回オリンピック開催 8月 伊藤博文首相、内閣不統一で辞表提出
1897		10月 朝鮮、国号を大韓帝国と改称

西暦	将軍／首相	出来事
1898	伊藤博文（第三次） 大隈重信（第一次）	6月 隈板内閣成立
1899	山県有朋（第二次）	3月 北海道旧土人保護法公布 同月 文官任用令改正・文官分限令公布
1900	伊藤博文（第四次）	5月 軍部大臣現役武官制を確立 6月 北清事変
1901	桂太郎（第一次）	2月 八幡製鉄所操業開始 9月 北京議定書調印 12月 田中正造、足尾銅山鉱毒事件で天皇に直訴
1902		1月 日英同盟協約調印
1903		6月 七博士意見書提出 10月『万朝報』、主戦論に転じる
1904		2月 日露戦争 8月 第一次日韓協約調印
1905		3月 奉天会戦 9月 ポーツマス講和条約調印. 同月 日比谷焼打ち事件
1906	西園寺公望（第一次）	2月 韓国統監府開庁 11月 南満州鉄道株式会社設立
1907		6月 ハーグ密使事件 7月 第三次日韓協約、第一次日露協約調印
1908	桂太郎（第二次）	10月 戊申詔書発布
1909		10月 伊藤博文、暗殺される
1910		5月 大逆事件の検挙開始 8月 韓国併合 11月 帝国在郷軍人会発会式
1911		8月 警視庁、特別高等課設置 9月『青鞜』創刊 10月 辛亥革命、起こる

西暦	将軍／首相	出来事
大正（1912.7.30－1926.12.25）		
1912	西園寺公望（第二次）	12月 第一次護憲運動
1913	桂太郎（第三次） 山本権兵衛（第一次）	6月 軍部大臣現役武官制を撤廃 8月 文官任用令改正
1914	大隈重信（第二次）	1月 ジーメンス事件 7月 第一次世界大戦勃発
1915		1月 対華二一カ条要求
1916	寺内正毅	1月 吉野作造、「憲政の本義を説いて其有終の美を済すの途を論ず」発表. 同月『婦人公論』創刊
1917		11月 石井・ランシング協定締結 同月 ロシア革命（一一月革命）、起こる
1918	原敬	7月 米騒動、起こる 8月 政府、シベリア出兵を宣言
1919		3月 朝鮮で三・一独立運動 4月『改造』創刊 6月 ヴェルサイユ条約調印
1920		1月 国際連盟加盟 3月 新婦人協会結成
1921	高橋是清	11月 ワシントン会議開催 12月 四カ国条約調印
1922	加藤友三郎	2月 ワシントン海軍軍縮条約調印
1923	山本権兵衛（第二次）	4月 石井・ランシング協定破棄 9月 関東大震災、朝鮮人虐殺
1924	清浦奎吾 加藤高明（第一次）	1月 第二次護憲運動. 同月 第一次国共合作成立
1925	加藤高明（第二次）	1月 日ソ基本条約調印 3月 治安維持法、普通選挙法成立
1926	若槻礼次郎（第一次）	1月 京都学連事件、起こる

西暦	将軍／首相	出来事
昭和（1926.12.25－）		
1927	田中義一	3月 金融恐慌 5月 政府、第一次山東出兵を声明 6月 東方会議
1928	田中義一	6月 張作霖、爆殺される（満州某重大事件） 8月 不戦条約調印
1929	田中義一 浜口雄幸	6月 政府、中国国民政府を正式承認 10月 世界恐慌
1930	浜口雄幸	1月 ロンドン海軍軍縮会議開催 4月 統帥権干犯問題、起こる
1931	浜口雄幸 若槻礼次郎（第二次）	3月 三月事件 9月 柳条湖事件、満州事変始まる 10月 一〇月事件
1932	犬養毅 斎藤実	1月 第一次上海事変 2月 血盟団事件 3月 満州国建国宣言 5月 五・一五事件 9月 日満議定書調印 10月 リットン調査団、日本に報告書を通達
1933	斎藤実	3月 国際連盟脱退通告 4月 滝川事件
1934	斎藤実 岡田啓介	10月 陸軍省、「陸軍パンフレット」（『国防の本義と其強化の提唱』）刊行
1935	岡田啓介	2月 天皇機関説問題、起こる 8月 第一次国体明徴声明
1936	岡田啓介 広田弘毅	2月 二・二六事件 5月 軍部大臣現役武官制復活 11月 日独防共協定調印
1937	林銑十郎	5月 文部省、『国体の本義』刊行

参考文献

『近現代日本史との対話』を記すに当たっては、多くの文献を参照しましたが、主要なものを掲げることにさせていただきます。

通史は、〈いま〉の歴史的な位相を明らかにしようという希求に基づき執筆され、つねに書き換えられていきます。近現代日本の通史といったとき、中央公論社版『日本の歴史』(全26巻＋別巻5巻、1965－67年)の近現代の部分が先駆けとなり、いまでも読みごたえがあります。そのあと、小学館(『日本の歴史』〈全32巻、1973－76年〉、『大系 日本の歴史』〈全15巻、1987－89年〉、『全集　日本の歴史』〈全16巻＋別巻1巻、2007－09年〉)、講談社(『日本の歴史』〈全26巻、2000－03年〉)、集英社(『日本の歴史』〈全21巻＋別巻1巻、1991－93年〉)、さらに朝日新聞社(『週刊朝日百科 日本の歴史』〈全133巻＋別巻10巻、1986－89年〉)からも、古代から現代までの通史が出され、近現代の通史が組み込まれました(この点については、成田龍一「なぜ近現代日本の通史を学ぶのか」〈岩波新書編集部編『日本の近現代史をどう見るか』2010年〉を参照してください)。

近現代に限った通史では、中央公論新社『日本の近代』(全16巻、1998－2001年)、岩波新書版『シリーズ日本近現代史』(全10巻、2006－10年)、近年、吉川弘文館から『日本近代の歴史』(全6巻、2016－17年)、『現代日本政治史』(全5巻、2012－13年)が出されています。さらに個人による著作では、ちくま新書から出された佐々木克『幕末史』(2014年)、坂野潤治『日本近代史』(2012年)、古川隆久『昭和史』(2016年)や、岩波新書から出された中村政則『戦後史』(2005年)があります。本書では、これらの通史の成果と認識を、多く利用させていただきました。

以下の参考文献のなかで、こうしたシリーズのなかの通史には、＊を付しました。長い期間を扱った文献については、いちばん参照した章に記載しました。

個別の出来事に対し考察がなされ、それらをもとに通史が記されます。個別史と通史との往復の営みですが、読書においても同様に往復の営みとなるでしょう。また、個別の出来事のあらたな解釈に伴い通史が書き換えられますが、とくに近年では政治史の領域の書き換えが目につきます。社会史の領域の書き換えは、これから行われていくことになるでしょう。

はじめに

上田信『歴史を歴史家から取り戻せ！』清水書院，2018年
岡本充弘『過去と歴史』御茶の水書房，2018年
小川幸司『世界史との対話』上・中・下巻，地歴社，2011—12年
小田中直樹『世界史の教室から』山川出版社，2007年
加藤公明『考える日本史授業』第1巻－第4巻，地歴社，1991—2015年
キャロル・グラック『歴史で考える』梅﨑透訳，岩波書店，2007年
成田龍一『近現代日本史と歴史学』中公新書，2012年
成田龍一『歴史学のスタイル』校倉書房，2001年
西川長夫『国民国家論の射程』柏書房，1998年
西川長夫『国境の越え方』筑摩書房，1992年
長谷川貴彦『現代歴史学への展望』岩波書店，2016年
三谷太一郎『日本の近代とは何であったか』岩波新書，2017年
「〈世界史〉をいかに語るか」『思想』第1127号，2018年3月

第一部

第一部で記した時期に関しては、古典的な通史が多々あるとともに、明治維新（第一章）については、個別の出来事にも、次々にあたらしい見解が出されています。その論点を知るためには、明治維新史学会編『講座　明治維新』（全12巻、有志舎、2010－18年）が網羅的です。自由民権運動（第二章）については、かつて堀江英一・遠山茂樹編『自由民権期の研究』（全4巻、有斐閣、1959年）という論文集が出ていまし

たが、現在の研究を見渡す営みはまだのようです。また、作家の手になるものですが、大佛次郎『天皇の世紀』(全10巻、朝日新聞社、1969−74年)、萩原延壽『遠い崖』(全14巻、朝日新聞社、1980年・1998−2001年) は、特記しておきたいと思います。

第一部第一章

青山忠正『明治維新』吉川弘文館, 2012年
青山忠正『明治維新と国家形成』吉川弘文館, 2000年
尼崎市立地域研究史料館編『図説 尼崎の歴史』上巻, 尼崎市, 2007年
安良城盛昭『新・沖縄史論』沖縄タイムス社, 1980年
アン・ウォルソール『たをやめと明治維新』菅原和子ほか訳, ぺりかん社, 2005年
家近良樹『孝明天皇と「一会桑」』文春新書, 2002年
*石井寛治『開国と維新』小学館, 1989年
石井孝『日本開国史』吉川弘文館, 1972年
石井孝『明治維新の国際的環境』吉川弘文館, 1957年
石塚裕道『日本資本主義成立史研究』吉川弘文館, 1973年
石塚裕道・成田龍一『東京都の百年』山川出版社, 1986年
石原俊『〈群島〉の歴史社会学』弘文堂, 2013年
井上勲『王政復古』中公新書, 1991年
*井上勝生『幕末・維新』岩波新書, 2006年
井上清『日本現代史』Ⅰ, 東京大学出版会, 1951年
井上清『日本の軍国主義』ⅠⅡ, 東京大学出版会, 1953年
榎森進『アイヌ民族の歴史』草風館, 2007年
大久保利謙『明六社』講談社学術文庫, 2007年
*奥田晴樹『維新と開化』吉川弘文館, 2016年
奥田晴樹『地租改正と地方制度』山川出版社, 1993年
落合弘樹『秩禄処分』中公新書, 1999年
加藤祐三『黒船異変』岩波新書, 1988年

加藤祐三『黒船前後の世界』岩波書店，1985年
我部政男『明治国家と沖縄』三一書房，1979年
岸本美緒『東アジアの「近世」』山川出版社，1998年
北原糸子『安政大地震と民衆』三一書房，1983年
木村直也「世界史のなかの明治維新」『講座　明治維新』第1巻，有志舎，2010年
金城正篤・上原兼善・秋山勝・仲地哲夫・大城将保『沖縄県の百年』山川出版社，2005年
桑原真人『近代北海道史研究序説』北海道大学図書刊行会，1982年
ケネス・ポメランツ『大分岐』川北稔監訳，名古屋大学出版会，2015年
後藤敦史『忘れられた黒船』講談社，2017年
近藤健一郎編『方言札』社会評論社，2008年
齋藤希史『漢文脈の近代』名古屋大学出版会，2005年
佐々木潤之介『世直し』岩波新書，1979年
芝原拓自『世界史のなかの明治維新』岩波新書，1977年
芝原拓自『日本近代化の世界史的位置』岩波書店，1981年
清水康行『黒船来航』岩波書店，2013年
下山三郎『近代天皇制研究序説』岩波書店，1976年
ジョルジュ・ルフェーヴル『一七八九年』高橋幸八郎ほか訳，岩波書店，1975年
*鈴木淳『維新の構想と展開』講談社，2002年
須田努編『逸脱する百姓』東京堂出版，2010年
須田努『三遊亭円朝と民衆世界』有志舎，2017年
須田努『幕末の世直し 万人の戦争状態』吉川弘文館，2010年
関口すみ子『御一新とジェンダー』東京大学出版会，2005年
高木俊輔『維新史の再発掘』日本放送出版協会，1970年
高木俊輔『明治維新草莽運動史』勁草書房，1974年
高橋敏『国定忠治の時代』平凡社，1991年
高埜利彦『江戸幕府と朝廷』山川出版社，2001年

田中彰『岩倉使節団』講談社現代新書，1977年
田中彰『高杉晋作と奇兵隊』岩波新書，1985年
＊田中彰『明治維新』小学館，1976年
田中彰『明治維新政治史研究』青木書店，1963年
趙景達『近代朝鮮と日本』岩波新書，2012年
遠山茂樹『明治維新』岩波書店，1951年
遠山茂樹『明治維新と現代』岩波新書，1968年
友田昌宏『戊辰雪冤』講談社現代新書，2009年
永井秀夫『明治国家形成期の外政と内政』北海道大学図書刊行会，1990年
中濱博『中濱万次郎』冨山房インターナショナル，2005年
＊中村哲『明治維新』集英社，1992年
奈良勝司『明治維新と世界認識体系』有志舎，2010年
奈良勝司『明治維新をとらえ直す』有志舎，2018年
西川武臣『ペリー来航』中公新書，2016年
浜下武志『朝貢システムと近代アジア』岩波書店，1997年
原口清『戊辰戦争』塙書房，1963年
＊平川新『開国への道』小学館，2008年
檜皮瑞樹『仁政イデオロギーとアイヌ統治』有志舎，2014年
深谷克己『南部百姓命助の生涯』朝日新聞社，1983年
深谷克己『八右衛門・兵助・伴助』朝日新聞社，1978年
深谷克己『百姓成立』塙書房，1993年
福島正夫『地租改正の研究』有斐閣，1962年
藤田覚『幕末の天皇』講談社，1994年
藤谷俊雄『「おかげまいり」と「ええじゃないか」』岩波新書，1968年
藤森照信『明治の東京計画』岩波書店，1982年
保谷徹『戊辰戦争』吉川弘文館，2007年
保坂智『百姓一揆とその作法』吉川弘文館，2002年
松尾正人『廃藩置県』中公新書，1986年
松沢弘陽『近代日本の形成と西洋経験』岩波書店，1993年

松田京子『帝国の視線』吉川弘文館，2003年
松永昌三『福沢諭吉と中江兆民』中公新書，2001年
三谷博『維新史再考』NHK出版，2017年
三谷博『明治維新を考える』有志舎，2006年
宮田登・高田衛監修『鯰絵』里文出版，1995年
宮地正人『幕末維新変革史』上下巻，岩波書店，2012年
宮永孝『ジョン・マンと呼ばれた男』集英社，1994年
室山義正『松方正義』ミネルヴァ書房，2005年
毛利敏彦『明治六年政変』中公新書，1979年
茂木敏夫『変容する近代東アジアの国際秩序』山川出版社，1997年
森嘉兵衛『南部藩百姓一揆の研究』法政大学出版局，1974年
安丸良夫『日本の近代化と民衆思想』青木書店，1974年
藪田貫『国訴と百姓一揆の研究』校倉書房，1992年
渡辺京二『逝きし世の面影』葦書房，1998年
渡辺保『黙阿弥の明治維新』新潮社，1997年
渡辺浩『東アジアの王権と思想』東京大学出版会，1997年
『岩手県史』第5巻，1963年
『沖縄県史』第1巻，沖縄県教育委員会，1976年

第一部第二章

飛鳥井雅道『明治大帝』筑摩書房，1989年
天野郁夫『学歴の社会史』新潮社，1992年
天野郁夫『試験の社会史』東京大学出版会，1983年
新井勝紘『五日市憲法』岩波新書，2018年
新井勝紘編『自由民権と近代社会』吉川弘文館，2004年
有泉貞夫『明治政治史の基礎過程』吉川弘文館，1980年
安在邦夫・田﨑公司編『自由民権の再発見』日本経済評論社，2006年
安保則夫『ミナト神戸　コレラ・ペスト・スラム』学芸出版社，1989年
家永三郎・松永昌三・江村栄一編『新編　明治前期の憲法構想』福村出

版，2005年
猪飼隆明『西郷隆盛』岩波新書，1992年
猪飼隆明『西南戦争』吉川弘文館，2008年
伊藤之雄『元老』中公新書，2016年
稲田正次『明治憲法成立史』上下巻，有斐閣，1960—62年
稲田雅洋『自由民権の文化史』筑摩書房，2000年
稲田雅洋『日本近代社会成立期の民衆運動』筑摩書房，1990年
井上清『西郷隆盛』上下巻，中公新書，1970年
井上幸治『秩父事件』中公新書，1968年
イ・ヨンスク『「国語」という思想』岩波書店，1996年
色川大吉「困民党と自由党」『歴史学研究』第247号，1960年11月
色川大吉『自由民権』岩波新書，1981年
色川大吉・江井秀雄・新井勝紘『民衆憲法の創造』評論社，1970年
上杉聡『明治維新と賤民廃止令』解放出版社，1990年
植手通有編『明治草創＝啓蒙と反乱』社会評論社，1990年
上村希美男『宮崎兄弟伝』日本篇・アジア篇・完結篇，葦書房・『宮崎兄弟伝完結篇』刊行会，1984—2004年
江村栄一編『自由民権と明治憲法』吉川弘文館，1995年
榎森進『アイヌの歴史』三省堂，1987年
大阪事件研究会編『大阪事件の研究』柏書房，1982年
大島美津子『明治国家と地域社会』岩波書店，1994年
小川正人『近代アイヌ教育制度史研究』北海道大学図書刊行会，1997年
奥平康弘『「萬世一系」の研究』岩波書店，2005年
片野真佐子『皇后の近代』講談社，2003年
柄谷行人『日本近代文学の起源』講談社，1980年
川上武『現代日本病人史』勁草書房，1982年
教育史学会編『教育勅語の何が問題か』岩波書店，2017年
後藤靖『自由民権』中公新書，1972年
小松裕『田中正造の近代』現代企画室，2001年

小山静子『良妻賢母という規範』勁草書房，1991年
困民党研究会編『民衆運動の〈近代〉』現代企画室，1994年
佐々木克『幕末の天皇・明治の天皇』講談社学術文庫，2005年
澤地久枝『火はわが胸中にあり』角川書店，1978年
東海林吉郎・菅井益郎『通史足尾鉱毒事件』新曜社，1984年
鈴木董『オスマン帝国の解体』ちくま新書，2000年
鈴木正幸『皇室制度』岩波新書，1993年
高木博志『近代天皇制の文化史的研究』校倉書房，1997年
高島千代・田﨑公司編『自由民権〈激化〉の時代』日本経済評論社，2014年
多木浩二『天皇の肖像』岩波新書，1988年
瀧井一博『伊藤博文』中公新書，2010年
瀧井一博『文明史のなかの明治憲法』講談社，2003年
竹内洋『立志・苦学・出世』講談社現代新書，1991年
立川昭二『病気の社会史』日本放送出版協会，1971年
立川昭二『明治医事往来』新潮社，1986年
土屋礼子『大衆紙の源流』世界思想社，2002年
T・フジタニ『天皇のページェント』米山リサ訳，日本放送出版協会，1994年
友田昌宏編『東北の近代と自由民権』日本経済評論社，2017年
中塚明『近代日本の朝鮮認識』研文出版，1993年
成田龍一『近代都市空間の文化経験』岩波書店，2003年
成田龍一『「故郷」という物語』吉川弘文館，1998年
成沢光『現代日本の社会秩序』岩波書店，1997年
橋川文三『西郷隆盛紀行』朝日新聞社，1981年
長谷川昇『博徒と自由民権』中公新書，1977年
坂野潤治『明治憲法体制の確立』東京大学出版会，1971年
土方苑子『近代日本の学校と地域社会』東京大学出版会，1994年
兵藤裕己『〈声〉の国民国家・日本』日本放送出版協会，2000年

ひろたまさき『文明開化と民衆意識』青木書店，1980年
牧原憲夫『客分と国民のあいだ』吉川弘文館，1998年
＊牧原憲夫『民権と憲法』岩波新書，2006年
牧原憲夫『明治七年の大論争』日本経済評論社，1990年
松尾章一『近代天皇制国家と民衆・アジア』上下巻，法政大学出版局，1997―98年
松尾章一編『自由燈の研究』日本経済評論社，1991年
松崎稔「〈反民権〉の思想史」『東北の近代と自由民権』友田昌宏編，日本経済評論社，2017年
村瀬信一「帝国議会の開幕」『明治史講義【テーマ篇】』小林和幸編，ちくま新書，2018年
安田浩『天皇の政治史』青木書店，1998年
安丸良夫『文明化の経験』岩波書店，2007年
山住正己『教育勅語』朝日新聞社，1980年
山本和重「北海道の徴兵制」『北の軍隊と軍都』山本和重編，吉川弘文館，2015年

第二部

第二部で記した時期に関しては、帝国主義史研究として考察される一方、デモクラシーの可能性を考察する通史が多く見られました。日清・日露戦争（第一章）については、（日清戦争勃発から100年など）戦争の節目の年にあらたな研究が出され、それらをふまえた通史も出始めています。第一次世界大戦と大正デモクラシーの時期（第二章）については、とくに1920年代への関心が高まり、以降の戦争の時代（第三部）との内的な関連が追究されています。ここでも政治史の領域が急速に書き換えられています。

第二部第一章

飛鳥井雅道『近代文化と社会主義』晶文社，1970年

有泉貞夫『星亨』朝日新聞社，1983年
有山輝雄『近代日本ジャーナリズムの構造』東京出版，1995年
＊飯塚一幸『日清・日露戦争と帝国日本』吉川弘文館，2016年
井口和起『日露戦争の時代』吉川弘文館，1998年
石井寛治『日本の産業革命』朝日新聞社，1997年
石田雄『近代日本政治構造の研究』未來社，1956年
井上勝生『明治日本の植民地支配』岩波書店，2013年
海野福寿『韓国併合』岩波新書，1995年
海野福寿『韓国併合史の研究』岩波書店，2000年
江口圭一『日本帝国主義史研究』青木書店，1998年
遠藤正敬『戸籍と国籍の近現代史』明石書店，2013年
大江志乃夫『日露戦争と日本軍隊』立風書房，1987年
大江志乃夫『日露戦争の軍事史的研究』岩波書店，1976年
大江志乃夫『兵士たちの日露戦争』朝日新聞社，1988年
大河内一男『社会政策の経済理論』日本評論新社，1952年
大河内一男・松尾洋『日本労働組合物語』明治・大正・昭和，筑摩書房，1965年
大谷正『日清戦争』中公新書，2014年
大谷正『兵士と軍夫の日清戦争』有志舎，2006年
大谷正・原田敬一編『日清戦争の社会史』フォーラム・A，1994年
太田雅夫『初期社会主義史の研究』新泉社，1991年
大濱徹也『明治の墓標』秀英出版，1970年
長志珠絵『近代日本と国語ナショナリズム』吉川弘文館，1998年
加藤陽子『徴兵制と近代日本』吉川弘文館，1996年
菊池邦作『徴兵忌避の研究』立風書房，1977年
金文子『朝鮮王妃殺害と日本人』高文研，2009年
木村直恵『〈青年〉の誕生』新曜社，1998年
許世楷『日本統治下の台湾』東京大学出版会，1972年
小林道彦『桂太郎』ミネルヴァ書房，2006年

駒込武『植民地帝国日本の文化統合』岩波書店，1996年
小松裕『田中正造』筑摩書房，1995年
斎藤博『民衆史の構造』新評論，1975年
酒田正敏『近代日本における対外硬運動の研究』東京大学出版会，1978年
清水唯一朗『近代日本の官僚』中公新書，2013年
清水唯一朗『政党と官僚の近代』藤原書店，2007年
「社会民主党百年」資料刊行会編・山泉進責任編集『社会主義の誕生』論創社，2001年
ジャネット・ハンター『日本の工業化と女性労働』阿部武司ほか監訳，有斐閣，2008年
隅谷三喜男『片山潜』東京大学出版会，1960年
高崎宗司『植民地朝鮮の日本人』岩波新書，2002年
高橋秀直『日清戦争への道』東京創元社，1995年
高村直助『日本資本主義史論』ミネルヴァ書房，1980年
田嶋一『〈少年〉と〈青年〉の近代日本』東京大学出版会，2016年
多仁照廣『山本滝之助の生涯と社会教育実践』不二出版，2011年
千葉功『桂太郎』中公新書，2012年
中塚明『歴史の偽造をただす』高文研，1997年
中村尚史『地方からの産業革命』名古屋大学出版会，2010年
中村尚史「地方からの産業革命・再論」東京大学社会科学研究所，2016年
橋谷弘『帝国日本と植民地都市』吉川弘文館，2004年
原暉之編『日露戦争とサハリン島』北海道大学出版会，2011年
原田敬一『国民軍の神話』吉川弘文館，2001年
＊原田敬一『日清・日露戦争』岩波新書，2007年
春山明哲『近代日本と台湾』藤原書店，2008年
平岡昭利『アホウドリを追った日本人』岩波新書，2015年
藤村道生『日清戦争』岩波新書，1973年

宮地正人『日露戦後政治史の研究』東京大学出版会，1973年
室山義正『近代日本の軍事と財政』東京大学出版会，1984年
森山茂徳『日韓併合』吉川弘文館，1992年
柳沢遊『日本人の植民地経験』青木書店，1999年
山泉進『平民社の時代』論創社，2003年
山田朗『世界史の中の日露戦争』吉川弘文館，2009年
山中永之佑編『新・日本近代法論』法律文化社，2002年
山辺健太郎『日韓併合小史』岩波新書，1966年
横手慎二『日露戦争史』中公新書，2005年
吉岡昭彦『インドとイギリス』岩波新書，1975年
若桑みどり『皇后の肖像』筑摩書房，2001年
若林正丈『台湾抗日運動史研究』研文出版，1983年
和田春樹『日露戦争』上下巻，岩波書店，2009—10年
『福井県史』通史編第5巻，福井県，1994年

第二部第二章

朝治武『水平社の原像』解放出版社，2001年
麻田雅文『シベリア出兵』中公新書，2016年
安達三季生「小作調停法」『講座 日本近代法発達史』第7巻，勁草書房，1959年
＊有馬学『「国際化」の中の帝国日本』中央公論新社，1999年
池田嘉郎『ロシア革命』岩波新書，2017年
伊藤隆『大正期「革新」派の成立』塙書房，1978年
伊藤之雄『大正デモクラシーと政党政治』山川出版社，1987年
井上清・渡部徹編『米騒動の研究』全５巻，有斐閣，1959—62年
井上清・渡部徹編『大正期の急進的自由主義』東洋経済新報社，1972年
＊今井清一『大正デモクラシー』中央公論社，1966年
今井清一『横浜の関東大震災』有隣堂，2007年
井本三夫編『図説　米騒動と民主主義の発展』民衆社，2004年

岩田ななつ『文学としての「青鞜」』不二出版，2003年
梅森直之『初期社会主義の地形学』有志舎，2016年
江口圭一『都市小ブルジョア運動史の研究』未來社，1976年
太田雅夫『大正デモクラシー研究』新泉社，1975年
大豆生田稔『お米と食の近代史』吉川弘文館，2007年
大和田茂『社会文学・一九二〇年前後』不二出版，1992年
岡田洋司『大正デモクラシー下の“地域振興”』不二出版，1999年
岡部牧夫『海を渡った日本人』山川出版社，2002年
岡義武「日露戦争後における新しい世代の成長（上）」『思想』第512号，1967年2月
荻野富士夫『外務省警察史』校倉書房，2005年
荻野富士夫『特高警察』岩波新書，2012年
奥須磨子・羽田博昭編『都市と娯楽』日本経済評論社，2004年
奥平康弘『治安維持法小史』筑摩書房，1977年
＊鹿野政直『大正デモクラシー』小学館，1976年
鹿野政直『大正デモクラシーの底流』日本放送出版協会，1973年
川島真『近代国家への模索』岩波新書，2010年
神崎清『革命伝説　大逆事件の人びと』全4巻，芳賀書店，1968―69年
姜徳相『関東大震災』中公新書，1975年
北原糸子『関東大震災の社会史』朝日新聞出版，2011年
金原左門『大正期の政党と国民』塙書房，1973年
黒川みどり『異化と同化の間』青木書店，1999年
黒沢文貴『大戦間期の日本陸軍』みすず書房，2000年
小池喜孝『平民社農場の人びと』現代史出版会，1980年
小林英夫『満鉄』吉川弘文館，1996年
小林道彦『日本の大陸政策　1895―1914』南窓社，1996年
小山静子『家庭の生成と女性の国民化』勁草書房，1999年
小山俊樹『憲政常道と政党政治』思文閣出版，2012年
今野敏彦・藤崎康夫編『移民史』全3巻，新泉社，1984―86年

坂野徹『帝国日本と人類学者』勁草書房，2005年
坂野徹編『帝国を調べる』勁草書房，2016年
＊櫻井良樹『国際化時代「大正日本」』吉川弘文館，2017年
佐藤卓己『「キング」の時代』岩波書店，2002年
ジェームズ・ジョル『第一次世界大戦の起原』池田清訳，みすず書房，1997年
信夫清三郎『大正政治史』全4巻，河出書房，1951—52年
信夫清三郎『大正デモクラシー史』全3巻，日本評論新社，1954—59年
芹沢一也『〈法〉から解放される権力』新曜社，2001年
高崎宗司『朝鮮の土となった日本人』草風館，1982年
高崎宗司『「妄言」の原形』木犀社，1990年
竹村民郎『大正文化』講談社現代新書，1980年
田澤晴子『吉野作造』ミネルヴァ書房，2006年
千葉功『旧外交の形成』勁草書房，2008年
趙景達『植民地朝鮮と日本』岩波新書，2013年
等松春夫『日本帝国と委任統治』名古屋大学出版会，2011年
中澤俊輔『治安維持法』中公新書，2012年
中筋直哉『群衆の居場所』新曜社，2005年
中野光『大正自由教育の研究』黎明書房，1968年
仲程昌徳『新青年たちの文学』ニライ社，1994年
奈良岡聰智『加藤高明と政党政治』山川出版社，2006年
＊成田龍一『大正デモクラシー』岩波新書，2007年
西成彦『外地巡礼』みすず書房，2018年
朴慶植『朝鮮三・一独立運動』平凡社，1976年
朴慶植『日本帝国主義の朝鮮支配』上下巻，青木書店，1973年
橋川文三『昭和維新試論』朝日新聞社，1984年
橋川文三「昭和超国家主義の諸相」『近代日本政治思想の諸相』未來社，1968年
原武史『可視化された帝国』みすず書房，2001年

原武史『大正天皇』朝日新聞社，2000年
原暉之『シベリア出兵』筑摩書房，1989年
兵藤釗『日本における労資関係の展開』東京大学出版会，1971年
藤野裕子『都市と暴動の民衆史』有志舎，2015年
藤目ゆき『性の歴史学』不二出版，1997年
藤原辰史編『第一次世界大戦を考える』共和国，2016年
古厩忠夫『裏日本』岩波新書，1997年
ヘンリー・スミス『新人会の研究』松尾尊兊ほか訳，東京大学出版会，1978年
星名宏修『植民地を読む』法政大学出版局，2016年
細谷千博『シベリア出兵の史的研究』有斐閣，1955年
堀場清子『青鞜の時代』岩波新書，1988年
前田愛『近代読者の成立』有精堂，1973年
升味準之輔『日本政党史論』全7巻，東京大学出版会，1965―80年
松尾尊兊『大正デモクラシー』岩波書店，1974年
松尾尊兊『普通選挙制度成立史の研究』岩波書店，1989年
松尾尊兊『民本主義と帝国主義』みすず書房，1998年
松田利彦『戦前期の在日朝鮮人と参政権』明石書店，1995年
松本克平『日本社会主義演劇史』筑摩書房，1975年
水野直樹編『生活の中の植民地主義』人文書院，2004年
三谷太一郎『大正デモクラシー論』中央公論社，1974年
三谷太一郎『日本政党政治の形成』東京大学出版会，1967年
南博編『大正文化』勁草書房，1965年
宮嶋博史『朝鮮土地調査事業史の研究』汲古書院，1991年
宮嶋博史・李成市・尹海東・林志弦編『植民地近代の視座』岩波書店，2004年
牟田和恵『戦略としての家族』新曜社，1996年
村井紀『南島イデオロギーの発生』福武書店，1992年
村井良太『政党内閣制の成立　一九一八～二七年』有斐閣，2005年

村上信彦『大正期の職業婦人』ドメス出版, 1983年
森武麿『戦間期の日本農村社会』日本経済評論社, 2005年
矢野暢『「南進」の系譜』中公新書, 1975年
山田昭次『金子文子』影書房, 1996年
山室信一・岡田暁生・小関隆・藤原辰史編『現代の起点　第一次世界大戦』全4巻, 岩波書店, 2014年
山本義彦「清沢洌の女性論」『法経研究』第44巻第3号, 1995年11月
米田佐代子『平塚らいてう』吉川弘文館, 2002年
渡辺治「日本帝国主義の支配構造」『歴史学研究』別冊, 1982年

第三部

1930年代からアジア・太平洋戦争、さらに戦後の時期までの通史として、小学館版『昭和の歴史』(全10巻+別巻1巻、1982－83年) が提供されていました。その後、1930年代 (第一章)、日中戦争、アジア・太平洋戦争の時期 (第二章)、占領期 (第三章) に関しては、それぞれに個別の出来事の紹介とあわせ、あたらしい解釈が出されています。

あらたな論点については、『岩波講座　アジア・太平洋戦争』(全8巻、岩波書店、2005－06年、戦後篇として『記憶と認識の中のアジア・太平洋戦争』2015年) が網羅的です。筒井清忠編による一連の「昭和史講義」(朝日新聞出版の『解明・昭和史』2010年、ちくま新書の『昭和史講義』第1巻－第3巻+「軍人篇」、2015－18年) もまた、近年の成果を紹介する試みです。

第三部第一章

飛鳥井雅道『日本プロレタリア文学史論』八木書店, 1982年
雨宮昭一『総力戦体制と地域自治』青木書店, 1999年
家永三郎『戦争責任』岩波書店, 1985年
伊香俊哉『近代日本と戦争違法化体制』吉川弘文館, 2002年
石川禎浩『革命とナショナリズム』岩波新書, 2010年

石島紀之・久保亨編『重慶国民政府史の研究』東京大学出版会，2004年
伊地智善継・山口一郎監修『孫文選集』第3巻，社会思想社，1989年
一ノ瀬俊也『近代日本の徴兵制と社会』吉川弘文館，2004年
井出孫六『中国残留邦人』岩波新書，2008年
伊藤隆『昭和十年代史断章』東京大学出版会，1981年
伊藤隆『昭和初期政治史研究』東京大学出版会，1969年
伊藤康子『草の根の女性解放運動史』吉川弘文館，2005年
伊藤之雄『昭和天皇伝』文藝春秋，2011年
井上清『宇垣一成』朝日新聞社，1975年
今泉裕美子「太平洋の「地域」形成と日本」『岩波講座　日本歴史』第20巻，岩波書店，2014年
臼井勝美『日本と中国』原書房，1972年
臼井勝美『満州事変』中公新書，1974年
江口圭一『十五年戦争小史』青木書店，1986年
江口圭一『日本帝国主義史論』青木書店，1975年
大門正克『近代日本と農村社会』日本経済評論社，1994年
岡谷公二『南海漂泊』河出書房新社，1990年
笠原十九司『南京事件と三光作戦』大月書店，1999年
加藤聖文『満蒙開拓団』岩波書店，2017年
上笙一郎『満蒙開拓青少年義勇軍』中公新書，1973年
辛島理人『帝国日本のアジア研究』明石書店，2015年
＊河島真『戦争とファシズムの時代へ』吉川弘文館，2017年
川田稔『昭和陸軍全史』全3巻，講談社現代新書，2014—15年
川田稔『浜口雄幸と永田鉄山』講談社，2009年
川田稔『満州事変と政党政治』講談社，2010年
川村湊『異郷の昭和文学』岩波新書，1990年
川村湊『南洋・樺太の日本文学』筑摩書房，1994年
姜尚中・玄武岩『大日本・満州帝国の遺産』講談社，2010年
近代日本研究会編『昭和期の軍部』山川出版社，1979年

纐纈厚『田中義一』芙蓉書房出版，2009年
後藤致人『昭和天皇と近現代日本』吉川弘文館，2003年
小林道彦『政党内閣の崩壊と満州事変』ミネルヴァ書房，2010年
酒井三郎『昭和研究会』TBSブリタニカ，1979年
酒井哲哉『大正デモクラシー体制の崩壊』東京大学出版会，1992年
佐藤卓己『輿論と世論』新潮社，2008年
清水久夫『土方久功正伝』東宣出版，2016年
杉原薫『アジア間貿易の形成と構造』ミネルヴァ書房，1996年
高橋正衛『昭和の軍閥』中公新書，1969年
高橋正衛『二・二六事件』中公新書，1965年
竹山昭子『ラジオの時代』世界思想社，2002年
玉井清『第一回普選と選挙ポスター』慶應義塾大学法学研究会，2013年
茶谷誠一『昭和戦前期の宮中勢力と政治』吉川弘文館，2009年
塚瀬進『満洲の日本人』吉川弘文館，2004年
筒井清忠『昭和期日本の構造』有斐閣，1984年
筒井清忠『二・二六事件と青年将校』吉川弘文館，2014年
外村大『在日朝鮮人社会の歴史学的研究』緑蔭書房，2004年
戸部良一『日本陸軍と中国』講談社，1999年
中島岳志「日本右翼再考」『思想地図』第1号，2008年4月
中村隆英『昭和恐慌と経済政策』日経新書，1978年
中村隆英『昭和経済史』岩波書店，1986年
中村政則『昭和の恐慌』小学館，1982年
橋川文三「新官僚の政治思想」『近代日本政治思想の諸相』未來社，1968年
波多野勝『浜口雄幸』中公新書，1993年
服部龍二『広田弘毅』中公新書，2008年
半澤健市『財界人の戦争認識』神奈川大学21世紀COEプログラム「人類文化研究のための非文字資料の体系化」研究推進会議，2007年
石島紀之『中国抗日戦争史』青木書店，1984年

ピーター・ドウス「植民地なき帝国主義」藤原帰一訳,『思想』第814号,1992年4月
平野敬和「蠟山政道と戦時変革の思想」『一九三〇年代のアジア社会論』石井知章・小林英夫・米谷匡史編,社会評論社,2010年
廣松渉『〈近代の超克〉論』朝日出版社,1980年
藤井忠俊『国防婦人会』岩波新書,1985年
藤原彰『太平洋戦争史論』青木書店,1982年
藤原彰『天皇の軍隊と日中戦争』大月書店,2006年
保阪正康『五・一五事件』草思社,1974年
前坂俊之『太平洋戦争と新聞』講談社学術文庫,2007年
満州移民史研究会編『日本帝国主義下の満州移民』龍渓書舎,1976年
満洲開拓史刊行会編『満洲開拓史』満洲開拓史刊行会,1966年
源川真希『近現代日本の地域政治構造』日本経済評論社,2001年
＊源川真希『総力戦のなかの日本政治』吉川弘文館,2017年
村井良太『政党内閣制の展開と崩壊　一九二七～三六年』有斐閣,2014年
森武麿『戦時日本農村社会の研究』東京大学出版会,1999年
安井三吉『柳条湖事件から盧溝橋事件へ』研文出版,2003年
山田朗『軍備拡張の近代史』吉川弘文館,1997年
吉沢南『戦争拡大の構図』青木書店,1986年
吉田裕『日本人の戦争観』岩波書店,1995年
吉本隆明「転向論」『現代批評』第1巻第1号,1958年11月
米谷匡史『アジア／日本』岩波書店,2006年
米谷匡史「三木清の「世界史の哲学」」『批評空間』第2期第19号,1998年10月
『岩波講座　アジア・太平洋戦争』全8巻,岩波書店,2005―06年
『岩波講座　近代日本と植民地』全8巻,岩波書店,1992―93年

成田龍一（なりた りゅういち）

一九五一年大阪府生まれ。歴史学者。日本女子大学人間社会学部教授。専門は、近現代日本史。早稲田大学大学院文学研究科博士課程修了。文学博士。主な著書に、『近現代日本史と歴史学――書き替えられてきた過去』（中公新書）、『大正デモクラシー』（岩波新書）、『「戦後」はいかに語られるか』（河出ブックス）ほか多数。

近《きん》現《げん》代《だい》日《に》本《ほん》史《し》との対《たい》話《わ》【幕《ばく》末《まつ》・維《い》新《しん》―戦《せん》前《ぜん》編《へん》】

集英社新書〇九六四D

二〇一九年一月二二日 第一刷発行

著者……成《なり》田《た》龍《りゅう》一《いち》

発行者……茨木政彦

発行所……株式会社集英社

東京都千代田区一ツ橋二-五-一〇　郵便番号一〇一-八〇五〇

電話　〇三-三二三〇-六三九一（編集部）
〇三-三二三〇-六〇八〇（読者係）
〇三-三二三〇-六三九三（販売部）書店専用

装幀……原 研哉

印刷所……凸版印刷株式会社

製本所……加藤製本株式会社

定価はカバーに表示してあります。

ISBN 978-4-08-721064-4 C0221

Printed in Japan

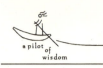